普通高等院校城市轨道交通“十四五”系列教材

城市轨道交通工程

主　编 王俭朴

副主编 洪　磊　杨亮亮　崔　嵩

清華大学出版社

北　京

内容简介

本书共分8章，主要有概述、轨道交通下部基础、轨道的结构与设计、城市轨道车辆、限界、城市轨道交通的车站、车辆段以及城市轨道交通的环境影响等内容。

本书内容简明扼要，适用性强，可作为交通运输专业、铁路机车车辆专业、轨道交通车辆专业教材使用，也可作为施工现场技术人员的参考用书。

图书在版编目（CIP）数据

城市轨道交通工程/王俭朴主编. —北京：清华大学出版社，2022.7（2025.2重印）
普通高等院校城市轨道交通"十四五"系列教材
ISBN 978-7-302-61088-5

Ⅰ.①城… Ⅱ.①王… Ⅲ.①城市铁路－轨道交通－高等学校－教材 Ⅳ.①U239.5

中国版本图书馆CIP数据核字(2022)第101001号

责任编辑：许　龙
封面设计：常雪影
责任校对：赵丽敏
责任印制：宋　林

出版发行：清华大学出版社
　　网　　址：https://www.tup.com.cn，https://www.wqxuetang.com
　　地　　址：北京清华大学学研大厦A座　　**邮　　编**：100084
　　社 总 机：010-83470000　　**邮　　购**：010-62786544
　　投稿与读者服务：010-62776969，c-service@tup.tsinghua.edu.cn
　　质量反馈：010-62772015，zhiliang@tup.tsinghua.edu.cn
印 装 者：三河市龙大印装有限公司
经　　销：全国新华书店
开　　本：185mm×260mm　　**印　张**：12.5　　**字　　数**：299千字
版　　次：2022年7月第1版　　**印　　次**：2025年2月第2次印刷
定　　价：39.80元

产品编号：091714-01

前言

FOREWORD

随着城市化进程的快速发展，城市交通需求持续增长，道路交通拥挤及交通污染等问题日益加剧。城市轨道交通凭借其安全、便捷、高效、绿色、经济等优势，逐步成为大城市解决交通问题的有效方式。我国城市轨道交通“十四五”时期将迎来爆发式增长，全面落实《交通强国建设纲要》《国家综合立体交通网规划纲要》，加快推进城市轨道交通产业变革、科技创新，加快推进城市轨道交通高质量与高效率并重发展，全面建设智慧城市轨道。“十四五”期间我国将新增 3000 km 城市轨道交通运营里程，2025 年末我国城市轨道交通运营里程数将有望突破 10 000 km。

城市轨道交通涉及的相关理论和应用非常广泛，属于一门专业性和综合性非常强的系统工程。由于我国城市轨道交通事业发展迅速，对具有此类相关专业知识的工程技术人员的需求越来越大，而培养这些基础型人才迫切需要一些既高度匹配工程技术特点要求的，又具有适度理论深度的教材或参考书。本书主要是为交通工程、车辆工程等相关专业学习“城市轨道交通工程”课程的学生编写，也可供从事城市轨道交通规划、设计、运用和管理的工程技术人员使用。

本书共分 8 章，具体安排如下：第 1 章概述介绍了城市轨道交通的发展现状和发展趋势；第 2 章轨道交通下部基础介绍了地面线、高架线和地下线的路基工程；第 3 章轨道的结构与设计介绍了轨道结构的组成、轨道几何形位、道岔以及无缝线路；第 4 章城市轨道车辆介绍了城市轨道车辆的构成和类型、车辆总体、转向架、车钩缓冲器装置以及其他工程车辆；第 5 章限界介绍了车辆限界、设备限界、建筑限界以及限界检查；第 6 章城市轨道交通的车站介绍了车站的分类与站型、车站的设备与应用、车站的运作与管理；第 7 章车辆段介绍了车辆段的组成、作业内容、检修与维护设备；第 8 章城市轨道交通的环境影响介绍了环境噪声、环境振动以及抑制方法。此外，每章后面都配有复习思考题，方便学生复习理解。

全书由南京工程学院王俭朴主编，此外，南京工程学院洪磊、杨亮亮、崔嵩、刘钊、贾萌、董世昌和黄晓翠等参与了部分章节的编写工作。

在编写过程中，本书不仅参考了国内外城市轨道交通相关的著作和论文，也部分引用了国内城市轨道交通相关企业的公开资料，在此谨向有关文献作者及企业部门致以衷心感谢。

鉴于编写人员水平有限，书中难免有不足之处，望广大读者批评指正。

编　者

2022 年 3 月

目录

CONTENTS

第1章

概　述

1.1　城市轨道交通定义与分类

1.1.1　城市轨道交通定义

根据中华人民共和国建设部发布的《城市公共交通分类标准》(CJJ/T 114—2007)中的定义，城市轨道交通为采用轨道结构进行承重和导向的车辆运输系统，依据城市交通总体规划的要求，设置全封闭或部分封闭的专用轨道线路，以列车或单车形式，运送相当规模客流量的公共交通方式。包括地铁系统、轻轨系统、单轨系统、有轨电车、磁浮系统、自动导向轨道系统和市域快速轨道系统(图 1-1)。

1. 地铁系统

地铁是一种大运量的轨道运输系统，采用钢轮钢轨体系，标准轨距为 1435 mm，主要在大城市地下空间修筑的隧道中运行，当条件允许时，也可穿出地面，在地上或高架桥上运行。按照选用车型的不同，又可分为常规地铁和小断面地铁，根据线路客运规模的不同，又可分为高运量地铁和大运量地铁。

地铁车辆的基本车型为 A 型车和 B 型车，A 型车车辆基本宽度为 3000 mm；B 型车基本宽度为 2800 mm。每种车型有带司机室和不带司机室、动车和拖车的区分。

地铁系统的列车编组通常由 4～8 辆组成，列车长度为 70～190 m，要求线路有较长的站台相匹配，最高行车速度不应小于 80 km/h。

2. 轻轨系统

轻轨系统是一种中运量的轨道运输系统，采用钢轮钢轨体系，标准轨距为 1435 mm，主要在城市地面或高架桥上运行，线路采用地面专用轨道或高架轨道，遇繁华街区，也可进入地下或与地铁接轨。

轻轨车辆包括 C 型车辆和 L 型车辆。轻轨 C 型车和 L 型车都采用钢轮钢轨体系，标准轨距为 1435 mm，车辆基本宽度为 2600 mm。

根据我国《轻轨交通车辆通用技术条件》(CJ/T 5021—1995)的规定，标准 C 型车分

图 1-1 城市轨道交通系统代表性运行图

(a) 地铁系统；(b) 有轨电车；(c) 轻轨系统；(d) 单轨系统；(e) 磁浮系统；(f) 自动导向轨道系统；(g) 市域快速轨道系统

C-Ⅰ型、C-Ⅱ型和C-Ⅲ型三种。C型车辆的列车编组，通常由1～3辆组成，列车长度一般不超过90 m，最高行车速度不应小于60 km/h，站台最大长度不应大于100 m。L型列车通常可由2辆、4辆或6辆组成，站台长度应小于100 m。当前，采用直线电机L型列车服役的线路不多，在运行的包括广州地铁4号线、5号线、6号线和北京地铁机场线。

3. 单轨系统

单轨系统是一种车辆与特制轨道梁组合成一体运行的中运量轨道运输系统，轨道梁不仅是车辆的承重结构，同时是车辆运行的导向轨道。单轨系统的类型主要有两种，一种是车辆跨骑在单片梁上运行的方式，称为跨座式单轨系统；另一种是车辆悬挂在单根梁上运行的方式，称为悬挂式单轨系统。

单轨系统适用于单向高峰小时最大断面客流量为1万～3万人次的交通走廊。因其占地面积很少，与其他交通方式完全隔离，故运行安全可靠，建设适应性较强。单轨系统的列车，通常为4～6辆编组，相应列车长度在60～85 m，线路半径不小于50 m、线路坡度不大于60‰、站台最大长度不应大于100 m，最高运行速度不应小于80 km/h，平均运行速度一般为20～35 km/h。

4. 有轨电车

单厢或铰接式有轨电车是一种低运量的城市轨道交通，电车轨道主要铺设在城市道路路面上，车辆与其他地面交通方式混合运行，根据街道条件，又可区分为三种情况：混合车道、半封闭专用车道(在道路平交道口处，采用优先通行信号)、全封闭专用车道(在道路平交道口处，采用立体交叉方式通过)。

车辆以单车运行为主，车辆基本长度为12.5 m，也可联挂运行，但不宜超过2辆车联挂。当前的车型发展趋势为低地板车厢，车站布置可考虑设在街道两旁人行道上的单侧布局或设在道路中央分隔带上的中央布局，具体选用应与地区规划、周围地形和环境密切配合，形式可灵活多样，站间距离通常不超过1 km。

导轨式胶轮电车目前仅在天津开发区运行，适用于低运量，所采用的车长为8 m，客运能力小于1万人次/h，最大运行速度为70 km/h。此系统尚不具有普遍性，运营和技术经验还不够成熟，推广应用的前景有待验证，故没有给出具体参数。

5. 磁浮系统

磁浮系统是在常温条件下，利用电导磁力悬浮技术使列车上浮的系统，因此，车厢不需要车轮、车轴、齿轮传动机构和架空输电线网，列车运行方式为悬浮状态，采用直线电机驱动行驶，现行标准轨距为2800 mm，主要在高架桥上运行，特殊地段也可在地面或地下隧道中运行。

磁浮列车是重大客流集散区域或城市群市际之间较理想的直达客运交通方式，也是中运量轨道运输系统的一种先进客运方式，对客运能力1.5万～3.0万人次/h的中、远程交通走廊较为适用。

目前，磁浮系统主要有两种基本类型：一种是高速磁浮列车，其最高行车速度可达500 km/h；另一种是中低速磁浮列车，其最高行车速度可达100 km/h。

高速磁浮系统由于行车速度很高，通常对于站间距离不小于30 km的城市之间远程线路客运交通较为适宜。高速磁浮系统的列车编组通常由5～10辆组成，列车长度130～260 m，要求线路有较长的站台相匹配。

中低速磁浮车辆的主要技术参数为：车辆长度为12～15 m；车辆基本宽度为2600 mm；车辆高度约3200 mm。列车载客定员为：4辆编组为320～480人，6辆编组为480～720人。线路半径不小于50 m；线路坡度不大于70‰；最高行车速度不大于100 km/h。中低速磁浮系统由于行车速度相对较低，对于城市区域内站间距大于1 km的中、短程客运交通线路较为适宜。中低速磁浮系统的列车编组，通常由 4～10 辆组成，列车长度 60～150 m，要求线路有较长的站台相匹配。

由于磁浮系统在我国尚处于新兴技术发展阶段，在城市轨道交通领域的应用经验还有待不断总结，选用这项技术方案时，应做充分的技术经济比较。

6. 自动导向轨道系统

自动导向轨道系统，是一种车辆采用橡胶轮胎在专用轨道上运行的中运量旅客运输系统，列车沿着特制的导向装置行驶，车辆运行和车站管理采用计算机控制，可实现全自动化和无人驾驶技术，通常在繁华市区线路可采用地下隧道，市区边缘或郊外宜采用高架结构。自动导向轨道系统适用于城市机场专用线或城市中客流相对集中的点对点运营线路，必要时，中间可设少量停靠站。

7. 市域快速轨道系统

市域快速轨道系统是一种大运量的轨道运输系统，客运量可达 20 万～45 万人次/日(一般不采用高峰小时客运量的概念)，适用于城市区域内重大经济区之间中长距离的客运交通。市域快速轨道列车主要在地面或高架桥上运行，必要时也可在隧道中运行。可选用最高运行速度在 120 km/h 以上的快速专用车辆，也可选用中低速磁浮列车进行技术经济比较。

1.1.2 城市轨道交通分类

城市轨道交通系统有多种形式，名称也多样，整体上可从技术特征、线路敷设方式和综合技术经济运营三大特性进行分类。

1. 按技术特征分类

城市轨道交通系统技术特征主要是指列车运行过程中所具有的机械特征，主要包括支撑方式、导向方式、驱动方式和运行控制方式四项特征。

(1) 按照支撑方式划分。支撑方式指城市轨道交通列车和轨道间的纵向作用方式，即列车重量的传递方式。轮轨系是最常见的支撑方式，列车的重量通过钢轮传递到钢轨上。也有使用橡胶轮运行在混凝土或沥青轨道上的轮轨系方式。轮轨系支撑方式中根据列车与轨道的位置关系分为坐式和悬挂式。坐式是指列车在上、轨道在下；悬挂式是指列车在下、轨道在上。坐式支撑方式中，既有双轨的形式，也有单轨的形式。磁浮系统是另外一种支撑方式，这种方式下的列车在运行时依靠电磁力从轨道上浮起一定高度。根据磁力的来源不同，又有磁吸式和磁斥式两种形式。

(2) 按导向方式划分。导向方式指采用何种方式将列车约束在轨道方向上，有轮缘导向和导向装置导向两种形式。在钢轮和钢轨的支撑方式下，列车通过轮缘的突起被约束在轨道方向上。采用橡胶轮胎时，因为没有轮缘突起，往往需要额外的导向装置将列车约束在轨道方向上。

(3) 按驱动方式划分。驱动方式包括牵引力的来源和牵引力的传递形式。电力牵引是目前最普遍的城市轨道交通列车驱动方式，此外，人们使用过的牵引力形式还有蒸汽动力、燃气轮机动力、内燃动力等。牵引力传递的形式有黏着制和非黏着制两种，前者通过轮轨间的摩擦实现，但也受制于这种摩擦；后者则与轮轨间的摩擦无关。传统的轮轨系轨道交通方式都是黏着制；采用线性电机技术的轨道交通方式以及磁浮系统则是非黏着制。非黏着制可以实现更大的牵引力和制动力，轨道的铺设也更灵活。

（4）按运行控制方式划分。城市轨道交通系统中的轨道由多列车共享使用，相邻列车间必须保证一定的运行间隔来确保安全。运行控制方式是指对这种空间间隔进行管理的方式，也决定了列车的驾驶方式。目前，主要存在两种列车运行控制方式：有人驾驶和无人驾驶。其中，有人驾驶的控制方式又分为完全由司机依据目测来驾驶列车和由司机依据地面信号的显示驾驶列车。无人驾驶控制方式是依据目前最先进的列车运行控制系统实现的。

2. 按线路敷设方式分类

按构筑物的形态或轨道的敷设方式划分，城市轨道交通系统有三种类型：

（1）地下线路。位于地下隧道内的那部分轨道交通线路称为地下线路。其优点是与地面交通完全分离，且不占城市地面与空间，不受气候的影响。其缺点是需要较大的一次性投资，较高的施工技术，较先进的管理，完善的环控、防灾措施与设备；建设过程会影响地面交通，建设与运营成本较高，改造、调整及路面维护均较困难。

（2）高架线路。位于地面之上的高架桥的轨道交通线路称为高架线路。其优点是既保持了专用道形式，又占地较少，对城市交通干扰也较小，工程造价介于地下线路与地面线路之间，施工、维护、环控、防灾等方面也较地面线路方便；其缺点是要占用一定的城市用地和空间，并有光照、景观、噪声等负效应，也受气候影响。

（3）地面线路。位于地面的轨道交通线路称为地面线路。地面线路的优点是造价最低，施工简便，运营成本低，线路调整与维护方便；缺点是运营速度难以提高（有部分信号控制的平面交叉点），占地面积较大，破坏城市道路路面，使城市道路交叉口复杂化，容易受气候影响，乘车环境难改善，有一定的污染等负效应。

3. 综合技术、经济、运营特征分类

仅仅依据某一方面对城市轨道交通系统进行分类，难以全面反映各种城市轨道交通的实质与特性。如按照线路敷设方式，可将城市轨道交通系统划分为地下线路、高架线路与地面线路，但由于城市用地功能及土地性质等方面的差异，地铁、轻轨及自动导向轨道等城市交通轨道系统均可能存在地下线路、高架线路与地面线路等多种形式，这种分类并不能较好地体现城市轨道交通的实质与特性。

因此，在实际操作时，往往综合技术、经济与运营特征对城市轨道交通系统进行分类，基于该分类思想，《城市轨道交通技术规范》（GB 50490—2009）中将城市轨道交通系统的分类定义为地铁系统、有轨电车、轻轨系统、单轨系统、磁浮系统、自动导向轨道系统和市域快速轨道系统七类。每个系统的代表性运行图如图 1-1 所示。

1.1.3 城市轨道交通的特点

我国自 20 世纪 80 年代以来，随着国民经济的高速发展和城市规模的扩大，城市交通堵塞、交通事故、空气污染等问题日益严重。近年来，尤其是百万人口以上的大城市道路每年以 3%～4%的速度增加，但机动车每年以 15%～20%或更高速度增长，因此交通拥堵成为常态。城市轨道交通在 20 世纪之所以备受青睐，是因为与道路交通相比，城市轨道交通具有运量大、安全正点、速度快、能耗少、舒适性好等无可比拟的优势。

（1）运量大。一辆公共汽车的载客量只有 40～80 人次，轻轨一节车厢载客量为 60～150 人次，地铁一节车厢载客量为 150～200 人次；轻轨一般 2～6 辆编为一组，地铁为 4～10 辆一组；每小时单向输送能力公共汽车为 200～5000 人次，轻轨为 10 000～40 000 人次，地铁达 30 000～70 000 人次。城市轨道交通输送能力是公共汽车的 5～18 倍。

(2) 安全正点。地铁和轻轨或深埋地下或高架空中,即便行驶于地面也是全封闭的。每条轨道交通都采用双线独立运营,与地面交通之间完全是立交关系,因此其运营十分安全,安全性比道路交通高得多,而且可全天候运行。正因为采取独立运营和立交方式,最大限度地避免了交通事故和交通阻塞,因此能确保行车的正点率在 98%以上。在北京和上海,坐地铁已经成为"上班族"出行的首选交通方式。

(3) 速度快。安全性和高正点率保证了轨道交通运行的高速度。地铁车辆的设计速度为 80 km/h,旅行速度在 35 km/h 左右。而地面公交车辆的旅行速度很难确保达到 25 km/h。

(4) 能耗少。城市轨道交通车辆都采用电动车组,以电为牵引动力。而城市地面车辆除电车外均以柴油或汽油为能源。电能转换为车辆的机械能的转换效率是 60%～70%,燃料转换为机械能的效率只有 25%左右,两者相差一倍以上。每一单位运输量的能源消费量,轨道交通系统仅为公共汽车的 3/5,私人用车的 1/6。

(5) 舒适性好。无论是在地铁车站里,还是在车厢里,冬暖夏凉四季如春的温度、柔和的色彩、明亮的灯光、优雅的环境给人以"宾至如归"的感觉,这是颠簸急转的地面公共交通望尘莫及的。

所以,城市轨道交通是在满足城市居民交通需求的条件下,全社会总付出最少的方式,也是满足人文和城市可持续发展要求的最佳方式。

1.2 城市轨道交通发展现状

1.2.1 城市与城市交通

迄今为止,城市的发展已有 5000 多年的历史。在人类社会发展的初期,城市是不同的概念。在奴隶社会向封建社会进化的过程中,城市形态逐渐成熟,有了完整的城墙以区分城市与农村,也有了较清晰的功能分区,尤其重要的是,具有较为完善的道路交通系统是城市发展的重大转折。在这一时期,由于中国封建社会的形成早于欧洲及其他大陆地区,当时中国的城市发展已成较大规模。

一般而言,城市规模发展遵循"自由村落—中心村—镇—小城市—中等城市—大城市—特大城市—城市带—城市圈—城市群"的规律。在城市发展的过程中,随着城市数量的不断增加,城市人口的急剧增加,出现了一个人类社会发展的大趋势——城市化。所谓城市化是指人口由分散的农村向城市集中的社会进程。城市化初期,所有先进交通工具基本上首先用于解决城际交通问题,当城市规模扩大到只有利用交通工具才能保证城市经济生活的正常进行时,城市内部交通系统开始诞生,出现了相应的交通工具并逐渐发展。

城市交通是城市形成与发展的必然产物,是为城市服务的最重要的基础设施。城市交通作为城市经济发展的纽带和命脉,与城市的形成、发展和兴衰紧密相连。正如马克思所说:"没有现代的交通,就没有城市的繁荣。"

虽然城市交通事业的发展有效地保障了城市经济发展和社会进步,但是由于交通需求的过度增长,在城市化的进程中,不断地暴露出大量的问题使城市的发展岌岌可危。

1. 交通拥堵

研究表明,城区交通流的速度每 10 年降低 5%,拥堵的严重性随城市规模的增加而增加。交通拥堵不但增加了市民在出行中的时间、精力、财力等消耗，而且使交通事故发生的可能性大大提升。交通拥堵问题已经成为当今世界各个城市的通病，如图 1-2 所示。

2. 环保问题

一氧化碳和臭氧是影响人类生存环境的两种主要污染物，城市机动车的尾气排放是城市空气污染的主要来源，如图 1-3 所示。我国 650 多座城市，空气质量达到一级标准的不足 1%，同时，发达国家有 15%的人口生活在 65 dB(A)以上的高噪声环境下，这些噪声主要来源于交通，还有重型货车及夜间装卸引起的振动。

图 1-2 严重的城市交通拥堵

图 1-3 机动车尾气排放

3. 土地消耗

交通设施骤然增加，必然会不同程度地影响城市原有历史建筑群。大量机动车在道路上行驶，在占用道路的同时，还需要配建大面积的停车场，诸如此类均大量消耗土地，破坏城市景观，如图 1-4 所示。

图 1-4 机动车停车

4. 能源消耗

在多数发达国家，运输部门所用的能耗占国家各行业总能耗的 25%以上，并且交通运输排放大量的二氧化碳，导致全球变暖。

5. 城市分散化

机动车的发展使居民出行距离与出行时间增加，从而使出行时间和空间更为分散；反过来，它又增加了人们对机动车的依赖，减少了公共交通发展的可能性。

重新认识城市交通发展规律，寻求城市交通的可持续发展道路，成为世界所有城市开始关注的问题。优化城市结构，研发耗能少、有利于环保的交通工具，走可持续发展之路，是解决城市交通问题的有效和根本途径，也是 21 世纪世界城市交通发展的必然趋势。

1.2.2 轨道交通的出现

轨道交通很早就作为公共交通在城市中出现。从发达国家城市漫长的交通发展历史可以看出，大客运量的城市轨道交通系统是从根本上改善城市公共交通问题的有效途径。1662 年，法国科学家与哲学家布莱斯·帕斯卡尔提出公共马车计划，于是在法国巴黎街头出现了一种可供一定人数乘坐的“公共马车”，如图 1-5 所示。它以固定路线、固定价格、按固定站循环的方式运载乘客，这是历史上第一条公共交通线路。无轨公共马车是城市公共交通的先驱，但是它缓慢、颠簸、舒适性较差，容易造成街道拥挤和堵塞。

图 1-5 无轨公共马车

1827 年,世界上第一条城市轨道公共马车出现在纽约百老汇大街上。马车在钢轨上行驶,提高了速度,增加了平稳性,还可以利用多匹马组成马队来提高牵引力,降低运输成本及票价。1832 年,这种城市轨道公共马车在美国纽约的第 4 大街上正式运营。法国工程师罗伯特在 1853 年把它引进巴黎,由于比无轨公共马车更有效率、更舒适,所以大受欢迎。到 1879 年大巴黎区已有 38 条轨道公共马车路线。轨道公共马车在美国及欧洲多国都得到迅速发展,至 1890 年其轨道里程已经达到 9900 km。轨道公共马车是现代城市轨道的雏形,如图 1-6 所示。

伦敦是世界上第一条地铁的诞生地。一条由英国律师皮尔逊设计并投资建设的地下城市铁路(metropolitan railway)于 1863 年 1 月 10 日正式通车运营,如图 1-7 所示。这条地铁从帕丁顿到弗灵顿,总长 6.5 km,其动力是向英国铁路公司租借的蒸汽机车。皮尔逊被誉为"地铁之父"。"Metro"也成了世界上绝大多数国家城市轨道交通的标志和符号。世界第一条地铁的诞生,为人口密集的大都市如何发展公共交通提供了宝贵的经验。

图 1-6 轨道公共马车

图 1-7 伦敦第一条地铁

伦敦地铁虽然线路仅长 6.5 km,但是第一年就运载了 950 万乘客,为解决城市交通拥堵树立了成功的典范。1879 年电力驱动的机车研制成功,使地铁客运环境和服务条件得到了空前的改善,地铁建设显示出强大的生命力。世界上知名大都市和其他城市纷纷效仿伦敦修建地铁,至此,城市轨道交通显示出巨大的优势,成为城市公共交通方式中的"新宠儿"。

1.2.3 国外城市轨道交通的发展

国外城市轨道交通的发展,大致可以分为四个阶段,分别为初步发展阶段、停滞发展阶段、再发展阶段和快速发展阶段。

1. 初步发展阶段(1863—1924 年)

世界第一条地铁的诞生,为人口密集的大都市发展公共交通提供了宝贵的经验。特别是 1879 年电力驱动机车的成功研制,大大改善了地铁的环境,使得城市轨道交通由此步入了连续发展时期。这一阶段,欧美的城市轨道交通发展较快。

城市轨道交通的诸多优点,促使了世界范围内许多发达城市都积极建设城市轨道交通。

自 1863 年至 1899 年，英国的伦敦和格拉斯哥、美国的纽约和波士顿、匈牙利的布达佩斯、奥地利的维也纳及法国的巴黎共 5 个国家的 7 座城市率先建成了地铁。

在进入 20 世纪的最初 24 年里，在欧洲和美洲又有 9 座城市相继修建了地铁，如德国的柏林、汉堡，美国的费城及西班牙的马德里。亚洲最早的地铁是日本东京 1927 年 12 月开通的浅草—涩谷线。

2. 停滞发展阶段(1925—1949 年)

由于战争和汽车工业的发展，造成了城市轨道交通的停滞和萎缩。汽车具有灵活、便捷及可达性好等优点，而城市轨道交通投资大，建设周期长，因此一度失宠。有轨电车的建设停滞不前，有些线路还被拆除，但由于地下空间对于战争的特殊防护作用，部分处于战争状态中的国家反而加速进行地铁的建设，如东京、大阪及莫斯科等。

3. 再发展阶段(1950—1969 年)

随着汽车数量过度增加，使城市道路异常堵塞，行车速度下降，严重时还会导致交通瘫痪，加之空气污染、噪声严重、大量耗费石油资源、市区汽车停车困难等，这些问题使人们重新认识到，解决城市客运交通必须依靠电力驱动的城市轨道交通。在这期间有 17 座城市成为新建地铁城市。

4. 快速发展阶段(1970 年至今)

世界各国城市化的发展趋势，导致人口高度集中，这就要求城市轨道交通高速发展以适应日益增加的运输客流，科学技术的进步也为城市轨道交通发展奠定了良好的基础。很多国家都确立了优先发展城市轨道交通的方针，立法解决建设城市轨道交通的资金来源。这一阶段，平均每年有 1.4 座城市成为新建地铁城市。

截至 2020 年底，全球共有 77 个国家和地区的 538 座城市开通了城市轨道交通，运营里程达到 33 346.37 km，车站数超过 34 220 个。主要分布在欧洲和亚洲，其中，欧洲总运营里程为 16 302.33 km，占全球总里程的 49%，居于全球六大洲首位；其次是亚洲 13 126.06 km，占比 40%。

从轨道交通类型来看，全球地铁轨道交通运营里程最多，达到 17 584.77 km，占比 55%；有轨电车运营里程为 14 174.75 km，占比 42%；轻轨运营里程占比 5%。地铁和有轨电车仍是主流，其中地铁主要分布在亚洲，而有轨电车主要分布在欧洲。在当今世界的大城市和特大城市中，城市轨道交通已在公共交通系统中处于骨干地位。

1.2.4 我国城市轨道交通的发展

我国城市轨道交通起步较晚，其发展过程大致可以分为三个阶段，依次为起步建设阶段、发展与调整建设阶段、快速建设阶段。

1. 起步建设阶段(20 世纪 50 年代—20 世纪 80 年代初)

20 世纪 50 年代，我国开始筹备地铁建设。1965 年 7 月北京开始修建第一条地铁，1976 年建成通车，长度为 54 km，如图 1-8 所示。当时地铁建设的指导思想更注重人防功能。随后建设了天津地铁(7.1 km，现已拆除重建)、哈尔滨人防隧道等工程。

2. 发展建设与调整阶段(20 世纪 90 年代)

20 世纪 80 年代末至 90 年代初，由于城市规模限制及道路等基础设施比较薄弱，北京、上海、广州等特大城市的交通问题非常突出。以上海轨道交通 1 号线(21 km)、北京地铁复八线(13.6 km)和地铁一期工程改造、广州地铁 1 号线(18.5 km)等建设项目为标志,我国内地真正以城市交通为目的的地铁项目开始建设。台湾省台北市也于 1997 年 3 月开通了第一条地铁线路。进入 20 世纪 90 年代,随着上海、广州地铁项目的建设,包括沈阳、天津、南京、重庆、武汉、深圳、成都和青岛等一批城市也开始计划轨道交通建设项目,并进行了大量的前期工作。上海地铁 1 号线如图 1-9 所示。

图 1-8 北京地铁 1 号线

图 1-9 上海地铁 1 号线

由于各大城市提出的地铁建设项目较多,且地铁建设工程造价较高,1995 年 12 月国务院发布国办 60 号文,暂停了地铁项目的审批,并要求做好发展规划和国产化工作。同时,国家计划委员会开始研究制定城市轨道交通设备国产化政策。至 1997 年底,以深圳地铁 1 号线(19.5 km)、上海轨道交通 3 号线(24.5 km)和广州地铁 2 号线(23 km)等作为国产化依托项目,1998 年批复了以上 3 个项目的立项申请,从此城市轨道交通建设项目重新启动。

3. 快速建设阶段(21 世纪以来)

截至 2021 年 12 月 31 日,中国内地累计有 50 座城市投运城市轨道交通线路共 9192.62 km,其中地铁 7253.73 km,占比 78.9%。2021 年当年新增洛阳、嘉兴、绍兴、文山州、芜湖 5 座城市轨道交通运营城市,其中洛阳、绍兴为地铁,芜湖为跨座式单轨,嘉兴、文山州为有轨电车;另外,北京、上海、天津、重庆、广州、深圳、武汉、南京、沈阳、长春、大连、西安、哈尔滨、苏州、郑州、杭州、佛山、宁波、无锡、南昌、青岛、南宁、合肥、石家庄、贵阳、厦门、济南、常州、徐州、株洲等 30 座城市也均有新线或新段开通运营。城市轨道交通的发展已经取得了巨大的进步。

2021 年当年共计新增城市轨道交通运营线路长度 1222.92 km。新增运营线路 39 条,新开既有线路的延伸段、后通段 23 段。新增 1222.92 km 的城市轨道交通运营线路共涉及 8 种制式,其中,地铁 971.93 km,占比 79.48%;市域快轨 133.15 km、跨座式单轨 46.31 km、有轨电车 38.73 km、导轨式胶轮系统 15.4 km、电子导向胶轮系统 14.0 km、轻轨 2.2 km、磁浮交通 1.2 km。

1.3 城市轨道交通的发展趋势

1.3.1 世界城市轨道交通的发展趋势

大城市的经济发展吸引了大量的人员涌入,导致人口不断膨胀,城市轨道交通使城市道路交通的运载能力提高到了更高的水平。各国在城市轨道交通的投资、建设、运营和监督管理等方面都经历了不同模式的选择,走过了不同道路。各国的城市轨道交通在不断发展并逐步走向成熟和完善的过程中,呈现出以下四大发展趋势。

1. 投资的多元化

城市轨道交通系统的投资规模越来越大,为了解决资金问题和提高轨道交通建设的效率,很多城市轨道交通都选择由政府和社会资本共同投资。投资主体的多元化现已经成为世界轨道交通的发展趋势。投资主体的多元化可以发挥各主体的优势,同时又可以相互监管和约束,从而使城市轨道交通的建设更有效率。

2. 经营的市场化

很多城市充分发挥市场作用以提高城市轨道交通的运行能力,在城市轨道交通运营上引入市场机制已经成为发展趋势。市场化的经营方式充分考虑了市场经济规律,避免垄断经营或者政府干预太多,能够根据市场信息做出较好的反应,最终提高城市轨道交通的运营效率。

香港借助市场的力量,从资金管理、建设成本控制、运营管理等方面全方位提高效率,成为世界地铁商业化运作的典范。相反,纽约城市轨道交通由于没有形成合理的竞争机制等原因,导致目前服务质量及运行效率不高。

3. 管理的法制化

很多城市对城市交通实行全面法制化管理以规范各方行为和维护各方利益,以法制化的管理来保障城市轨道交通持续、稳定和高效地运行。城市轨道交通的全面法制化管理也是世界城市轨道交通的重要发展趋势。

德国的城市轨道交通建设和运营已经有百年历史,和德国的其他行业一样,城市轨道交通的技术控制体制也由法律、技术法规和技术标准构成。德国的《乘客运输法》和《城市轨道交通建设与运营规则》适用于城市轨道交通领域。

4. 服务与管理的信息化

城市轨道交通的计算机控制与安全系统大大提高了城市轨道交通车辆运行的自动化程度。无人驾驶技术受到了世界的广泛关注,不仅节省人力成本,也避免了人为操作失误导致的运营故障;城市轨道交通系统配备实时到发信息系统,向乘客及时提供列车到发信息;有轨电车系统则通过GPS定位技术优化运营,开发非接触式售票系统,实现一体化联合售票,使现代公共交通体系更具吸引力。

1.3.2 我国城市轨道交通的发展趋势

1. 我国城市轨道交通建设取得的成就

随着大都市圈和新型城镇化建设的不断深入,我国城市轨道交通建设也提速发展,目前已成为世界最大的地铁建设中心、最大的轨道交通技术和装备市场。我国城市轨道交通建设发展的成就主要有以下四点。

(1) 线网规模快速增长、多种制式并行发展。

我国从21世纪起进入城市轨道交通快速发展新阶段,以五年为周期,线路规模连续翻番增长,从2016年起城市轨道交通运营里程跃居全球第一,已建成轨道交通的城市之多、线路之长位居世界前列。截至2020年底,全国建成通车线路长度达到7969.7 km,国家已经批复实施的建设规划里程(在建和待建)超过7000 km,在服务社会、拉动内需、支撑城市发展方面做出了重大贡献。

目前,我国共有7种城市轨道交通系统制式投入运营,20座城市有超过两种系统制式投运,约占已开通城市轨道交通运营城市的45%;其中地铁占比78.8%,其他制式共计占比21.2%,对我国城市轨道交通产业化良性发展提供了助力。

(2) 网络化进程加快推进、服务水平全面提升。

随着城市轨道交通持续高速发展,截至2020年底,我国内地累计有45座城市开通城市轨道交通线路,总运营里程占全球总里程的23.92%。全球共有80座城市的轨道交通运营里程超过100 km,我国占有18座城市;城市轨道交通线网规模前20座城市中,我国占有11座;上海、北京、广州的城市轨道交通运营里程均超过500 km,位居世界前列。据统计,运营线路4条及以上,且换乘站3个以上的城市有22座,越来越多的国内城市迈入网络化运营阶段。

我国城市轨道交通客运量与客运强度持续攀升,运输效率达到世界先进水平。全球城市轨道交通客运量排名前十位中,北京、上海、广州、深圳、香港位列其中。2020年中心城市的城市轨道交通客运量占公共交通客运总量出行比率为38.7%,其中上海、广州、南京、深圳、北京、成都6座城市超过50%。

在运营服务方面,我国也在不断进步完善。从服务时长来看,2020年我国轨道交通平均运营服务时长为16.8 h/日,位居前五位的北京、上海、重庆、西安、贵阳均超过18 h。各个城市根据客流分布和乘客乘车需求不断调整完善客运组织和行车组织,合理设置线路高峰小时最小发车间隔,整体呈现逐步缩短的趋势,2020年高峰小时最短发车间隔不大于120 s的线路共有16条,最大行车密度超过30对/h的城市共有4座,运营服务水平持续提升。城市轨道交通网络的旅行速度普遍高于国际平均值35.3 km/h。同时,列车服务可靠度快速提升,远超欧洲城市100万车公里/件的平均水平,位居世界前列。

(3) 制度基础不断夯实、标准体系持续健全。

城市轨道交通运营管理制度和运营标准体系不断健全:行业层面已印发9个规范性文件和4个配套规范;地方层面,苏州、无锡、宁波等29座城市出台了地方性法规,天津、哈尔滨、济南等27座城市出台了政府规章,北京、石家庄、沈阳等15座城市同时出台了城市轨道交通地方性法规和政府规章;已发布城市轨道交通运营标准15项(其中国家标准3项,行业标准12项);7项运营管理类团体标准正式立项,其中2项已进入报批阶段。

(4) 关键技术快速发展、自主水平显著提升。

在不断扩大网络规模的同时,我国城市轨道交通技术也得到了长足的发展。装备技术整体水平实现从跟跑到并跑,多数核心装备已经实现自主;初步建立城市轨道交通产业体系和规划、设计、建设标准规范体系;部分运输装备走向国际市场;同时国家产业政策法规进一步完善,推动了从国产化到自主化的进程。

在车辆系统方面,轨道交通车辆制造整车技术总体上已跻身世界前列,整车和车辆关键系统均已实现自主化,全面掌握车辆九大关键系统的核心技术,关键系统和重要部件自主化、国产化水平不断提升。在信号系统方面,全自动运行系统的技术水平已经逐渐缩小与国外的差距,逐步实现不同建设期、不同厂商设备的互联互通。具有我国自主产权的CBTC信号系统已成为我国城市轨道交通信号系统的主流系统。在通信系统方面,轨道交通LTE-M建设逐渐由线到网,并且应用于海外援建的轨道交通项目中。在自动售检票系统方面,随着NFC技术、电子支付技术的发展,我国多个城市轨道交通陆续开通了APP扫码过闸、银联闪付 NFC 过闸、APP 线上购票线下取票、TVM 扫码购票等多元化支付功能，实现"互联网＋"与 AFC 的融合。安检技术也已经趋于成熟，在安检设备灵敏度、稳定性及精准度等方面，已经达到国际一流甚至领先水平。

2. 新时代我国城市轨道交通发展的态势特征

当前和今后一个时期，我国的发展仍处于重要战略机遇期，面临新的国际、国内形势，城市轨道交通将要突出和完善四大功能定位，即聚焦改善出行体验的交通属性、提升城市服务能级的城市属性、关注可持续发展与政策支持的公益属性以及引导产业链升级与科技自强自立的产业属性，满足新时代对交通运输更高质量、更有效率、更加公平、更可持续、更为安全的发展要求。

(1) 城市轨道交通建设即将进入高位平稳发展新阶段。

我国城市轨道交通的第一个发展阶段比世界第一条地铁晚了 100 年，先是缓缓起步，而后，在 21 世纪得益于经济社会高速发展、城镇化快速推进、国家政策的规范和完善、装备国产化和多制式发展等综合因素推动，第一个五年(2001—2005)新建线路 399 km，年均 80 km，为前 35 年的 20 倍，开始快速发展；第二个五年(2006—2010)新建线路约 910 km、第三个五年(2011—2015)新建线路约 2019 km、第四个五年(2016—2020)新建线路约 4200 km，实现连续几个五年规划期的翻番，时间长达 20 年。根据已批规划测算，"十四五"将进入高位平稳发展阶段，五年内将新建线路 3000 km 左右，之后逐步回落，建设强度趋缓趋稳，有利于从高速度发展向高质量发展转变。

(2) 城市轨道交通已经步入网络化发展阶段。

进入"十四五"期间，城市轨道交通将全面进入网络化发展阶段，行业面临建设、运营管理理念的转变，主要难点是网络顶层管理体系的构建与运转，涉及综合统筹建设运行资金筹措、建设时序选择、资源共享规划、集中建设风险管控、建设运营协同、网络效能发挥、客流调度协同、社会联动响应、管理模式变革等问题。以往城市轨道交通往往根据线网布局规划，逐线建设、叠加成网，实现形态层面的"网络化"，但对于网络化管理缺少统一认识，对于网络级工程缺少统一规划，对于网络化需求缺少统一考虑。未来应基于网络功能顶层设计，按需接入成网，实现功能层面的"网络化"，用网络化的理念、网络化的标准和网络化的统筹去指导网络化的建设和运营，通过网络化管理的顶层设计，构建网络级管理架构，实现统筹建设，解决线路逐次建设引起的线路与网络之间的协调问题，避免频繁升级或改造。

(3) 城市轨道交通运营管理呈现复杂化特征。

随着城市轨道交通网络化进程的持续推进，将大幅提升运营管理难度与复杂度，包括：客流分布的不均衡导致日常大客流风险点较为集中；装备制式多样化导致维护作业更为复杂、误操作可能性增加；运行关联多样化导致事故故障影响传递效应扩大；突发事件耦合化导致难以准确判断与快速处置等。复杂化的运营需求对城市轨道交通提出两方面的要求：一是服务需求多样化，需要考虑开行快慢车、不对称交路等灵活的运行方式，推出一卡通行、一票畅行等便捷的出行服务，以及站内 Wi-Fi、导吃导购导玩导读等多样化的综合服务；二是管控需求精准化，要求能够实现运行状态实时感知、客流趋势动态推演、突发事件精准预警、行车调度自主适配、维护计划自动生成、应急处置智能辅助等功能。

(4) 城市轨道交通发展面临可持续性的挑战。

城市轨道交通的可持续发展，技术层面可通过关键核心技术的攻关有望解决，人才方面可通过国民教育和职业培训逐步缓解，难点是财务的可持续性和政府债务风险问题。只有多措并举，广开门路，政策支持，勇闯新路，增收节支，才能掌握主动权。迄今为止，全国已开通城市轨道交通运营的城市因地制宜制定政策创新模式，在资金筹措和开源节流方面收到实效。一是站城共建，在国家政策支持下，各地政府出台文件，推进城市轨道交通沿线土地的综合开发，通过物业建设积累城市轨道交通的建设和运营资金；二是充分利用社会资金，不断完善 PPP 融资模式，成功引入包括民营资金在内的社会资本，拓展筹资渠道，改善财务状况；三是加大商业运营力度，运营主体在车站商业、传媒广告、信息通信的基础上不断扩充经营业态，创新模式，增加经营收入，一定程度上延缓了收支缺口扩大；四是进一步挖潜网络资源，全自动运行系统和信号系统互联互通的试验成功，开创了资源最大化的路网共享新途径，节省了投资，降低了建设和运营成本。

同时也要看到，国内城市轨道交通线网客运强度普遍较低，据统计，全国线网客运强度高于 1.5 万人次/km 的城市占比约 17%，线网客运强度低于 0.7 万人次/km 的城市占比为约 46%；低于 0.7 万人次/km 的线路占比约 39%。城市轨道交通企业需要从单一的交通运输服务向多元的综合服务转型，多策并举，实现服务经营业态多元化，在提供更优质服务的同时，提升经营水平，解决收支不平衡与全寿命周期可持续发展之间的矛盾。

(5) 智慧城市轨道建设全面启动。

发展智能系统，建设智慧城轨，已形成行业共识，并见诸行动。中国城市轨道交通协会 2020 年 3 月发布《中国城市轨道交通智慧城轨发展纲要》，作为行业的顶层设计，已成为城市轨道交通企业制定智能智慧化发展的指导性文件；各地城市轨道交通业主和装备供应商，纷纷编制发展规划、实施意见或行动方案，智慧车站也正在部分城市建设。智慧城市轨道建设将对今后城市轨道交通技术发展产生深远影响。

复习思考题

1.1 简述我国城市轨道交通的发展历程。

1.2 城市轨道交通的定义是什么？

1.3 城市轨道交通如何分类？

1.4 简述城市轨道交通的特点。

1.5 简述我国城市轨道交通的发展趋势。

第2章

轨道交通下部基础

2.1 地面线路基工程

2.1.1 路基结构组成

路基是轨道的基础,是经过开挖或填筑而形成的土工建物,其主要作用是满足轨道的铺设、承受轨道和列车产生的荷载、提供列车运营的必要条件。在纵断面上,路基必须保证线路需要的高程;在平面上,路基与桥梁、隧道连接组成完整贯通的线路。

路基直接承受轨道和列车的荷载,并将其传递至地基,路基状态直接关系到线路的质量,并会直接影响列车运行的速度和行车安全。因此,路基必须具备足够的强度、稳定性和耐久性。

在路基工程设计中,轨道和车辆荷载应根据采用的轨道结构及车辆的轴重、轴距等参数计算,并应用换算土柱高度代替。路基工程的地基应满足承载力和路基工后沉降的要求,路基工程的地基处理措施应根据线路设计标准、地质资料、路堤高度、填料、建设工期等通过检算确定。此外,路基设计应符合环境保护的要求,并应重视沿线的绿化和美化设计,防排水设计应保证排水系统完整、通畅。

路基工程主要由路基本体、路基排水设备、防护工程等建筑物组成。

1. 路基本体

路基本体是路基工程中的主体建筑物。它是在天然地层中挖成的堑槽或在地面上用土石堆成的堤埂,是路基工程中直接铺设轨道结构并承受列车荷载的部分。由填方构筑的路基本体称为路堤,如图2-1(a)所示;由地面开挖形成的路基本体称为路堑,如图2-1(b)所示。城市轨道交通的路基以路堤更为常见。

2. 路基排水设备

排水设备属路基的附属建筑物,分地面排水设备和地下排水设备两类。地面排水设备用以拦截地面径流,汇集路基范围内的雨水并使其畅通地流向天然排水沟谷,以防止地面水对路基的浸蚀、冲刷而影响其良好状态,主要包括排水沟、侧沟、天沟。地下排水设备用以拦

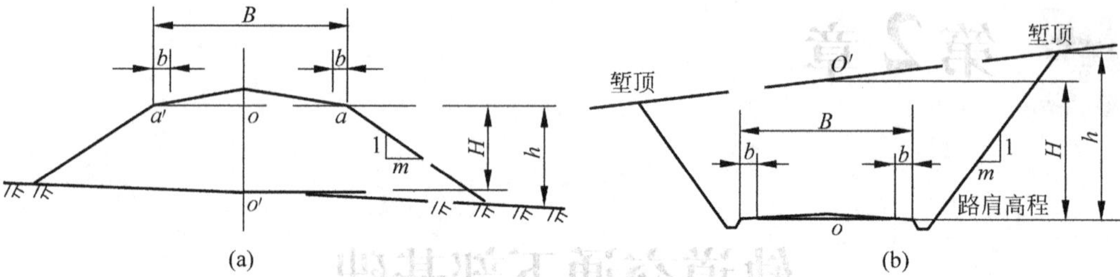

图 2-1 路基本体

(a) 路堤；(b) 路堑

B—路基宽度；b—路肩宽度；H—路基中心高；h—路基边坡高

截、疏导地下水和降低地下水位，以改善地基土和路基边坡的工作条件，防止或避免地下水对地基和路基本体产生不利影响，主要有排水槽、渗水暗沟、渗水隧洞等。

3. 路基防护和加固建筑物

路基防护设备用以防止或削弱风霜雨雪、气温变化及流水冲刷等各种自然因素对路基本体所造成的直接或间接的有害影响。其种类很多，类型各异。常用的防护设备包括坡面防护和冲刷防护。为了防止路基边坡和坡脚受坡面雨水冲刷，防止日晒雨淋引起土的干湿循环，防止气温变化引起土的冻融变化等因素影响边坡的稳固，常采用坡面防护。为了防止河水对边坡、坡脚或坡脚处地基不断的冲刷和淘刷，应设冲刷防护。防护位置和所采用的类型视水流及其运动规律和防护要求而定。特殊条件下的路基防护，应根据地质、环境等条件采用特殊设计。路基加固建筑物是用以加固路基或地基的工程设施，主要包括护堤、挡土墙、抗滑桩等其他地基加固措施等。设置路基加固建筑物是提高路基稳定性的一种有效措施。

2.1.2 路基设计原则

作为一种土工结构物，路基工程具有材料复杂、路基受环境影响大、路基同时受轨道静荷载和列车动荷载的作用等特点。根据路基工程特点，为满足车辆运行需求、增强安全和舒适性、降低使用成本和延长线路使用年限，在设计、施工及运营维护过程中需对路基承载力、耐久性、整体稳定性、水热稳定性等基本性能加以保证。

1. 路基横断面的设计原则

1）路肩

路肩的主要作用是保护轨道以下路基土体，防止路基面边缘土体塌落而影响轨道基床的完整状态，也可以在线路维修时作为器材存放处和辅助工作面。

当路肩埋有设备时，路堤及路堑的路肩宽度不得小于 0.6 m，无埋设设备时路肩宽度不小于 0.4 m。当线路通过地下水位高或常年有地面积水的地区，路堤过低容易引起基床翻浆冒泥等危害，路肩设计高程应高出线路通过地段的最高地下水位和最高地面积水水位，并应加毛细水强烈上升高度和有害冻胀深度或蒸发强烈影响深度，再加 0.5 m。若采取降低水位、设置毛细水隔断层等措施，可不受此限制。此外，路肩高程还应满足与城市其他交通衔接和相交等情况时的特殊要求。

2）路基顶面形状

路基顶面，即铺设轨道的工作面，按形状可分为有路拱和无路拱两种形式。路拱的作用是迅速排除道床下的积水，以保持路基顶面的干燥。

路基顶面应根据基床填料的种类确定是否需要设置路拱。不易渗水的填料必须设置路拱，路拱的形状为三角形，由中心向两侧按大约 4% 的横向排水坡确定，单线路拱高 0.15 m，双线路拱高 0.2 m，底宽等于路基面宽度。渗水性好的填料能较快地向下渗水，故不需要设置路拱，即以渗水土和岩石（年平均降水量大于 400 mm 地区的易风化泥质岩石除外）的路基面为平面。

3）路基顶面宽度

路基顶面宽度应根据正线数目、配线情况、线间距、轨道结构尺寸、路基面形状、路肩宽度、是否有接触网立柱等计算确定。

① 以双线路基面宽度（见图 2-2）为例，其计算公式如下：

$$B=2\left(C+x+\frac{A}{2}\right)+D \tag{2-1}$$

其中，

$$x=\frac{h+\left(\frac{A}{2}+\frac{1.435+g}{2}\right)\times 0.04+e}{\frac{1}{m}-0.04} \tag{2-2}$$

式中，B——路基面宽度（m）；

D——双线的线间距（m）；

A——单线地段道床顶面宽度（m）；

m——道床边坡坡率；

h——靠近路基面中心侧的钢轨中心处轨枕底以下的道床厚度（m）；

e——轨枕埋入道碎深度（m）；

g——轨头宽度（m）；

C——路肩宽度（m）；

x——砟肩至砟脚的水平距离。

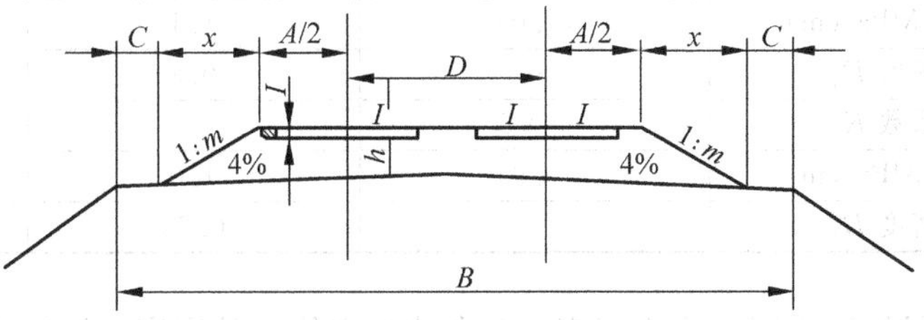

图 2-2　双线铁路直线地段标准路基面宽度示意图

② 区间曲线地段的路基面宽度，单线应在曲线外侧，双线应在外股曲线外侧，按表 2-1 的数值加宽。加宽值在缓和曲线范围内应线性递减。

表 2-1　曲线地段路基面加宽值　　m

曲线半径 R	路基面外侧加宽值	曲线半径 R	路基面外侧加宽值
R 基面外侧	0.5	1000＜R 宽值加宽值	0.2
600＜R 加宽值加	0.4	2000＜R 宽值加宽值	0.1
800＜R 加宽值加宽	0.3		

4）路基边坡

路基边坡，即路堤的路肩边缘以下或路堑路基面两侧侧沟以外因挖填而形成的斜坡面。路堤边坡坡度应根据填料或土质的物理力学性质、边坡高度、轨道、列车荷载和地基工程地质条件确定，当路堤高度小于等于 8 m 时（城市轨道交通地面线路一般多为低路堤），路堤边坡坡度不应大于 1∶1.5。

5）路堤护道

路堤护道是指路堤坡脚与取土坑（或排水沟）之间的部分，其作用是保持路基边坡的稳定，防止雨水冲刷坡脚造成边坡塌方。城市轨道路堤护道宽度不小于 1.0 m，并应向外做成规定坡度的排水坡。

2. 路基基床的设计原则

路基基床是指路基上部受轨道、列车动力作用，并受水文气候变化影响较大，需进行处理的土层。

路基基床应分为表层和底层，表层厚度不应小于 0.5 m，底层厚度不应小于 1.5 m。路基基床厚度根据动应力在路基面以下的衰减形态，并参考国铁目前采用的基床厚度综合分析方法确定。基床厚度应以路肩施工高程为计算起点。

路基基床表层如为易风化的软石、黏粉土、黏土或人工填土等，在多雨地区易形成基床病害，故应采取换填或土质改良等措施。特别是浅路堑，地表土较松散，达不到基床密实度的要求，应采取压实措施。

路基基床各层的压实度不应小于表 2-2 中的规定值。

表 2-2　路基基床各层的压实度

位置	压实指标	填料类别			
		细粒土和粉砂、改良土	砂类土（粉砂除外）	砾石类	碎石类
基床表层	压实系数 K_h	(0.93)	—	—	—
	K_{30}/(MPa/cm)	(1.0)	1.1	1.4	1.4
	相对密度 D_r	—	0.8	—	—
基床底层	压实系数 K_h	0.91	—	—	—
	K_{30}/(MPa/cm)	0.9	1.0	1.2	1.3
	相对密度 D_r	—	0.75	—	—

路基基床表层的压实度不应小于表 2-2 中的规定值。基床底层厚度范围内天然地基的静力触探比贯入阻力 P_s 值不应小于 1.2 MPa，或天然地基的容许承载力[σ]不应小于 0.15 MPa。

3. 路基排水的设计原则

城市轨道交通全线应有完善的排水系统，并宜利用市政排水设施。排水设施应布置合理，当与桥涵、隧道、车站等排水设施衔接时，应保证排水畅通。地面线路基排水必须使降水能顺利排走，同时阻止路基范围外的地表水流入路基，确保路基干燥稳固。

对路基有危害的地下水，应根据地下水类型、含水层的埋藏深度、地层的渗透性等条件，设置暗沟（管）、渗沟、检查井等地下排水设施。

此外，路基排水设备的设计应与水土保持和农田水利的综合利用相结合，同时还应遵守以下原则：

(1) 设计前必须进行充分的调查研究，使排水系统的规划和设计做到正确合理。

(2) 与线路平、纵断面设计密切配合，在线路勘测时，注意路基排水问题。在设计纵断面时要注意路基侧沟排水通畅，不致发生淤积及浸泡路基的现象。

(3) 要照顾农田灌溉的需要。设计线路时，应注意地区灌溉系统，尽量少占农田，并与水利规划和土地使用规划等相配合进行综合规划。一般情况下，不应利用边沟作农田灌溉用途，不得已时，应采取加固措施以防水流危害路基。

(4) 在不良地质地区，要结合地质构造、山体破碎、岩层渗流等情况，进行单独排水系统设计；在枢纽站、区段站，由于场地宽广、地形平坦，汇水面积大、水源多，排水较困难，应结合该类站场设计，统一布置单独的排水设备，在不淤不冲的前提下，顺畅排走一切来源的水。

(5) 排水设施的设计，应贯彻因地制宜、就地取材的原则，减少造价。要能迅速有效地排除"有害水"，以免影响路基的强度和稳定性，保证铁路运输的安全。

4. 路基防护的设计原则

对受自然因素作用易产生损坏的路基边坡坡面，应根据边坡的土质、岩性、水文地质条件、边坡坡度与高度以及周围景观等，选用适宜的防护措施。

地面线路地处城市外围、郊区，大多地形平坦，线路路基一般为 2～5 m 的土质低路堤，坡面防护可选用铁路路基常用的一般防护措施。

一般地段，在适宜于植物生长的土质边坡上应优先用植物防护，如采取种草或喷植草、铺草皮、种植灌木等防护方式，同时也可绿化环境、美化路容。

沿河地段路堤的坡面防护工程常用类型有植物防护，如铺草皮、种防护林，干砌片石护坡，浆砌片石护坡，混凝土护坡等。对于线路穿过郊区水塘、鱼塘的常年浸水路堤，一般采用浆砌片石护坡。

2.1.3　路基的排水

1. 路基地面排水

在细粒土路基中，为使路基经常处于干燥、坚固稳定的状态，必须及时修建地表水排水设施，使地表水迅速排离路基范围，防止地表水停滞下渗和流动冲刷而降低路基的稳定性。

1) 地表水对路基稳定性的影响

地表水渗入路基土体，会降低土的抗剪强度；地表水的流动可造成路基边坡面冲刷和坡脚冲刷；地表水渗入含易溶盐的土(如黄土)中会产生溶蚀作用形成陷穴；在气温下降时，地表水也常成为寒冷地区产生冻害的一个重要因素。因此地表水对路基稳定性会造成严重危害。此外，地表水还给施工及运营造成了许多困难和危害。

路基排除地表水的设施有排水沟、侧沟、截水沟(天沟)、跌水、急流槽及缓流井等。

2) 地面排水设备

(1) 侧沟。如图 2-3 所示，侧沟设置于路堑的路肩外侧，用以汇集、排除路堑边坡面及路基面范围内的地表水。在线路不挖不填地段也需设置侧沟。

(2) 天沟。天沟设于路堑堑顶边缘以上适当距离处，一般为 2～5 m。视需要可设一道或几道，用以截排堑顶上方流向路堑的地表水。

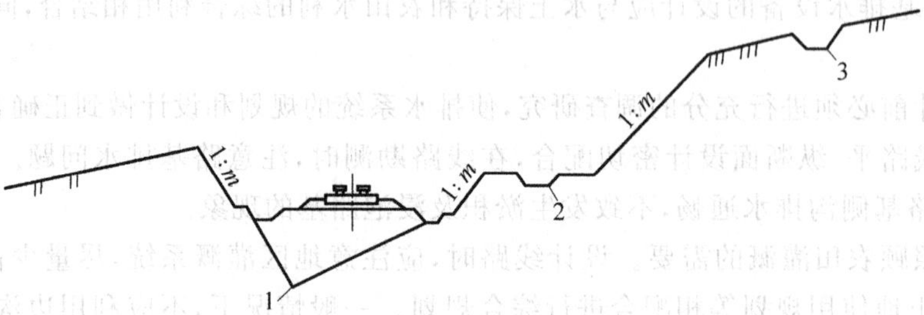

图 2-3　侧沟

1—侧沟；2—截水沟；3—天沟

(3) 截水沟。截水沟设在台阶形路堑边坡的平台上及排水沟、天沟所在部位以外必须截除地表水的地方，用以截排边坡平台以上坡面的地表水，或排水沟、天沟以外流向路基的地表水。

(4) 排水沟。排水沟位于路堤护道外侧，用以排除路堤范围内的地表水及截排自田野方面流向路堤的地表水。一般当地面横坡明显时设置于路堤上方一侧（见图 2-4(a)）；地面横坡不十分明显时，设置于路堤的两侧（见图 2-4(b)）。当条件适宜时，可利用紧靠路堤护道外侧的取土坑，适当控制其断面及深度从而作为排水沟或排水通路。

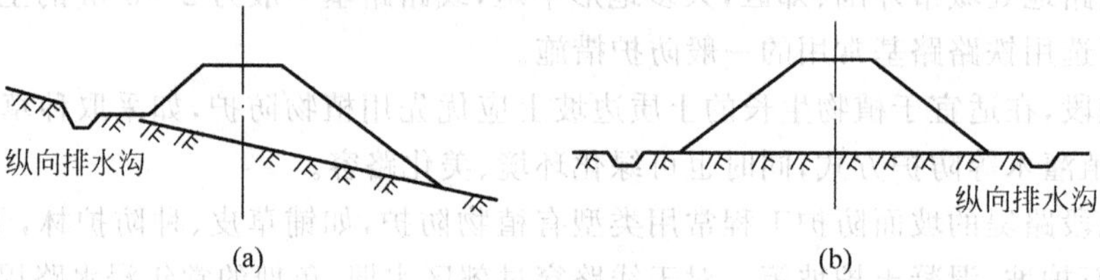

图 2-4　排水沟

排水沟纵坡、平面设计对出口的高程及是否需要加固等注意事项，基本上与天沟或截水沟相同。但在平坦地带的出口高程受到限制时，其纵坡不缓于 1‰。

(5) 矩形水槽。在土质或地质不良地段，水沟易于变形且不能保持稳定，以及受地形、地物或建筑限界的限制，不能设置占地较宽的梯形水沟时，均宜采用矩形水槽。例如，位于潮湿松软土层或易发生病害地段的水沟，采用矩形水槽可以保持稳定并防止渗漏；又如个别设计较深的侧沟及位于横坡较陡的山坡上的天沟或截水沟，因受水沟顶宽控制，也宜采用矩形水槽。

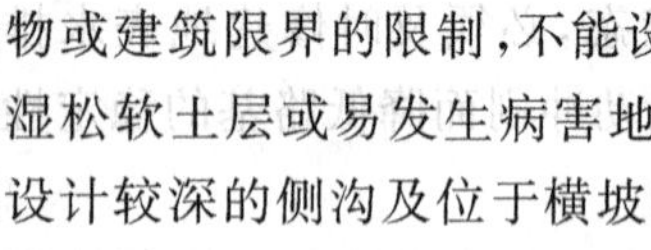

图 2-5　跌水

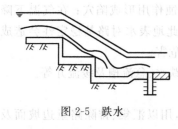

(6) 跌水。跌水指主槽底部呈台阶状的急流槽，其构造有单级和多级两类，每级高差为 0.2～2.0 m，可利用台阶跌水消能。一般应做铺砌防护，如图 2-5 所示。

(7) 缓流井。如图 2-6 所示，沟底纵坡较陡的水沟，可设计成两段较缓的水沟，并用缓流井连接起来。两段水沟的落水高差最大可达 15 m。

(8) 急流槽。如图 2-7 所示，急流槽为用片石、混凝土材料支撑的衔接两段高程较大的排水设施。主槽纵坡大，水流急，出口设有消力池、消能槛等消能装置，沟底纵坡可达 1∶2。设在路堑边坡上的急流槽又称吊沟。

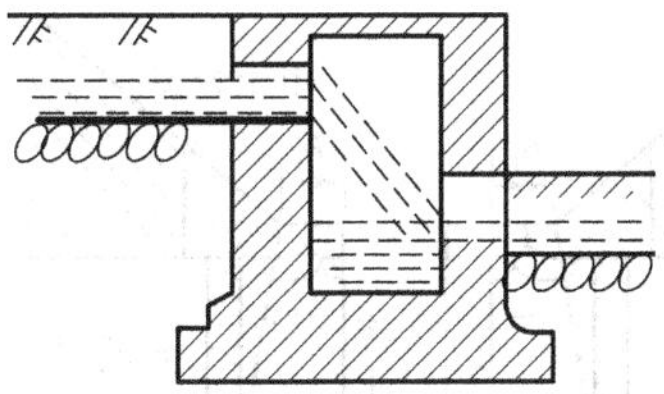

图 2-6　缓流井

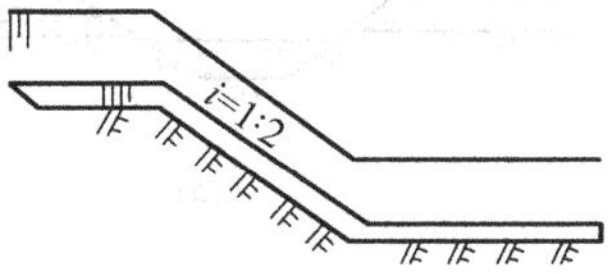

图 2-7　急流槽

2. 排降地下水

1）地下水对路基稳定性的危害

在路基中，地下水对路基稳定性的危害是指在路基设计和施工中，由于地下水存在的形式和数量使工程的设计与施工产生一定的困难，因而应采取措施，使地下水存在的形式或数量改变，以确保路基的稳固和工程的实施。同样，对已修建成的路基，地下水的变化如果造成路基稳定性下降，也应采取必要的措施，将地下水变化调节到允许的限度内。例如，在饱和的软黏土地基上填筑路堤，当堤高形成的荷载大于地基的承载力时，就会造成一定的问题，如能使地基土排水固结，就可提高软黏土地基的强度，从而提高地基承载力并减少工后沉降。

在路堤堤身的稳定中，也常受到地下水的危害，如地下水位高，路堤填料为黏性土时，在毛细作用下，水可升至路堤内，使填料含水率增大，强度下降。在严寒地区，水是路堤出现冻害的重要因素。在路堑地段，如果路堑开挖到地下水位以下，若路堑边坡土为细粒土，则边坡的稳定性会受到地下水渗出的动力水压影响；当堑体为破碎的岩块，地下水从裂隙中或含水层中流出时，也会使原有的胶结物质及沉淀的碎屑被带出而使边坡失去稳定。

2）路基地下水降低与排除的主要设备

地下水可大致分为承压水和无压水（如潜水、上层滞水）；又可根据地下水存在的环境，分为裂隙水和孔隙水；在岩溶地区，还有活动于溶洞、地下河等岩溶构造中的溶洞水；多年冻土地区有层上水、层间水及层下水等。降低路基地下水及排除地下水设备的选择，应根据不同类型的地下水及工程具体条件、要求确定。常用的降低和排除地下水的设备主要有：

(1) 明沟及排水槽。

明沟是兼排地表水及地下水的排水设备。沟底一般应挖至不透水层（见图 2-8(a)）。若不透水层太深，沟底置于透水层内（见图 2-8(b)），此时沟底及水沟边坡应用不透水材料作护层，以免沟中水渗入土中。

排水槽也是一种兼排地表水和地下水的设备（见图 2-8(c)）。排水槽侧壁有渗水孔，侧壁外最好填一层粗砂、细砾石或炉渣组成的反滤层。渗水孔在槽壁的上部，槽内水面以下的槽壁是不透水的，以免水反渗入土中。

明沟通常采用梯形断面，底宽 0.4～1.0 m，沟壁边坡按所在土层选用，并用厚约 0.3 m 的 M5 浆砌片石铺砌。排水槽通常采用矩形断面，底宽 0.6～1.0 m，用 M5 或 M7.5 浆砌片石砌筑。明沟和排水槽与含水土层相接触的沟壁上需设置向沟内倾斜的渗水孔或缝隙，沟壁与含水土层之间应设置反滤层，沿纵向每隔 10～15 m 应设伸缩缝（兼沉降缝）一道。

(2) 渗水暗沟。

渗水暗沟又称盲沟，是一种地下水排水设备，用于拦截、排除较深含水层内的地下水，疏

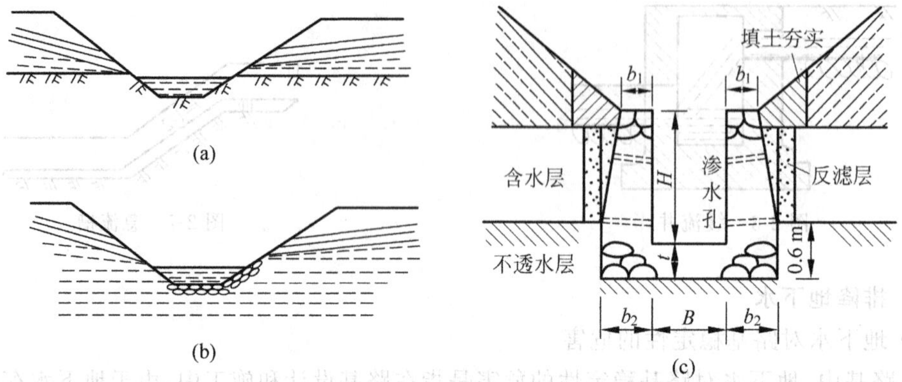

图 2-8 明沟及排水槽

(a) 沟底为不透水层的深水沟；(b) 沟底进入透水层的深水沟；(c) 排水槽

干滑体中的水或降低地下水位，通常采用明挖法施工。

渗水暗沟可分为有管渗沟和无管渗沟两种。埋设预制表面有很多微孔的管节而成的渗沟称为有管渗沟；就地开挖并填筑块石的矩形断面渗沟称为无管渗沟。深埋的渗沟为便于检查、修理，其断面应较大，以便于工作人员进出。渗沟较长时还应每隔适当距离设置检查井。沟顶应回填夯实，以免地表水渗入。按渗沟作用和设置部位，又可分为截水和引水渗沟、无砂混凝土渗沟、边坡渗沟和支撑渗沟等。

(3) 渗水隧洞。

渗水隧洞又称泄水隧洞，用于截排或引排埋藏较深的地下水，或与立式渗井(渗管)群配合使用，以排除有多层含水层的复杂地层中的地下水。

设置渗水隧洞时，必须掌握详细的水文地质资料，查明地下水的层次、分布及流量，以便准确地定出渗水隧洞的位置。渗水隧洞的断面形式可分为直墙式和曲墙式。直墙式适用于裂隙岩层、破碎岩层及较密实的碎石类土层。曲墙式适用于松散的碎石类土层或有少量卵石、碎石的黏性土层。渗水隧洞应埋入稳定地层内，在穿过不同的地层分界处时应设沉降缝。

(4) 平孔排水。

平孔排水或称水平钻孔排水，是用平卧钻机向滑体含水层打倾斜角不大的平孔，然后在钻孔内插入带孔的钢管或塑料管，用以排除地下水从而疏干土体。立面上可布置成一层或多层。单层平孔排水布置如图 2-9 所示。平孔位置必须在地下水位以下，隔水层顶板之上，尽量扩大其渗水疏干范围。平孔的间距视含水层渗透系数和要求疏干的程度而定，一般 5～15 m 为宜。

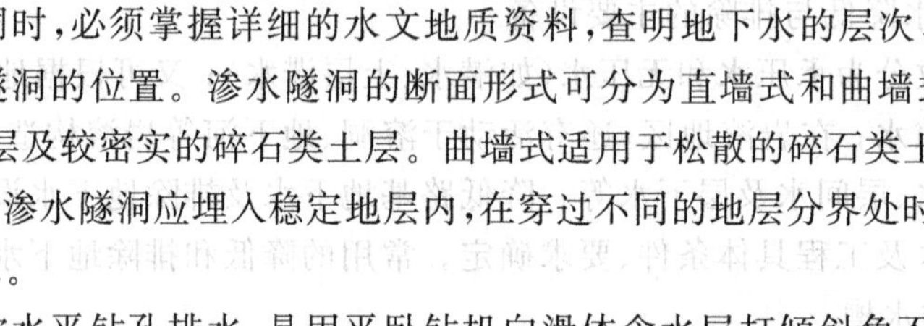

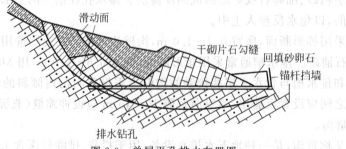

图 2-9 单层平孔排水布置图

(5) 集水渗井。

当滑体中地下水埋藏较深或有多个含水层时，可用大口径竖井(直径可达 3.5 m)和水平钻孔或与渗水隧洞配合使用，以降低地下水以及疏干其附近的土体，如图 2-10、图 2-11 所示。

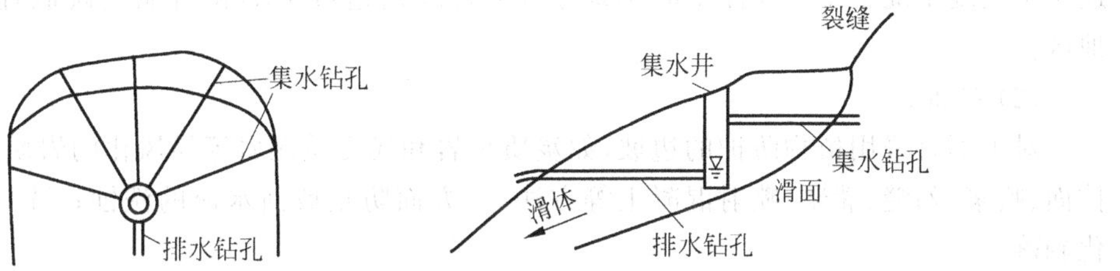

图 2-10 集水渗井

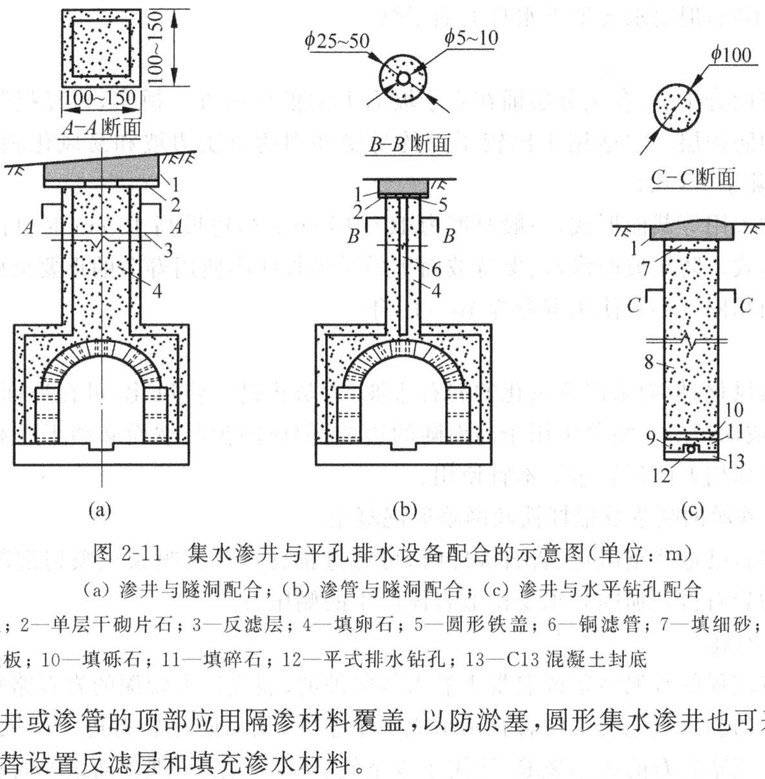

图 2-11 集水渗井与平孔排水设备配合的示意图(单位：m)

(a) 渗井与隧洞配合；(b) 渗管与隧洞配合；(c) 渗井与水平钻孔配合

1—夯填土；2—单层干砌片石；3—反滤层；4—填卵石；5—圆形铁盖；6—铜滤管；7—填细砂；8—填粗砂；9—泄水盖板；10—填砾石；11—填碎石；12—平式排水钻孔；13—C13 混凝土封底

集水渗井或渗管的顶部应用隔渗材料覆盖，以防淤塞，圆形集水渗井也可采用无砂混凝土结构以代替设置反滤层和填充渗水材料。

2.1.4 路基的防护

1. 路基防护

1) 路基坡面防护

为防止路基坡面病害的形成和发展，对较严重的坡面病害应立即整治，对发生一般坡面变形及有可能发生坡面变形的边坡，如容易风化和易受雨水冲刷的石质和土质边坡及严重破碎的岩层边坡，应及时、及早地加以防护。

路基坡面防护的作用在于加固坡面，防止或减轻坡面径流和风化的破坏，以达到稳定坡面的目的。常用的坡面防护有下列类型。

(1) 植物防护。

植物防护是指直接在路基边坡上种草、种树或铺种草皮来防护边坡的方法。边坡上的植被能固结土壤,调节土的湿度,防止裂隙产生和风化剥落,减缓地表水的冲刷。植被防护适用于坡度不陡于 1∶1(种草时不陡于 1∶1.25)、边坡土壤和当地气候适宜植物生长的地区。

(2) 抹面。

对于不宜采用植物防护的边坡,如炭质页岩和浅变质泥岩等易风化的岩质边坡,可采用抹面、喷浆、勾缝、灌浆、喷射混凝土等方法,一方面防止坡面水流的洗蚀;另一方面防止风化剥落。

抹面是将二合土(石灰、炉渣)、三合土(水泥、石灰、炉渣)或水泥砂浆均匀地摊在路基边坡上,经压实、提浆、抹光后形成的一种防护层。它适用于各种易风化但尚未严重风化的岩石边坡,坡度不限,但要求无地下水且坡面干燥。

(3) 捶面。

捶面是将四合土、三合土分层铺在立于坡面上的模板内进行捶实,再经提浆、抹光后形成的一种坡面防护层。它适用于比较干燥的易受冲刷的土质边坡和易风化剥落的岩石边坡,其坡度不陡于 1∶0.5。

捶面通常采用等截面形式,一般厚度为 10～15 cm;当边坡高 15 cm 时,可采用上薄下厚的变截面形式。防止坡面渗水、保持坡面干燥是延长捶面使用寿命的重要措施,其施工注意事项与抹面相同。一般使用寿命为 10～15 年。

(4) 喷浆。

对坚硬易风化,但尚未严重风化的岩石边坡,为防止进一步风化,可在坡面上喷射一层水泥砂浆,形成保护层。喷浆可用于高而陡的边坡,但所防护的坡面必须干燥和坚硬,地下水发育或成岩作用差的泥岩边坡不宜使用。

(5) 锚杆铁丝网喷浆及锚杆铁丝网喷射混凝土。

当坡面岩石已遭严重风化、岩石破碎时,可通过锚杆铁丝网喷浆或喷射混凝土,使坡面一定深度内的岩石得到加固并承受松散岩体产生的侧压力。

(6) 灌浆勾缝。

灌浆是将较稀的水泥砂浆或混凝土灌入较坚硬的、裂缝较大较深的岩石路堑边坡,借助砂浆或混凝土的黏聚力把裂开的岩石粘结成一个整体,从而防止岩石进一步风化。勾缝是用较稠的砂浆填塞岩石的细小裂缝,适用于较坚硬、不易风化、节理多而细的岩石路堑边坡。灌浆和勾缝还可用于修补原有圬工裂缝。

(7) 干砌片石护坡。

当边坡为坡度缓于 1∶1.25 的土质或土夹石边坡,受地表水冲刷产生冲沟或坡面经常有少量地下水渗出而产生小型溜坍等病害时,可采用干砌片石护坡。

干砌片石护坡一般采用单层栽砌,厚度约 0.3 m。当边坡为粉质土、松散砂及黏砂土等易冲蚀的土时,片石下设厚度不小于 0.1 m 的碎石或砂砾垫层。

护坡应砌过边坡坡顶不小于 0.5 m,基础应选用较大的石块砌筑,并埋至侧沟沟底以下,基础埋深和顶面宽度均不应小于 0.5 m。当基础与侧沟相连时,应采用 M5 浆砌片石砌筑。

(8) 浆砌片石护坡。

在坡度缓于 1∶1 的各类岩石和土质边坡上，因风化剥落、地表水冲刷而发生泥流、冲沟及边坡溜坍时，可采用浆砌片石护坡。

护坡采用 M5 浆砌片石时，其厚度视边坡坡度及高度而定，一般为 0.3～0.5 m。高边坡的浆砌片石护坡宜分级设置，每级高度不大于 20 m，各级之间设宽度不小于 1 m 的平台。当护坡面积较大且边坡较陡或坡面变形严重时，为保护护坡本身的稳定，可采用肋式护坡。

浆砌片石护坡上应设泄水孔。泄水孔间距为 2～3 m，孔径为 10 cm，上下左右交错布置。土质边坡泄水孔后面，在 0.5 m×0.5 m 范围内设置反滤层。每 10～20 m 设伸缩缝一道，缝宽 2 cm，内填沥青麻筋或沥青木板。为方便检查和维修，大面积的护坡上还应在适当位置设置宽 0.6 m 的踏步，如图 2-12 所示。

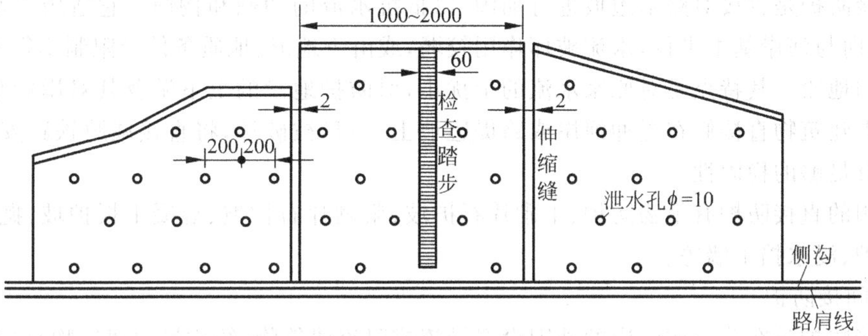

图 2-12 浆砌片石护坡示意图(单位：cm)

(9) 浆砌片石骨架护坡。

在易受冲刷的土质边坡和风化较严重的岩石边坡上，当坡度缓于 1∶0.5 且边坡潮湿、坡面溜坍及冲刷较严重，单纯采用草皮护坡或捶面护坡易冲毁脱落时，可采用 M5 浆砌片石骨架护坡，骨架内可采用草皮或捶面防护，也可在骨架内栽砌卵石。

(10) 护墙。

对于各类土质边坡及易风化剥落的岩石边坡，为防治较严重的坡面变形，或堑坡上有局部探头危石需做支顶时，可修筑浆砌片石护墙。

护墙适用坡度不陡于 1∶0.3 的堑坡防护。护墙有实体护墙、窗式护墙、拱式护墙等多种形式，分别根据不同的边坡高度、坡度及岩层破碎情况来确定。当边坡为土质或破碎岩石时，可采用实体护墙；当边坡坡度不陡于 1∶0.75 时，为节省圬工可采用窗式护墙；当边坡下部岩层较完整，仅需防护上部边坡时，可采用拱式护墙。

(11) 顶撑与嵌补。

当路堑上部有探头危岩，下部有条件设置基础时，可在危岩下设置浆砌片石支顶墙；若山坡陡峻，无法用浆砌片石支顶，又不宜采用刷方清除，且危岩坚硬、节理较少时，则可用钢轨或钢筋混凝土柱、浆砌片石柱支撑。

当边坡上的凹陷较深，且凹陷上部有凸出的危岩时，可将较深凹陷表面的风化层凿除，并在内部用浆砌片石或混凝土嵌补处理。

2) 坡面防护的选用及其基本技术要求

在选用坡面防护类型时，如果当地的气候和土壤条件适宜草木生长且边坡坡度较缓，宜优先采用植物防护；无此条件时，则应根据边坡上土(或岩石)的性质、边坡坡度和高度，结合就地就近取材的原则，选用其他合适的防护类型。

对于稳定性不足的边坡，则应采取清刷、支挡等措施，使之达到稳定状态。

2. 路基冲刷防护

在河滩或岸边修筑的铁路路基，都或多或少地受到水流和波浪的冲刷和掏蚀。为保证路基的稳固，必须根据当地的地形、地质条件和水流特性，在此地段设置足够坚固的冲刷防护建筑物。

常用的路基冲刷防护方法有直接防护、间接防护及改河 3 类。这 3 类方法常综合使用，以期达到较好的防护效果。

1) 直接防护

直接防护是直接对路基边坡进行加固，以抵抗水流的冲刷和掏蚀。它适用于水流流速不大，流向与河岸基本平行，水流破坏作用较弱，或由于地形、地质条件受限制不得不采用直接防护的地段。其特点是对原来水流的干扰小，对防护地段的上下游及其对岸影响小。但由于这类建筑物直接修在受冲河岸或路堤边坡上，一旦被破坏，将直接威胁铁路安全，因而必须具有足够的稳固性。

常用的直接防护有植物防护、干砌片石护坡、浆砌片石护坡、混凝土板护坡、抛石防护、石笼防护、浸水挡土墙等。

2) 间接防护

间接防护是在路基或河岸的外围设置导流或阻流建筑物(统称导治建筑物)以改变水流(如改变主流流向、减缓流速、改变冲刷或淤积部位等)，从而间接地防护路基或河岸的一种方法，如挑水坝、顺坝、格坝等。这种方法的特点是防护建筑物都要或多或少地侵占一部分河床，不同程度地压缩和扰乱原来的水流，因此侵占河床的部位会受到特别强烈的冲刷和掏蚀，故必须采取相应的措施进行加固。间接防护方法适用河槽较宽，冲刷和淤积大致平衡，河性易改变且有条件顺河流之势设置导流建筑物的地段，被防护地段较长时尤其适宜。

3) 改河

路基不宜过多侵占河床。遇有水流直冲威胁路基安全时，除应做好冲刷防护外，必要时还可局部改移河道。改河是将水流引入新的河道而避免水流对路基、坡岸冲刷的一种措施。改河时必须掌握河流的性质及其演变规律和河床形成的特点，因势利导，防止硬性改动。改河的起终点要与原河床平顺相接。为防止水流重归故道，一般还应在旧河道上设置拦河坝。同时，还要注意改河后对附近农田、水利及居民点等的影响。

2.1.5 路基的加固

1. 挡土墙

1) 挡土墙的概念及应用

挡土墙是支撑天然斜坡或人工边坡以保持土体稳定的建筑物。挡土墙的各部分名称如图 2-13 所示。墙的顶面部分称为墙顶；墙的底面部分称为墙底；与填土接触的面称为墙背；与墙背对应的另一面称为墙胸(墙面)；墙胸与墙底的交线称为墙趾；墙背与墙底的交线称为墙踵；墙背与竖直线的夹角称为墙背倾角，一般用 α 表示；墙踵到墙顶的垂直距离称为墙高，用 H 表示。

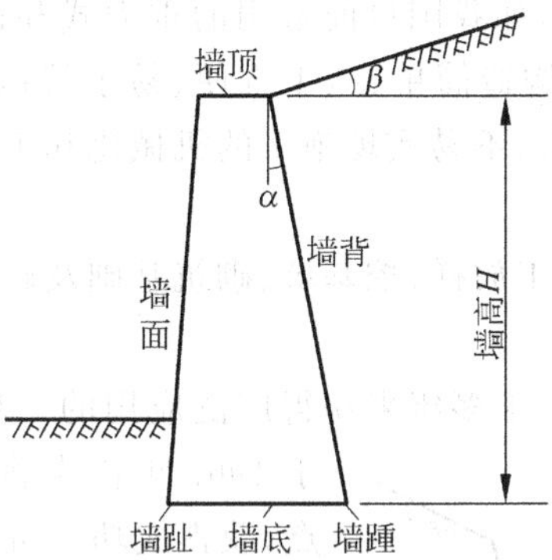

图 2-13 挡土墙各部分的名称

2）挡土墙的类型

（1）根据挡土墙在路基横断面上的位置分类。

根据挡土墙在路基横断面上的位置分为路堑式、路堤式及路肩式 3 种，如图 2-14 所示。

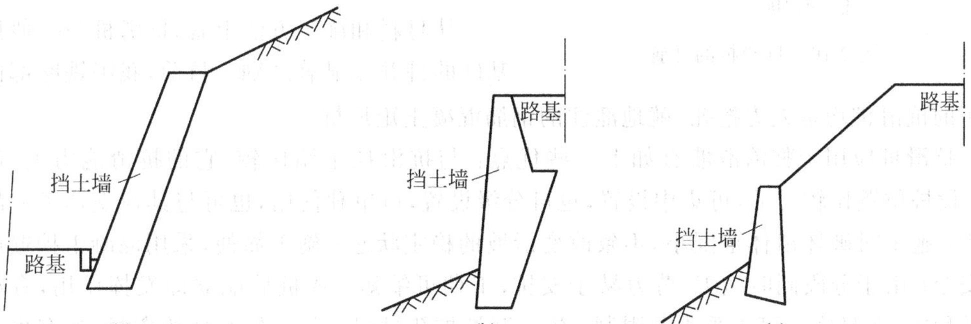

图 2-14 挡土墙在路基横断面上的位置示意图

(a) 路堑式；(b) 路肩式；(c) 路堤式

（2）按墙背形式分类。

当墙背为一个平面时，称为直线形墙背挡土墙。当墙背由一个以上平面组成时，称为折线形墙背挡土墙。根据墙背的倾斜方向，又可将挡土墙分为俯斜式、仰斜式及竖直式 3 类，如图 2-15 所示。

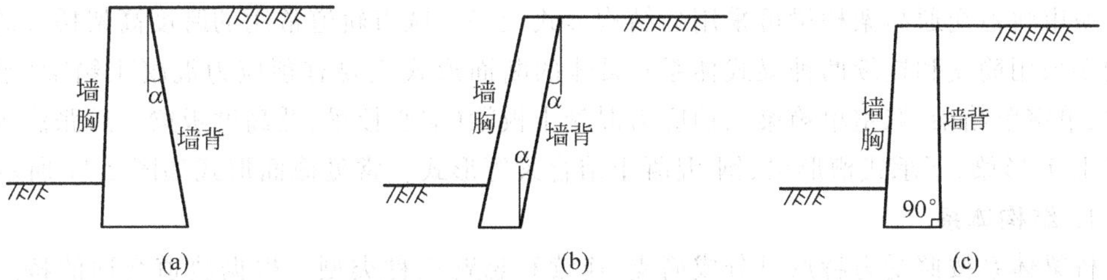

图 2-15 挡土墙墙背形式示意图

(a) 俯斜式；(b) 仰斜式；(c) 竖直式

（3）按结构形式分类。

按挡土墙的结构形式可分为重型结构挡土墙和轻型结构挡土墙两类。重型结构挡土墙主要依靠本身自重来维持稳定，如我国目前常用的重力式和衡重式挡土墙。重型结构挡土墙一般由片石砌筑而成，具有构造简单、施工方便、易于就地取材等优点，因而得到普遍使用，但这种挡土墙墙身断面较大，不易实现施工的机械化和工厂化。

3）挡土墙的施工步骤

挡土墙的施工大体上分施工放样、挖基坑、砌筑基础及砌筑墙身4个步骤。

2. 抗滑桩

抗滑桩又称锚固桩，是近二十多年来获得广泛应用的一种新型抗滑支挡结构物。我国于1967年首次将抗滑桩用于整治沙北滑坡工点，获得成功。抗滑桩埋于稳定滑床中，依靠桩与桩周岩(土)体的相互嵌制作用将滑坡推力传递到稳定地层，利用稳定地层的锚固作用和被动抗力，使滑坡得到稳定。抗滑桩可改善滑坡状态，促使滑坡向稳定转化。抗滑桩的埋置情况如图2-16所示。

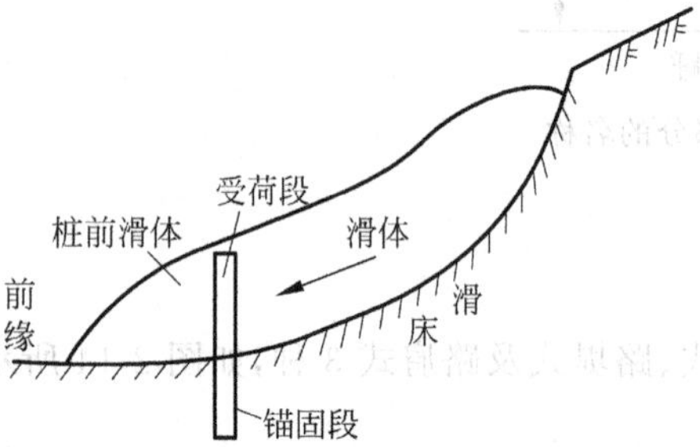

图2-16　抗滑桩的埋置

从材料和施工方法上看，抗滑桩与一般用于基础的桩并无显著区别。目前，我国铁路部门所采用的抗滑桩均是人力挖孔、就地灌注的钢筋混凝土矩形桩。

抗滑桩应用于整治滑坡有如下一些优点：与抗滑挡土墙比较，它的抗滑能力大，圬工小；设桩位置比较灵活，可集中设置，也可分级设置，可单独使用，也可与其他支挡工程配合使用；施工时破坏滑体范围小，不致改变滑坡的稳定状态；施工简便，采用混凝土护壁后施工安全；由于分段同时施工，劳力易于安排，工期可缩短；成桩后能立即发挥作用，有利于滑坡稳定，而且施工可不受季节限制；施工开挖桩孔过程中易于校对地质资料，如有出入可及时修改设计；采用抗滑桩处理滑坡时，可不做复杂的地下排水工程。因此，抗滑桩在滑坡整治中得到了广泛应用。

2.2 高架线桥梁工程

2.2.1 高架桥梁的类型

城市轨道交通高架桥梁可采用的结构形式较多。城市轨道常用的跨度高架桥梁的上部结构多采用简支和连续两种梁式体系；梁体的断面形式主要有预应力混凝土箱梁(单室双箱梁、单室单箱梁、双室单箱梁)、预应力混凝土板梁(空心板梁、低高度板梁)、后张法预应力混凝土T形梁、下承式槽形梁、钢-混凝土结合梁等形式。常见截面形式如图2-17所示。

1. 结构体系

桥梁体系按照受力特点可分成简支、连续和悬臂三种类型。根据轨道交通的特点及整体道床和无缝线路的要求，多采用简支或连续体系，在特殊地段(河流或山谷)也可采用悬臂体系。

1）简支梁体系

目前，在城市轨道交通高架桥的建设中，简支梁是最常用的一种结构体系。上海轨道交

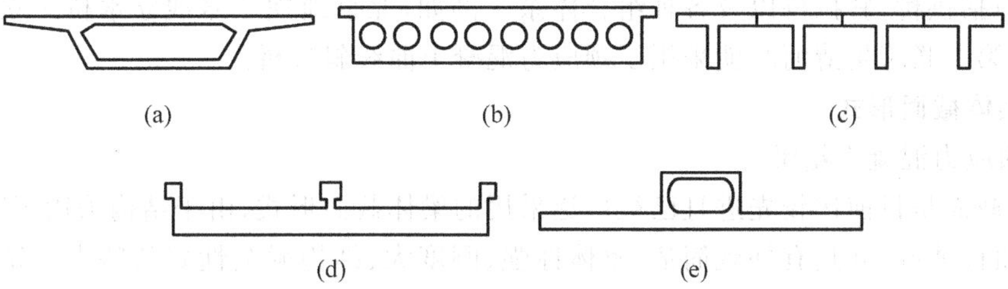

图 2-17　城市轨道交通常用桥梁截面形式

(a) 箱梁；(b) 空心板梁；(c) T 形梁；(d) 槽形梁；(e) 脊梁式箱梁

通 M3 线、北京地铁八通线和首都机场线、武汉轻轨 1 号线、重庆轻轨新线一期、广州地铁 4 号线高架区间均采用了简支梁结构。与连续梁相比，简支梁有如下优势：

(1) 简支梁结构的支座布置为一端固定，一端活动，在同一个桥墩上只有一个固定支座，各墩受力均匀，因此下部结构可做到最大限度的优化。

(2) 在城市轨道交通高架桥的建设中，供电系统对上部结构的电腐蚀一直是个重要问题。由于高架桥一般采用预应力结构，高强预应力筋一旦受到电腐蚀，到一定程度就会造成预应力失效，这对结构的安全性是致命的。尽管通过防迷流设计，在轨道和桥面中采取了一定措施，但因为连续梁的预应力筋在中支点负重矩处距离桥面一般只有 10 cm 左右，受腐蚀的概率相对简支梁结构还是大得多。因此，从结构的耐久性讲，简支结构较连续结构更为合理。

(3) 简支梁可以做成标准跨径的预制装配式结构，有利于机械化施工，可缩短建设工期。对于高密度的城市交通，简支梁在运营后期的维修养护甚至换梁都十分方便。与之相比，连续梁的维修影响面则比较大。

2) 连续梁体系

连续梁体系为超静定体系，其优点是结构整体刚度大，竖向变形小，动力性能好，有利于改善行车条件。与简支梁相比，连续梁的特点有：①在相同梁高时有更大的刚度和更好的平顺性；②在相同刚度条件下能使梁高降低或具有更大的跨越能力；③在较大跨度桥梁中应用能体现经济性。此外，连续梁还具有线条流畅性好的优点。

广州地铁 4 号线、北京地铁 13 号线均采用了连续梁体系。但连续梁受力较简支梁复杂，下部结构的设计受墩柱刚度的影响很大。另外，现场工序较多，对支点不均匀沉降敏感等，这些都限制了它的应用。而且，由于连续结构水平纵向位移较大，伸缩缝构造复杂，增加了轨道运营维护工作量。

3) 连续刚构(悬臂)体系

在连续梁桥的基础上，把主跨内较柔细的桥墩与梁部固结起来，就形成所谓的连续刚构桥。其特点是：桥墩较为纤细，以承受轴向压力为主，表现出柔性墩的特性，这就使得梁部受力依然体现出连续梁的受力特点。这种桥式除保持了连续梁的受力优点外，还节省了大型支座的费用，减少了桥墩及基础的工作量，改善了结构在水平荷载下的受力性能，适用于需要布置大跨、高墩的桥位。

4) 其他体系

除了以上三种常用的基本结构体系外，城市轨道交通高架桥梁还采用了其他的一些结构体系,包括拱桥、斜拉桥以及各种组合体系。例如,北京地铁 5 号线立水桥—立水桥北站高架区间第二联跨越清河时就采用了预应力混凝土曲线斜拉桥。

2. **梁体截面形式**

1) 预应力混凝土箱梁

箱形截面是目前比较先进且已被广泛采用的梁体截面形式,由于结构采用了闭合截面,抗弯、抗扭性能好,并具有外观简洁、整体性强、刚度大、结构耐久性好的特点。箱形梁架设后,无后续工作,可以立即作为运梁通道,加快了预制构件的运输、架设速度。此外,箱梁还具有较好的动力特性,在列车走行时产生的振动相对较小,有利于城市的环境保护;由于其刚度较大,混凝土后期徐变上拱较小,尤其适用于无砟轨道。但箱形梁重量大,桥面宽,需具备重型架桥设备,此外,由于需要在箱内检查、维修,梁高不易太低,因此,箱梁的跨度不能太小,适用跨度为 20~40 m。

2) 预应力混凝土槽形梁(U 形梁)

槽形梁是一种下承式受力结构。列车的轮重荷载通过轨道传递到槽形梁底板,底板将荷载横向传至两侧纵向主梁,因此主梁一般配三向预应力体系。

英国早在 1952 年建造的罗什尔汉单线铁路桥就采用了这种结构形式。其后日本新干线第二丘里桥、德国内卡河桥、比利时高速铁路安布尔高架桥等均采用了简支或连续的槽形梁形式(见图 2-18)。我国的城市轨道交通高架线也建造了几座节点式的槽形梁。在轨道交通领域,法国巴黎 13 号线有 2 km 的高架桥采用了双 U 槽形梁,最大跨度达到 85 m,如图 2-19 所示。

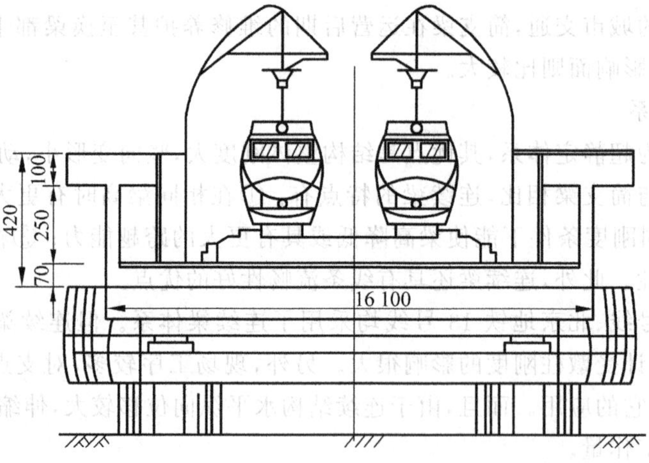

图 2-18 单 U 槽形梁截面(单位:mm)

3) 预应力混凝土 T 形梁

T 形梁与箱梁同属肋梁式结构,它兼具箱梁刚度大、材料用量省的特点。同时,主梁采用工厂或现场预制,可提高质量,减少主梁尺寸,从而减轻整个桥梁自重。每跨梁由多片预制主梁相互连接组成,吊装质量小,构件容易修复或更换,避免了箱梁内模拆除不便的困难。简支 T 形梁经济跨度为 20~25 m。

北京地铁八通线采用了跨度 25 m 的预应力混凝土 T 形组合梁作为标准梁,如图 2-20 所示。

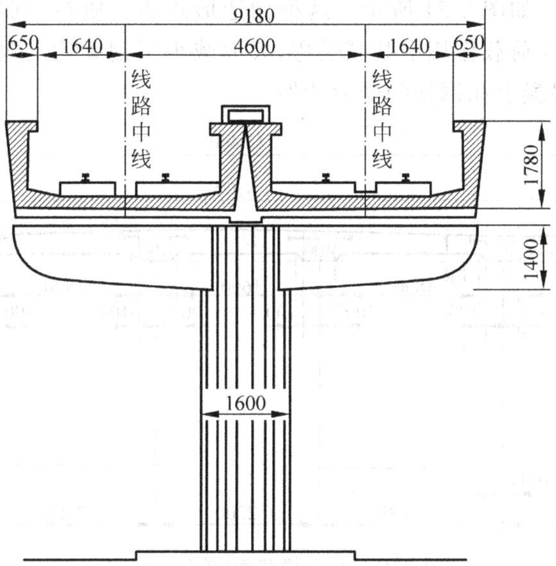

图 2-19　双 U 槽形梁截面(单位：mm)

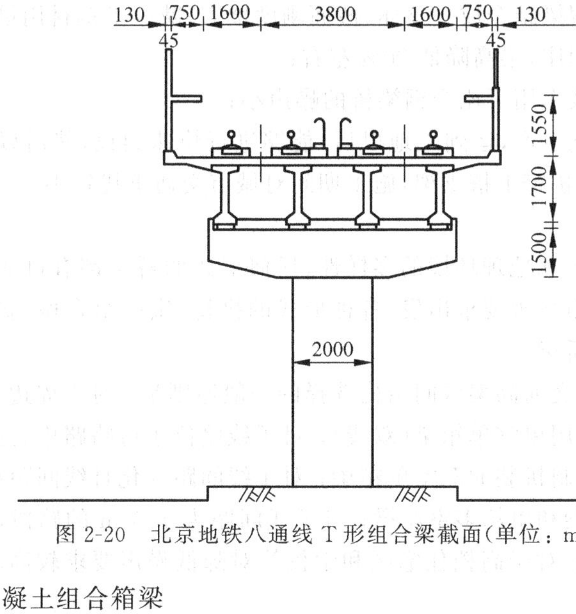

图 2-20　北京地铁八通线 T 形组合梁截面(单位：mm)

4）预应力混凝土组合箱梁

预应力混凝土组合箱梁，即在预制厂内用先张法制造槽形梁，架立后再在它上面浇钢筋混凝土连续桥面板，将槽形梁连成整体，形成组合箱梁。区间由四片简支梁组成，经济跨度 23 m，吊装质量约为 25 t。该方案兼具箱梁整体性好、抗扭刚度大的优点，同时现浇连续桥面结构克服了简支梁接缝多的缺点，使行车条件得到改善。从施工上讲，组合梁预制、运输、吊装方便，架桥速度快，对城市交通干扰小。缺点是桥面板须就地浇筑，增加了现场混凝土施工量，且先张法只能直线预制，不适于弯梁桥，美观上也逊色于其他方案。

5）钢-混凝土结合梁

钢板梁或钢桁梁通过剪力传递器与钢筋混凝土桥面板结合成主梁的一种桥梁，称为结合梁桥，又称叠合梁桥，如图 2-21 所示。这种构造形式的实质在于剪力传递器使钢筋混凝土桥面板与钢梁在竖向荷载作用下共同受弯，大大减小了钢梁的上冀缘或上弦杆所需的承压面积，充分发挥了混凝土和钢材的受力特性。

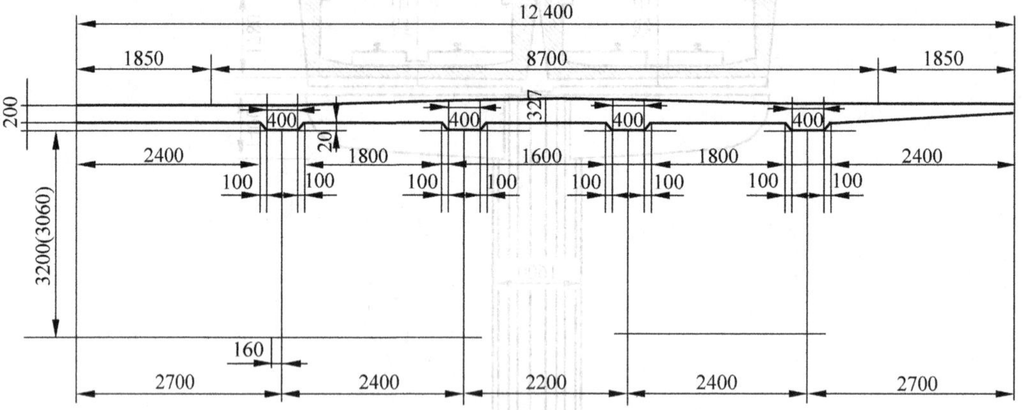

图 2-21　结合梁截面(单位：mm)

城市高架轨道交通中，采用结合梁的优势主要表现在：

(1) 钢筋混凝土与钢梁结合成一整体，截面刚度增大，减少了钢材用量；

(2) 与同跨度钢桥相比，梁高降低 20%左右；

(3) 结合梁桥在活载作用下比全钢梁桥的噪声小；

(4) 钢梁可以工厂化生产，运到工地以后，能够进行快速架设，然后以钢梁为依托进行桥面混凝土施工，不需在桥跨下搭支架，施工期间对城市交通干扰较小。

6) 其他形式的桥梁

随着都市范围的扩大和地理环境的多样性，任何形式的桥梁都有可能作为城市轨道交通高架桥。特别是从城市景观要求出发，各种形式的拱桥、拱梁组合桥、斜拉桥等都有可能成为城市轨道交通中的桥梁。

综上所述，城市轨道交通高架区间结构选择的一般原则是：对于周边空旷、线路布置在路侧的一般区段，优先选用单室单箱梁(双线)；对于线路位于道路路中，为减少施工对地面交通的干扰，优先选用预制拼装的双室单箱梁；对于线间距变化且线间距小于 5 m 的路段，可比较选用双箱单室箱梁和单箱多室箱梁；对于线间距大于 5 m 的路段，可比较选用单箱多室箱梁或单室单箱梁；对于高档住宅区和学校等对降低噪声要求较高的区域，推荐采用槽形梁。

2.2.2　高架桥梁的设计原则

(1) 高架结构设计应符合安全适用、经济合理、美观耐久、施工简捷的要求。

(2) 高架结构设计应结合工程沿线的区域规划、道路交通、周围环境、地下管线、工程地质技术条件等选择合理的结构体系，同时选用的结构应尽量减少运营中的维修和养护。

(3) 结构设计力求工厂化、标准化、系列化。简化结构种类形式，方便设计和施工。桥梁跨度及形式的选择应根据城市景观、经济指标及施工条件等因素确定。

(4) 高架结构的桥梁应考虑无砟、无缝长钢轨的轨道结构与桥梁相互约束而产生的纵向附加力。

(5) 高架结构跨越道路或通航河道时，桥下净空应满足有关规定和相关专业技术标准的要求。

(6) 单体高架的抗震设计应满足现行铁路的抗震规范。

(7) 高架结构应满足供电、通信、信号、轨道、给排水、声屏障等有关工种工艺设计及埋件设置等要求，采取必要的构造措施，满足防水、防迷流、防锈等要求。

(8) 桥梁总体设计要符合建筑原理，注意空间比例，建筑美观，要服从结构受力合理的要求。

(9) 桥梁设计应因地制宜，积极采用新结构、新工艺，并广泛吸取国内外先进技术，便于机械化施工。施工方法应经济合理、成熟可靠，尽量减少对周边环境的影响。

2.2.3　荷载与结构设计

1. 荷载分类

按照荷载发生的概率，将荷载分为主力、附加力和特殊荷载三类。主力是永久作用或经常作用的荷载，附加力是不经常发生或发生概率较小的荷载，特殊荷载是发生概率极小、作用时间短、有的还是灾难性的荷载。

2. 荷载取值

轨道交通桥梁上有众多的附属设备，如声屏障、接触网支柱、轨道、电力、通信、信号的线缆和设备、桥梁养护维修设备等，个别桥梁由于景观或使用功能的需要，还设有一些附属建筑，这些设施的材料类型各异、构造不一，很难给出确切数值，因此，荷载取值应根据其构造和类型按照相关行业的规范、标准或所属专业的设计值选用。

支承单轨交通轨道梁的桥梁结构的动力系数 μ 应按下式计算：

$$\mu=\left(1+\frac{20}{50+L_1}\right)\cdot\frac{20}{50+L_2} \tag{2-3}$$

式中，L_1——轨道梁的跨度(m)；

L_2——支承单轨交通轨道梁的桥梁的跨度(m)。

单线U形梁桥道板的动力系数 μ 宜取0.4，双线U形梁桥道板的动力系数宜取0.3。计算活载引起的土压力时可不计竖向动力作用。

救援荷载与列车的救援模式有关，考虑一列同编组列车将事故列车推出，同时另外一线保持正常运营的工况；考虑到救援列车可能携带救援设备及人员，因此在无详细资料的情况下偏于安全地取一列满载列车的重量，并与运营荷载进行最不利组合。

施工临时荷载应根据施工方法和工艺的实际情况确定。桥面人行道和疏散平台的竖向静活载应采用4.0 kPa，人行道板还应按竖向集中荷载1.5 kN检算。桥梁栏板结构的横向水平推力和竖向压力应分别按0.75 kN/m和0.36 kN/m计算，水平推力应作用于桥面以上1.2 m处。

3. 混凝土结构

对于矩形、带翼缘箱型截面的腹板(肋板)缘板以及顶(底)板组合截面弯扭构件，在计算中可将其截面划分为几个矩形截面。

轨道交通桥梁中，需要考虑弯扭共同作用的构件较少，纵向钢筋的总面积为按弯矩计算所得结果与按扭矩计算所得结果的叠加。计算时应取弯矩最大值及其对应扭矩值和扭矩最大值及其对应弯矩值两种情况，并取计算结果的较大值。试验结果表明，受扭构件当钢筋配置过多时，可能出现混凝土先于钢筋破坏的情况，因此须通过限制剪应力对截面最小尺寸进行控制。弯扭构件由于受力的复杂性，目前只能将扭矩和剪力产生的剪应力进行叠加，使总和不超过规定的剪应力限值。

4. 钢结构

钢结构弯曲受压的正交异性板的有效宽度分布如图 2-22 所示。

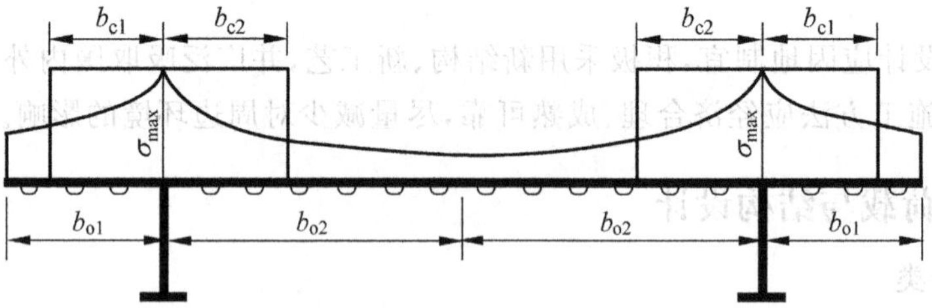

图 2-22 有效宽度分布示意图

钢箱梁桥顶、底板、杆件腹板等的宽度与板厚之比（宽厚比）较大，均匀受压板件和以受压为主的腹板设置纵向加劲肋是防止顶、底板、杆件腹板在弯曲压应力或者制作、运输、安装架设中不可预料的压应力作用下局部失稳的最有效方法。通常，钢箱梁及杆件整体刚度比顶、底板及腹板的刚度大得多，顶、底板及腹板的局部稳定分析，可以近似简化为由箱梁（杆件）腹板（纵隔板）和横隔板围成的四边简支加劲板，如图 2-23 所示。

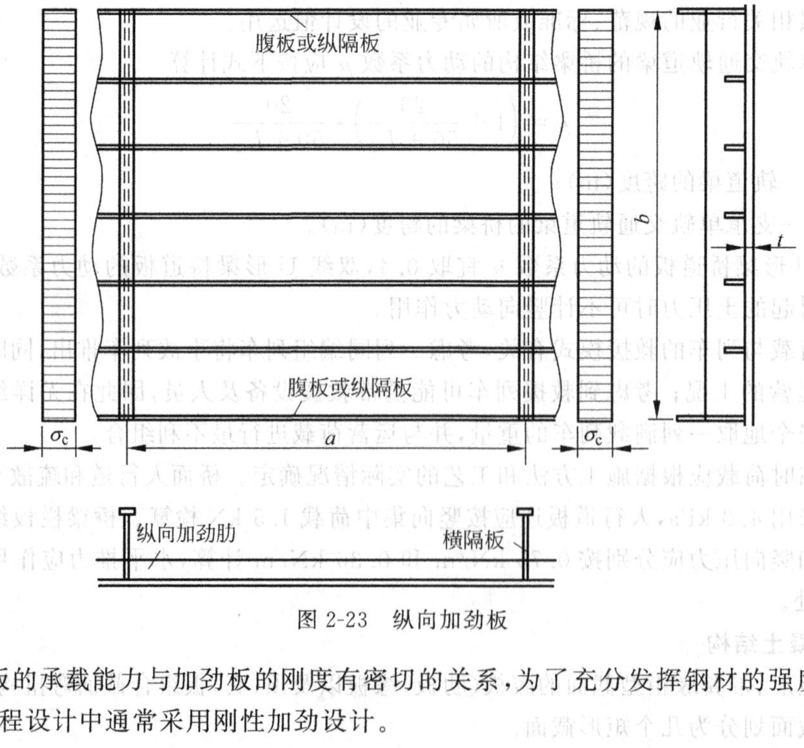

图 2-23 纵向加劲板

加劲板的承载能力与加劲板的刚度有密切的关系，为了充分发挥钢材的强度和简化设计计算，工程设计中通常采用刚性加劲设计。

5. 钢-混凝土结合梁

钢-混凝土结合梁的设计应考虑施工过程的效应，根据不同施工阶段、受力阶段和钢梁与混凝土桥面板的结合状态对结构的安全性进行验算。在混凝土桥面板和钢梁结合前，由于钢梁承受全部荷载(含施工临时荷载)，因此需对钢梁的整体、局部稳定性进行验算，并根据验算结果设置必要的构造措施，满足结构在达到强度破坏之前，钢结构不发生局部失稳。

抗剪连接件应能承担钢梁和混凝土桥面板之间的水平剪力，同时应能抵抗混凝土桥面板与钢梁间的掀起作用。

6. 构造要求

根据近年来国内轨道交通U形梁的建设和运营经验，适当增加桥面板的厚度，对于降低振动和噪声是有利的；在梁端设置端横梁后，有利于提高U形梁的整体刚度，改善梁端桥面板的局部受力。U形梁构造时，单线梁桥面板厚度不应小于25 cm；梁端部应设置和桥面板构成整体的端横梁。

钢箱梁应设置进入箱内的检修通道，人孔宽度不宜小于400 mm、高度不宜小于600 mm，箱内应设置排水孔。当箱梁尺寸不满足开孔的要求时，箱梁应全封闭。

7. 抗震设计

城市轨道交通桥梁的抗震设防分类如下：对于单跨跨度大于等于150 m的桥梁，由于跨度大，结构复杂，修复难度大，故将其划为A类桥梁。具体如表2-3所示。

表2-3　桥梁的抗震设防分类

抗震设防分类	结构类型
A类	单跨跨度大于或等于150 m的桥梁
B类	除A类以外的其他桥梁

在罕遇地震作用下，由于它发生的概率极小，因此钢筋和混凝土材料的容许应力可以分别达到强度标准值和抗压极限强度。对于受压桩基础，受压竖向承载力可不再考虑原有的安全系数，桩基础单桩的竖向抗压容许承载力可提高至主力情况下的2倍；鉴于抗拉桩的极限承载力分布较离散，偏于安全，受拉桩在罕遇地震作用下，对于黏性土、粉土可取桩基竖向受拉承载力的1.5倍，对于砂性土可取桩基竖向受拉承载力的1.3倍。

为实现墩柱的延性性能，在发生塑性变形时，按超强弯矩及其对应的剪力检算桩基础、盖梁、结点、支座、墩柱抗剪强度的承载能力，这就是能力保护的设计思路。参考国内外相关桥梁抗震设计规范，对抗震设防烈度为6度地区的A类桥梁、抗震设防烈度为7度及以上地区的A、B类桥梁，其桩基础、盖梁、结点、支座应作为能力保护构件，墩柱的抗剪强度宜按能力保护原则设计。对于位于抗震设防烈度为6度地区的B类桥梁只需进行多遇地震的强度验算、设计地震的连接构造验算、延性验算并满足相关构造及抗震措施要求，无需进行能力保护设计。

减隔震作为近年发展起来的减小结构地震灾害的新技术，其理念由传统的被动抵抗地震作用的"抗震"转变为在一定程度上主动减小地震作用的"减震"，其原理是通过设置减隔震装置来延长结构周期和提高结构的阻尼来减小地震作用。该技术是桥梁抗震技术的发展方向，但该技术在我国尚处于逐步应用的阶段。因此只对于抗震设计困难且场地条件较好的桥梁，推荐采用减隔震设计。正常使用性能是指在地震作用时桥梁结构应能满足桥梁抗震设防目标。

2.2.4 桥梁的设备与系统接口

1. 轨道

对于无砟轨道结构，为保障道床与桥面的可靠连接，需在桥面预留无砟轨道结构限位装置或与无砟轨道结构刚性连接的构造，例如预埋一定长度的钢筋等。

钢轨伸缩调节器主要用来解决桥梁和钢轨的伸缩变形不协调的问题，一般设在伸缩量较大的梁缝附近，使大跨度桥梁的滑动端伸缩位移通过钢轨伸缩调节器中的伸缩轨位移得以实现，同时释放钢轨中的拉应力，防止拉断钢轨。由于梁端部存在水平位移和转角，处于梁缝两侧 2 m 范围内的钢轨承受较大的轮轨冲击和低温时的温度附加拉应力，钢轨伸缩调节器与无缝线路长钢轨焊接接头是轨道的薄弱部位，焊接接头应避开该范围，因此桥梁梁缝应设置在钢轨伸缩调节器 2 m 以外，以给钢轨伸缩器提供良好的工作条件。梁缝处伸缩缝后的挡水凸台应留有承轨台位置，承轨台不应压在伸缩缝上。

跨座式单轨轨道梁应满足列车走行轮、导向轮和稳定轮的走行要求，同时应满足信号、供电环网电缆及接触轨在梁体上的安装要求。钢轨轨道梁宜在结构上预留信号、供电环网电缆等系统管线通道和接触轨安装接口板。

2. 供电

桥梁应预留供电设备及线缆敷设的条件、架空接触网支柱基础和下锚基础。桥梁结构应进行杂散电流防护，设置防雷接地装置，并应预留防雷接地引下线安装的条件。当需设置功能照明、景观照明时，桥梁结构上应预留安装条件。当系统设备的防雷接地无法对桥上构造物起保护作用时，斜拉桥、中下承式拱桥及采用接触轨供电制式的高架桥，应进行防雷接地设计。

3. 通信与信号及其他

桥梁应预留通信与信号设备及线缆敷设的条件。桥梁结构应在通信与信号的轨旁设备附近设置接地装置。当桥上设置声屏障时，应预留声屏障与桥梁间的连接构造。

2.3 地下线隧道工程

2.3.1 地下轨道交通的特点

1. 运量大

地铁是一种大容量的城市轨道交通系统，单向每小时运送能力可以达 3 万～8 万人次。因而，在客流密集的城市中心地带，地铁可以明显疏散客流，分担大部分交通流量。

2. 速度快，可靠性强

地铁运营速度快，一般为 35～40 km/h，最大车速可达 80 km/h，发车间隔为 2 min。地铁具有可信赖的准时性和速达性，不受气候、时间和其他交通工具的干扰，不会出现交通延误。

3. 安全性高

地铁具有专用车道，因而，与其他交通方式无相互干扰，安全性高。

4. 污染少,噪声小,舒适性强

由于地铁的动力主要是电能,因而,无废气排放;地铁采用新的轨道板技术,降低了噪声;车站与车厢内的环境好,舒适性强。

5. 占地面积少

在城市发展空间日益狭小的今天,地铁充分利用了地下空间,节约了地面宝贵的土地资源,这在一定程度上也刺激了地铁的发展。

6. 建设成本高,建设周期长

虽然地铁具有很多其他交通方式并不具备的优势,但其不足也相当突出,主要是建设成本高,制约着地铁的进一步发展。地铁的绝大部分线路和设备处于地下,而由于城市地下各种管线纵横交错,极大地增加了施工工程量,而且在建设中还涉及隧道开挖、线路施工、供电、通信信号、水质、通风照明、振动、噪声等一系列技术问题,以及考虑防灾、救灾系统的设置等,都需要大量的资金投入。我国大城市中心区地铁每千米造价达5亿~8亿元,即使对于工业发达国家来说,大量建设地铁所需的建设费用也是难以承担的。同时,由于施工工程量大,使得建设周期长。

7. 救援难度高

地铁一旦发生火灾或其他自然灾害,乘客疏散比较困难,容易造成人员伤亡和财产损失,对社会造成不良影响。因此,要做好安全防范措施及紧急人员疏散预案。

2.3.2 隧道的结构特征

根据隧道的断面形式,隧道分为矩形、拱形、圆形、多圆形及椭圆形等多种,其中最主要的是圆形隧道和矩形隧道。隧道管片如图2-24,矩形隧道如图2-25所示。

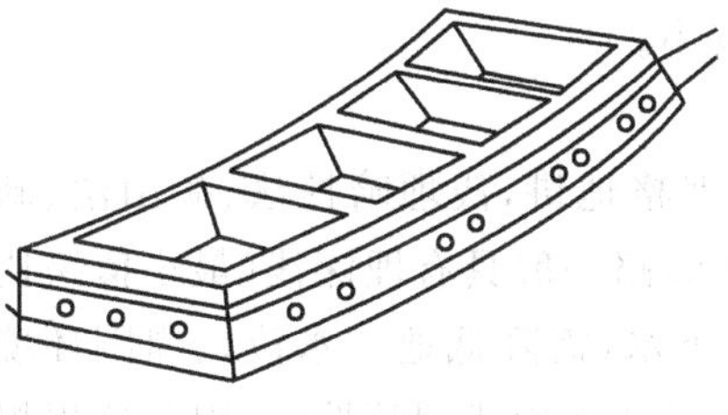

图2-24 隧道管片

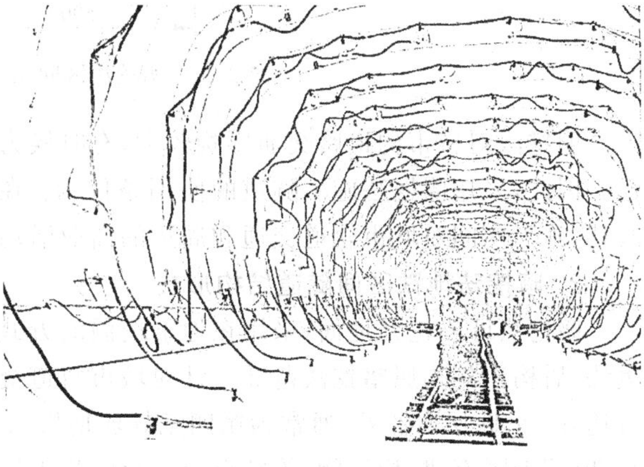

图2-25 矩形隧道

通常,地铁区间结构按施工方法可分为明挖法、暗挖法(钻爆法、新奥法、浅埋暗挖法)和盾构法等。

1. 明挖法地铁区间隧道结构形式

明挖法是一种造价低、施工快捷的施工方法,适用于各种不同的地质条件,施工工艺简单安全、技术成熟、质量可靠。因此,在有条件的地方,应优先考虑明挖法施工。采用明挖法修建的区间隧道结构,在暗埋段的结构形式一般为矩形,在敞开段的结构形式一般为

U形，如图 2-26 所示。明挖法隧道结构的衬砌可以采用现场整体浇筑式，或者采用预制结构进行装配。整体浇筑的衬砌结构整体性能好，防水性能容易得到保证，适用于各种工程地质和水文条件。而装配式的衬砌结构，整体性能较差，防水比较困难，目前已经较少采用。

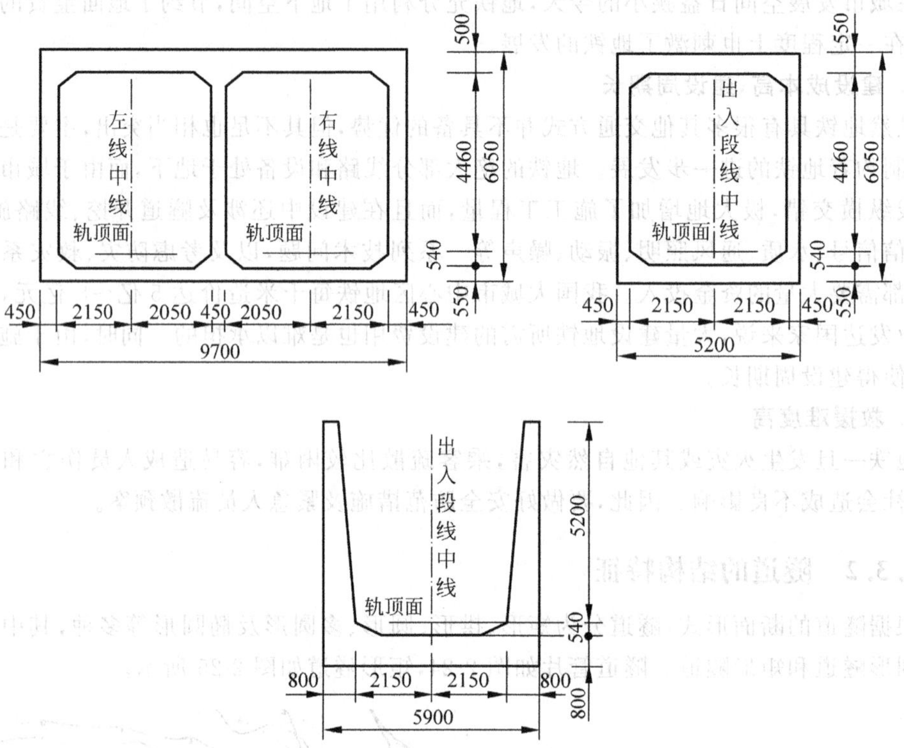

图 2-26 明挖法区间结构(单位：mm)

明挖法对城市的道路交通影响较大，有时候为了进行明挖法施工，需要进行建筑物的拆迁。因此，采用明挖法施工隧道的使用条件为：在基坑开挖范围内不重要的市政管线可以改移，施工期间对城市轨道交通和周边的商业活动影响较小。

2. 暗挖法地铁区间隧道结构形式

暗挖法即不挖开地面，采用在地下挖洞的方式实施，严格地讲，浅埋暗挖法、矿山法、新奥法、盾构法等均属暗挖法范畴。针对城市轨道交通地下线路一般具有埋深浅(最小覆跨比可达 0.2)、地层岩性差(通常为第四纪软弱地层)、存在地下水(需降低地下水位)、周围环境复杂(邻近既有建、构筑物)等特点，在设计、施工过程中更多地选用浅埋暗挖法，因此这里提到的暗挖法更多指的是浅埋暗挖法。

采用暗挖法修建的区间隧道一般为拱形，隧道的衬砌一般是由初期支护、防水层和二次衬砌组成的复合式衬砌结构，如图 2-27 所示。初期支护采用喷支护，对围岩起加固作用，并控制围岩的变形，防止围岩松动失稳。由于地铁区间隧道一般位于市区，为了减少地层变形，减小对地面道路和建筑物的影响，在开挖后应该立即施工初期支护，并应该与围岩密贴。根据土层和环境的具体情况，初期支护可以选用锚杆、喷射混凝土、钢筋网和钢支撑等。初期支护结束后施工防水层的作用除防水外，还可以减少二次衬砌因混凝土收缩而产生的裂缝。材料一般选用抗渗性能好、化学性能稳定、耐久性好并有足够的柔性、延伸性和抗拉性能的塑料或橡胶制品。二次衬砌为模筑混凝土或喷射混凝土，通常在初期支护封闭后尽快施工。

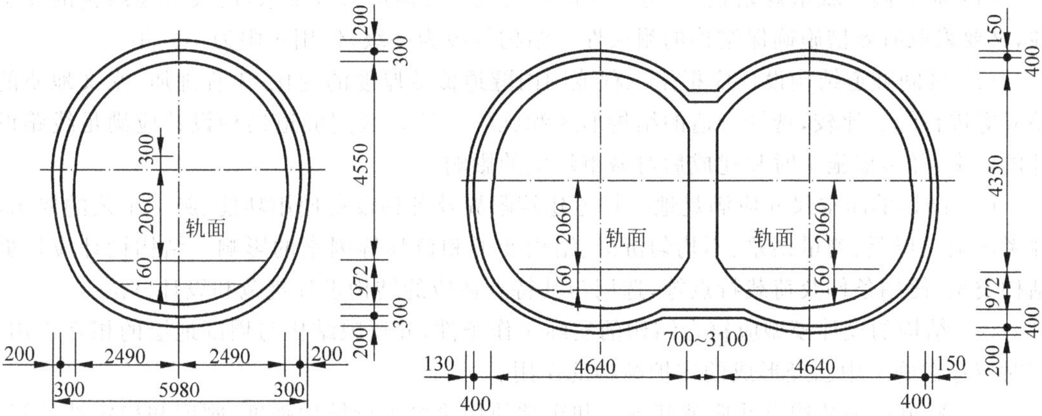

图 2-27　暗挖法隧道断面(单位：mm)

3. **盾构法地铁区间隧道结构形式**

盾构法是在盾构机钢壳体的保护下，依靠其前部的刀盘或挖掘机开挖地层，并在盾构机钢壳体内完成出渣、管片拼装、推进等作业。盾构法施工概貌如图 2-28 所示。

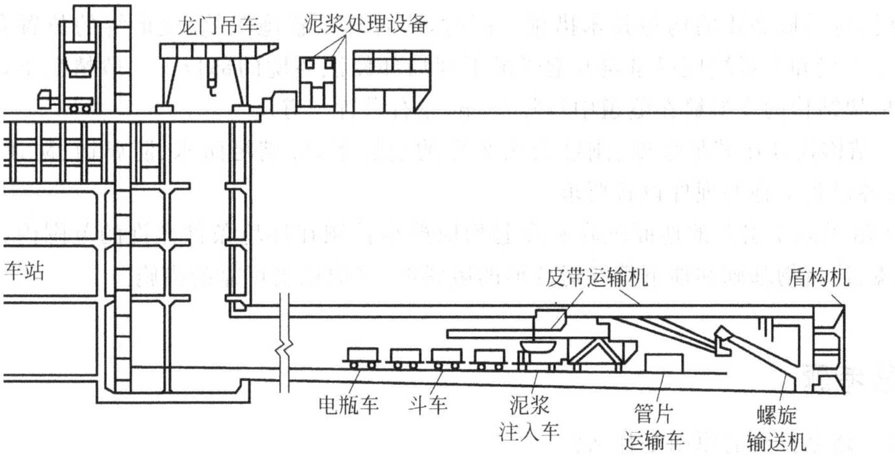

图 2-28　盾构法施工概貌

盾构法修建的区间隧道衬砌有预制装配式衬砌(拼装管片单层衬砌)、预制装配式衬砌和模注钢筋混凝土整体式衬砌相结合的双层衬砌(拼装管片(一次衬砌)＋模筑混凝土(二次衬砌))，以及挤压混凝土(ECL 工法)整体式衬砌三大类。

盾构法施工易于管理，施工人员少，工作环境好，同时还具有衬砌精度高、衬砌质量可靠、防水性能好、地表沉降小、不影响城市交通等优点。但也存在施工设备复杂、断面形式变化不灵活、盾构选型与地层条件密切相关等缺点。

2.3.3 隧道结构的设计

设计隧道结构时应满足以下原则：

(1) 应能满足城市规划施工、防水和排水及轨道交通运营等要求，既要考虑结构的安全性，又要采取有效措施确保结构的耐久性。结构等级为一级，使用年限为100年。

(2) 区间隧道结构设计应根据工程范围内隧道覆盖厚度的变化，工程地质、水文地质的差异等进行综合比较，选择合适的结构形式和施工方法。区间隧道结构设计应满足线路设计的要求，并考虑施工时和建成后对城市环境的影响。

(3) 结构的净空尺寸应满足地下铁道建筑限界及各种设备使用功能、施工工艺的要求，并考虑施工误差、测量误差、不均匀沉降、结构变形和位移等因素的影响。结构设计应根据结构类型、使用条件及荷载特点等，选用与其特点适应的结构设计规范和设计方法。

(4) 结构的设计模型应符合结构的实际工作条件，并反映结构与周围地层的相互作用，同时应考虑施工中已经形成的支护结构的作用。

(5) 隧道衬砌结构设计应就其施工和正常使用阶段进行结构强度、刚度和稳定性计算，对于混凝土、钢筋混凝土结构，还需进行抗裂验算或裂缝宽度验算。当计入地震等偶然荷载作用时，可不验算结构的裂缝宽度。

(6) 隧道衬砌结构通常只按平面问题进行横断面方向的受力计算，遇到特殊结构时，还应对其纵向强度和变形进行分析。

(7) 区间隧道在结构、地基、基础或荷载发生显著变化的部位，或因抗震要求必须设置变形缝时，应采取必要的构造技术措施。同时，应合理设置施工缝、变形缝的位置和构造。结构的施工缝和变形缝应尽量避开遭受最不利局部侵蚀环境的部位。一般情况下，明挖区间现浇框架结构的变形缝在隧道中每隔60 m左右设置一道。

(8) 结构设计在满足强度、刚度及耐久性的前提下，应满足防水、防腐蚀、防迷流等要求，以及各设备工种的埋件设置要求。

(9) 隧道施工引起的地面沉降和隆起均应严格控制在环境条件允许的范围内，并根据周围环境、建筑物基础和地下管线对变形的敏感度，采取稳妥可靠的措施。

复习思考题

2.1 路基排水的原则是什么？

2.2 简述地面水对路基稳定性的影响。

2.3 侧沟、天沟、截水沟、排水沟各设置在什么位置？

2.4 区间隧道的典型断面形式是什么？

2.5 明挖法施工的主要顺序是什么？暗挖法施工应注意哪些问题？

第3章

轨道的结构与设计

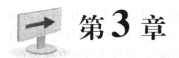

轨道是轨道交通的主要技术装备之一，是行车的基础，也是有轨交通的基本标志。轨道的作用是引导车辆的运行，直接承受来自车轮的荷载，并将荷载传递至路基或桥隧等下部基础结构物。因此，轨道结构应具有足够的强度、稳定性和耐久性，并保持固定的几何形位，保证车辆安全平稳、不间断地运行。

现代轨道的结构类型可分为传统的有砟轨道结构和无砟轨道结构两种。有砟轨道是指轨下基础为石质散粒道床的轨道，通常也称为碎石道床轨道(见图 3-1)，是轨道结构的主要形式之一。它具有弹性良好、价格低廉、更换与维修方便、吸噪特性好等优点。但相对无砟轨道来说，它也具有线路平面几何形状不易保持，使用寿命短，养护维修工作量大等缺点。有砟轨道结构主要包括钢轨、轨枕、联结部件、道床、道岔等。无砟轨道是指不用道砟铺设的轨道结构(见图 3-2)，具有轨道稳定性高，刚度均匀性好，结构耐久性强和维修工作量少等特点。本章主要介绍有砟轨道的基本结构组成、几何形位设计、结构力学分析。此外，轨道结构的其他重要形式——道岔和无缝线路，也在本章进行了系统介绍。

图 3-1　有砟轨道

图 3-2　无砟轨道

3.1　轨道结构的组成

有砟轨道结构主要包括钢轨、轨枕、联结部件、道床等。钢轨是轨道结构中最重要的组成部件。它直接承受列车荷载，依靠钢轨头部内侧面和机车车辆轮缘的相互作用，为车轮提供连续且阻力最小的滚动接触面，用于引导列车运行，直接承受车轮的巨大压力，并将所承受的荷载分布传递到轨枕。钢轨在电气化铁道或自动闭塞区段，还兼作轨道电路之用。轨枕的作用是承受来自钢轨的压力，并弹性地传于道床；同时利用扣件保持轨道的几何形位，特别是轨距和方向。联结部件分接头联结部件与中间联结部件。接头联结部件有钢轨夹板和螺栓等，用于钢轨与钢轨的可靠联结，保持钢轨的连续性与整体性；中间联结部件，又称扣件，是联结钢轨和轨枕的部件，其作用是固定钢轨位置，阻止钢轨的纵、横向移动，防止钢轨翻转，确保轨距正常，并在机车车辆的动力作用下，发挥一定的缓冲减振性能，延缓线路残余变形的累积。碎石道床是轨枕的基础，用于固定轨枕位置，增加轨道弹性，防止轨枕纵、横向位移并把所承受的压力分布传递给路基或桥隧建筑物，同时还方便排水和调整线路的平、纵断面。

3.1.1 钢轨

1. 概述

钢轨是轨道结构中最重要的组成部件，它为车轮的滚动提供连续且阻力最小的接触面，用于引导列车运行，直接承受列车的荷载，并将所承受的荷载分布传递于轨枕。为了保证车辆的平稳、安全运行，钢轨必须具有以下三个基本功能。

(1) 钢轨必须为车轮提供连续、平顺和阻力小的滚动表面，以引导车辆顺利前行。钢轨顶面阻力的大小是相对而言的，对于动力机车，要求钢轨顶面具有一定的粗糙度，使车轮与钢轨之间产生足够的摩擦力以提供充分的牵引力；对于拖车，则要求钢轨有一个相对光滑的滚动表面，以获得较小的滚动阻力，避免不必要的能耗。

(2) 由于钢轨所处的工作环境复杂多变，它不仅承受来自车轮垂向、横向和纵向力的作用，还要受到温度变化、基础沉降等其他因素的影响，上述因素的长期综合作用势必造成钢轨自身产生较大的内力与变形，这就要求钢轨具有足够的强度和韧性来承受弯曲与接触应力，还要有足够的刚度来抵抗弯曲与扭转变形，同时也要有足够的硬度以缓解磨耗。此外，为了减轻车辆对钢轨的动力冲击作用，防止车辆走行部分及钢轨的折损，要求钢轨本身也需具有一定的弹性。这一特性与前述高硬度、高韧性、高刚度的要求是矛盾的，因此需要针对不同的运营条件正确处理。

(3) 钢轨还要兼作轨道电路之用。

2. 钢轨的类型

城市轨道交通的钢轨根据不同指标可分为不同的类型，通常情况下按照质量、标准长度、断面型式进行划分。

1) 按每米大致质量(kg)划分

钢轨的分类习惯上按照单位长度大致的质量来表示。目前我国铁路上的钢轨类型主要有 50、60 和 75 kg/m。每米质量越大，断面尺寸也越大，钢轨强度等力学指标也越大。城市轨道正线一般地段宜采用 60 kg/m 钢轨的无缝线路。个别路段可依据近、远期规划，经技术经济比较也可采用 50 kg/m 钢轨。

2) 按标准长度划分

钢轨的标准长度有 12.5、25、75、100 m 等几种。钢轨的标准长度与钢轨质量分类的类型有关。43 kg/m 钢轨有 12.5 m 及 25 m 两种标准长度；50、60 kg/m 钢轨标准长度有 12.5、25、100 m 三种；75 kg/m 钢轨标准长度有 25、75、100 m 三种。正线有缝线路轨道宜采用 25 m 标准长度的钢轨。还有用于曲线内股的缩短轨系列，对于 12.5 m 标准轨系列的缩短轨有缩短量 40、80、120 mm 三种；对于 25 m 标准轨系列的缩短轨有缩短量 40、80、160 mm 三种。

随着铁路轨道朝高速、重载方向的发展，长尺钢轨的生产已成为一种趋势。如法国生产的钢轨由原来的 36 m 改造成 72～80 m，德国改造成 120 m。长尺钢轨的生产便于对钢轨进行热预弯，从而消除钢轨矫直前的弯曲度，减少钢轨的残余应力；由于长尺钢轨两端可以锯掉 0.8～1.5 m，以消除原标准长度钢轨两端的矫直盲区和探伤盲区，在提高生产率的同时可充分保证钢轨的平直度和内部质量。我国现已可以进行 100 m 长尺钢轨的生产，并已有 500 m 焊接钢轨生产线。其中高速铁路正线宜采用符合相应技术标准的 100 m 定尺长的 60 kg/m 无螺栓孔新钢轨，短尺轨长度分为 95、96、97、99 m 四种。

3）按断面型式划分

（1）标准轨。标准轨采用具有最佳抗弯性能的 H 形断面，由轨头、轨腰、轨底三部分组成，有利于提高钢轨的承载能力，因此为国家铁路、地铁及轻轨等轨道交通系统所普遍采用，如图 3-3(a)所示。

（2）非标准断面。这种类型不同于平底轨，因为其轨腰厚度要大些，可满足道岔、交叉及伸缩装置等部件的制作要求，如图 3-3(b)所示。

（3）槽型钢轨。槽型钢轨多用于街道上的有轨电车，路面与钢轨面一般在同一水平面上，如我国香港屯门的有轨电车，如图 3-3(c)所示。

（4）块式轨是 Nikex 结构的一个组成部分，如图 3-3(d)所示。起重轨用于支承重载起重机，如图 3-3(e)所示。为了降低钢轨辐射噪声，目前已开发了一种非常紧凑的新型钢轨，来作为无砟轨道内的嵌入式钢轨。

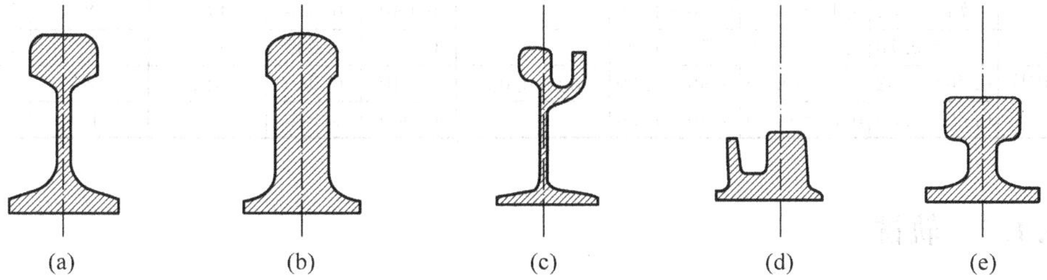

图 3-3 钢轨断面型式

(a) 标准轨；(b) 非标准断面；(c) 槽型钢轨；(d) 块式轨；(e) 起重轨

3. 钢轨的材质和力学性能

钢轨的材质是指钢轨的化学成分及金属组织。要使钢轨具有高可靠度的前提是，钢轨的材质具有高的纯净度和合理的化学成分。钢轨出现质量问题的主要形式是，由于钢轨的内部杂质、缺陷所引起的疲劳损失。所以提高钢轨的纯净度是减少钢轨疲劳折损、提高钢轨可靠度、延长其使用寿命的有效途径之一。

钢轨的主要成分是铁(Fe)，其次是碳(C)，其他成分还包括锰(Mn)、硅(Si)、磷(P)及硫(S)等，目前世界各国也生产合金钢轨，即在钢中加入钒(V)、铬(Cr)、钼(Mo)等。

不同成分对钢轨的机械性能影响分别为：

（1）碳是仅次于铁的主要成分，增加钢轨中的碳含量，可以显著提升钢筋的抗拉强度、耐磨性及硬度，但随着碳含量的提高，钢轨变脆，钢的延伸率、断面收缩率及冲击韧性也会随之下降。所以碳含量一般不超过0.82%。

(2) 锰可以提高钢的强度和韧性，除去氧化铁、硫化杂物。硅与氧结合，能除去钢中的气泡，增加密度，使钢密实而细致。

(3) 钢中含有有限的硅能提高钢的强度、硬度，而不影响其塑性。

(4) 磷的含量过高将使钢轨具有冷脆性，在冬天严寒地区易突然折断。硫不熔于铁内，所以不论其含量多少，均生成硫化铁，使金属在800～1200℃发脆，因而在轧制及加工时易产生次品。一般要求硫和磷的含量都小于0.04%，但国外有些钢轨磷和硫的含量达到或小于0.015%。

(5) 合金钢轨中加入钒(V)、铬(Cr)、钼(Mo)等成分，可以改善钢轨的材质，满足高速铁路的要求。

我国主要钢轨的化学成分、力学性能及使用范围如表3-1所示。

表3-1 中国和世界主要钢轨化学成分

钢号	化学成分/%						力学性能		使用范围（钢轨类型）
	w(C)	w(Si)	w(Mn)	w(Cu)	w(P)	w(S)	抗拉强度 σ_b/MPa	伸长率 δ/%	
					不大于				
U_{71}	0.64～0.77	0.13～0.28	0.60～0.90		0.040	0.050	785	10	50
U_{74}	0.67～0.80	0.13～0.28	0.70～1.00		0.040	0.050	785	9	50、60、75
U_{71}Cu	0.65～0.77	0.15～0.30	0.70～1.00	0.10～0.40	0.040	0.050	785	9	50
U_{71}Mn	0.65～0.77	0.15～0.35	1.10～1.50		0.040	0.040	883	8	50、60、75
U_{71}Mnk	0.65～0.75	0.10～0.50	0.80～1.30		0.025	0.025	880	10	
U_{71}MnSi	0.65～0.75	0.85～1.15	0.85～1.15		0.040	0.040	883	8	50
U_{71}MnSiCu	0.65～0.77	0.70～1.10	0.80～1.20	0.10～0.40	0.040	0.040	883	8	50
PD_2	0.74～0.82	0.15～0.35	0.70～1.00		0.040	0.040	1175*	8	50、60、75
PD_3	0.70～0.78	0.50～0.70	0.75～1.05	0.40～0.08**	0.035	0.035	980	8	50、60、75
U_{76}NbRE	0.70～0.82	0.60～0.90	0.90～1.30	0.02～0.05**	0.040	0.040	980	8	
UIC900A	0.60～0.80	0.30～0.90	0.80～1.30		0.040	0.040	880	10	

3.1.2 轨枕

1. 概述

轨枕承受来自钢轨的各向压力，并弹性地传布于道床，同时能有效地保持钢轨的方向、轨距和位置等。轨枕应具有必要的坚固性、弹性和耐久性，并能便于固定钢轨，有抵抗纵向和横向位移的能力。

我国的轨枕在1949年以前和中华人民共和国成立初期普遍采用木枕，20世纪50—60年代我国铁路科技工作者开始研制混凝土枕，并铺设于铁路正线，目前已遍及全国各铁路干线。由于我国木材资源紧张，价格不菲（Ⅰ类木枕造价比Ⅱ型混凝土枕高50%左右），混凝土枕已逐步取代木枕。目前，在我国主要干线上，除部分小半径曲线上还存在木枕外，绝大部分线路已铺设混凝土枕。钢枕只在我国窄轨铁路上使用过，在初期的提速道岔上，为配合电务转换设备也曾采用。

2. 轨枕的分类

轨枕按其构造及铺设方法可分为横向轨枕、纵向轨枕及短枕等。横向轨枕与钢轨垂直间隔铺设，是一种最常用的轨枕。纵向轨枕一般仅用于有特殊需要的地段。短枕是在左右两股钢轨下分开铺设的轨枕，常用于混凝土整体道床。

轨枕按其使用目的分为用于一般区间的普通轨枕、用于道岔上的岔枕、用于无砟桥梁上的桥枕。

轨枕按其材质分主要有木枕、混凝土枕和钢枕等。

(1) 木枕是指由木材制成的轨枕，又称枕木。木枕是铁路最早采用而且到目前为止依然被采用的一种轨枕。木枕的主要优点是弹性好，可缓和列车的动力冲击作用；易加工，运输、铺设、养护维修方便；与钢轨联结比较简单；木枕与碎石道砟之间有较大的摩擦系数，能保证轨道的稳定；有较好的绝缘性能等。但木枕要消耗大量优质木材，由于资源有限，无论是数量还是质量都不能满足使用要求。木枕的主要缺点是易腐朽、磨损，使用寿命短，这有来自生产工艺水平的原因；其次是由于木材种类和部位的不同，其强度、弹性不完全一致，在机车车辆作用下会形成轨道不平顺，增大轮轨动力作用。

我国铁路的普通木枕长为 2.5 m，有 160 mm(高)×220 mm(宽)和 145 mm(高)×200 mm(宽)两种规格。在不同的道岔部位，岔枕长度也不一样，最短 2.6 m，最长为 4.85 m，级差为 0.15 m，岔枕截面为 160 mm(高)×240 mm(宽)。桥枕的截面高度为 220～300 mm，宽度为 200～240 mm，如图 3-4 所示。

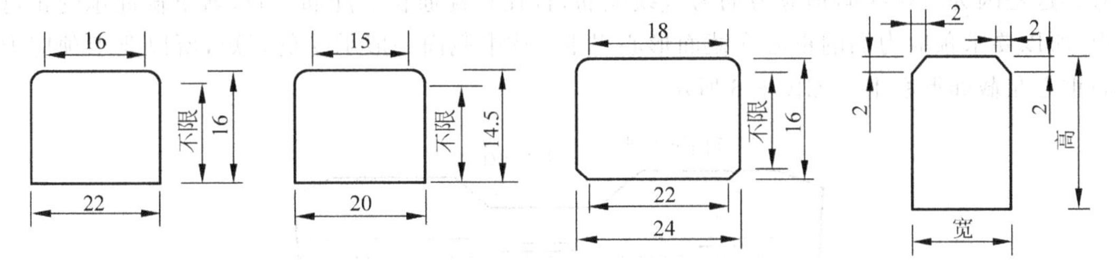

图 3-4 木枕断面形状

延长木枕使用寿命的最有效措施是对木枕进行防腐处理。木枕常用的防腐剂有水溶性防腐剂和油类防腐剂两类，其中以油类防腐剂为主要类型。木枕防腐处理按规定的工艺流程，在密封蒸制罐中进行。

木枕除进行防腐处理外，还应采取措施防止机械磨损及开裂的出现。为防止木枕开裂，必须严格控制木枕的含水量，并改善其干燥工艺。一旦出现裂缝，应根据裂缝大小分别采取补救措施，或用防腐浆膏掺以麻筋填塞，或加钉 C 形钉、S 形钉、组钉板及用铁丝捆扎，使裂缝愈合。为了减少机械磨损，木枕上必须铺设垫板，并预钻道钉孔。

(2) 钢枕的使用由来已久。在非洲和印度，由于白蚁对木枕的蛀蚀而导致木枕无法使用，当时混凝土枕还没有发明，所以就寻求用钢枕代替，并取得了较好的使用效果。钢枕具有寿命长、承载力高、100%可回收、运输安装方便、应用经济性等优势。在第二次世界大战前，英国由于木材短缺而使用钢枕，直到战后的 1946 年，仍使用钢枕。在澳大利亚，钢枕用量约占 13%，2020 年达到了 25%。

世界铁路的钢枕分两种：一种是凹槽形轨枕；另一种是工字钢 Y 形轨枕。世界上大多数钢枕为凹槽形。钢枕的壁厚一般为 7～12 mm，截面高度为 115 mm 左右，单枕质量约为 75 kg。由于凹槽形钢枕内填满道砟，线路稳定，但用钢量较大，所以使用的范围受到一定的限制。

(3) 混凝土枕全称是预应力混凝土轨枕。混凝土枕的结构形式有整体式、组合式及短枕式 3 种，如图 3-5 所示。

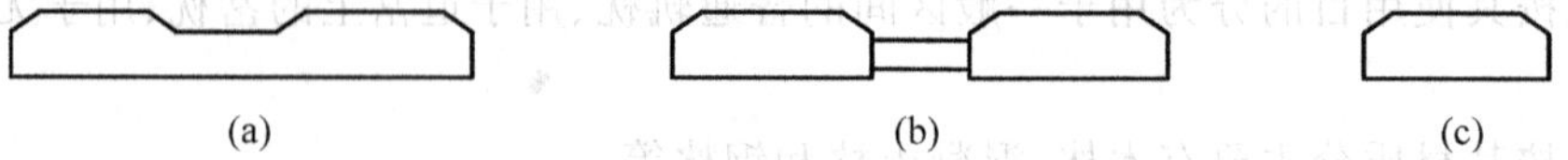

图 3-5　混凝土枕的结构形式

(a) 整体式；(b) 组合式；(c) 短枕式

在设计混凝土枕时，从以下几方面考虑轨枕的长度：轨枕长度越长，轨下截面的下弯越大，轨中截面的负弯矩越小，甚至为正弯矩。所以轨枕长度要合理，才能使得轨枕受力最佳。轨枕太短，轨枕端部的长度不足以锚固预应力筋，则轨下截面的抗弯能力达不到要求。对于标准轨距轨道，世界各国混凝土枕长度一般为 2.2～2.7 m。

轨枕截面尺寸与轨枕受力有关。首先轨枕顶部要有一定的宽度，在轨座压力的作用下不被压溃，一般承轨台的宽度为 185～190 mm。其次在轨枕长度确定的情况下，轨底宽度要考虑道床的承载能力，一般轨底宽度为 250～330 mm。考虑轨枕制造时的脱模方便，还要将轨枕截面设计成梯形。

混凝土枕在长度方向的高度是不一致的，轨下部分截面高度较高，轨中截面高度相对较低。这是因为轨枕纵向预应力筋为直线配筋，且在轨枕通长上配筋一致，轨下截面承受正弯矩，所以要求预应力筋的重心在截面形心以下；枕中截面一般承受负弯矩，所以要求预应力筋重心在截面形心上。如图 3-6 所示。

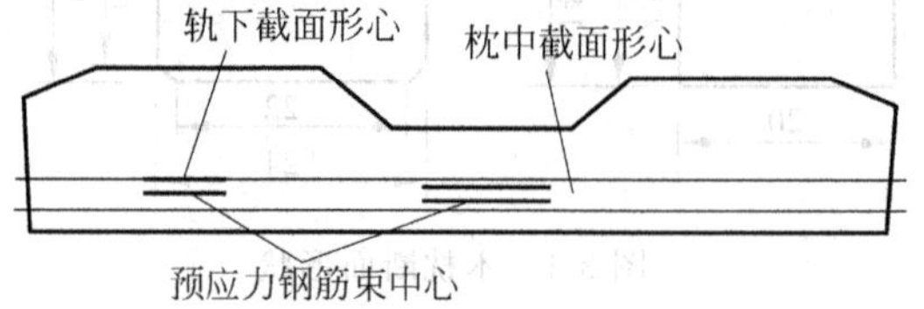

图 3-6　混凝土轨枕截面形心与钢轨重心之间的关系

目前，我国使用的混凝土枕有轨枕Ⅰ、Ⅱ、Ⅲ型。其中Ⅰ型目前已经停止生产，在一级干线上也不得使用；Ⅱ型轨枕目前使用较为广泛，主要用于一般轨道，轴重为 23 t，客车行车速度在 160 km/h 以下；Ⅲ型是近几年开发研制的，主要用于速度在 140～160 km/h，轴重为 25 t 的提速重载线路。我国 3 种类型混凝土轨枕的主要设计参数如表 3-2 所示。

表 3-2　我国各类混凝土轨枕的主要设计参数

轨枕类型	Ⅰ型		Ⅱ型		Ⅲ型	
预应力筋配置	36ϕ3.0 4ϕ8.2		44ϕ3.0 4ϕ10.0 16ϕ5.0		8(ϕ7.5～7.8) 10ϕ7.0	
预应力筋用量/kg	5.1		6.2		7.85～8.0	
初始张拉力/kN	267		327		423	
设计承载弯矩/(kN·m)	11.9	−8.0	13.3	−10.5	19.05	−17.30
抗裂弯矩/(kN·m)	17.7	11.9	19.3	−14.0	27.90	−22.50
扣件类型	70 型扣板式 弹条Ⅰ型		弹条Ⅱ型		a 型枕用弹条Ⅱ型扣件 b 型枕用弹条Ⅲ型扣件	

3.1.3　扣件

1. 概述

扣件，是联结钢轨与轨枕的重要部件，也称中间联结部件，它具有保持钢轨在轨枕等轨下基础上的正确位置及钢轨与轨枕的可靠联结，阻止钢轨的纵、横向移动，为轨道结构提供一定的弹性，减轻振动，延缓轨道残余变形累积等作用。因此，扣件需要具有如下性能：

(1) 足够的强度和扣压力。这是钢轨和轨枕联结的重要保证。足够的扣压力是指当钢轨弯曲和转动时，不致使轨底沿垫板发生纵向位移，即要求扣件的纵向阻力大于道床的纵向阻力。当然扣压力也不宜太大，否则会使扣件弹性急剧下降，影响扣件使用寿命。

(2) 良好的弹性。适当的弹性可减小荷载对道床的压力，减小簧下振动加速度，延长部件使用寿命。扣件弹性主要由橡胶垫板和弹条等部件提供。对混凝土轨枕线路，其弹性较木枕差许多，因而混凝土轨枕线路在垂直和水平方向上的弹性主要由扣件提供。

(3) 一定的调整能力。为适应轨面、高程及轨距变化的需要，钢轨扣件应在各个方向上具有充分的调整量。尤其在混凝土轨枕道和无砟轨道中，钢轨扣件的调整量问题尤为突出。

此外扣件还应构造简单，便于安装及拆卸，并有足够的耐久性和绝缘性能。

2. 扣件的分类

扣件根据其结构可有以下分类方法：

(1) 按扣压件区分：有刚性和弹性两种；

(2) 按承轨槽区分：有挡肩和无挡肩两种；

(3) 按轨枕区分：有木枕扣件和混凝土枕扣件两种；

(4) 按轨枕、垫板及扣压件的联结方式区分：有不分开式和分开式两种。

以上各类型扣件我国铁路均有铺设。

3. 木枕扣件

木枕扣件主要有分开式和混合式两种。

1) 分开式

分开式扣件如图 3-7 所示。

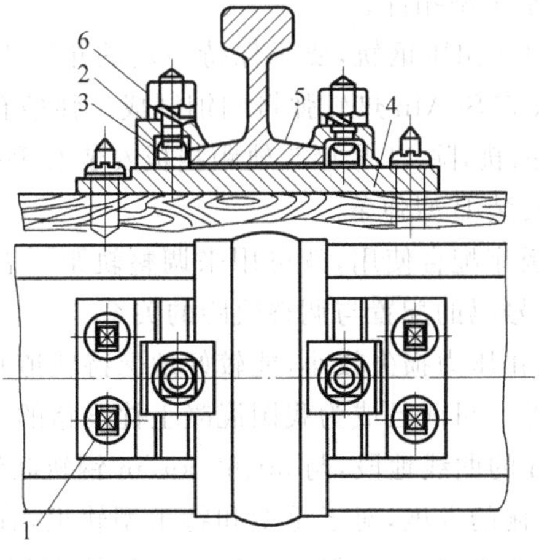

图 3-7　木枕分开式扣件

1—螺纹道钉；2—扣轨夹板；3—底脚螺栓；4—铁垫板；5—木垫板；6—弹簧垫圈

分开式扣件用于将钢轨和垫板、垫板和木枕分别联结起来。由图 3-7 可知,它是用 4 个螺纹道钉联结垫板与木枕,两个底脚螺栓扣压钢轨与垫板,其道钉和底脚螺栓构成“K”形,故又称“K”式扣件。分开式扣件扣压力大,可有效防止钢轨爬行。其缺点是零件多,用钢量大,更换钢轨麻烦。分开式扣件主要用在桥上线路。

2）混合式

混合式扣件如图 3-8 所示,零件有道钉和五孔双肩垫板。混合式扣件是我国铁路木枕轨道上使用最广泛的一种扣紧方式。它除用道钉将钢轨、垫板和木枕一起扣紧外,还另用道钉将垫板与木枕单独扣紧。这种扣紧方式可减轻垫板的振动,且零件少,安装方便,其缺点是铺轨受荷载后向上挠曲时,易将道钉拔起,降低扣着力。

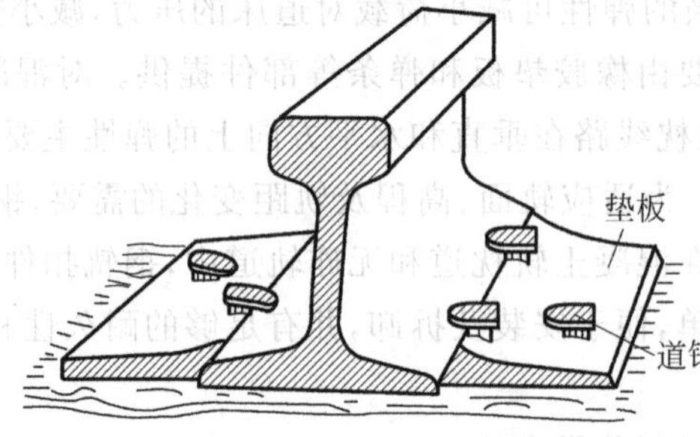

图 3-8　木枕混合式扣件

4. 混凝土枕扣件

我国的混凝土枕扣件在初期主要使用扣板式和拱形弹片式两种。拱形弹片式扣件由于拱形弹片强度低,扣压力小,易引起变形甚至折断,在主要干线上已被淘汰。近年来,我国混凝土枕主要采用不分开式弹性扣件。现场的多年使用实践也证明,采用弹性扣件可提高轨道强度,并显著减少现场养护维修的工作量。

下面介绍我国常用的几种混凝土枕扣件类型。

1）弹条Ⅰ型扣件

弹条Ⅰ型扣件主要由 ω 形弹条、螺纹道钉、轨距挡板、挡板座及弹性橡胶垫板等组成。图 3-9 为 60 kg/m 钢轨弹条Ⅰ型扣件。

图 3-9 中的弹条用于弹性扣压钢轨,要求保持一定的扣压力及足够的强度。弹条由直径为 13 mm 的 $60Si_2Mn$ 或 $55Si_2Mn$ 热轧弹簧圆钢制成。弹条有 A,B 两种型号,其中 A 型弹条较长。对于 50 kg/m 钢轨,除 14 号接头轨距挡板安装 B 型弹条外,其余均安装 A 型弹条。60 kg/m 钢轨则一律安装 B 型弹条。

不同号码的挡板与挡板座配合使用,就可用来调整轨距。表 3-3 是以 60 kg/m 钢轨为例,说明轨距挡板与挡板座号码的配置与调整轨距的关系。

弹条Ⅰ型扣件弹性好、扣压力损失较小,能较好地保持轨道几何形位,使用效果好,主要技术性能均优于扣板式扣件。目前已成为我国混凝土枕线路的主型扣件。适用于标准轨距铁路直线及半径 $R \geqslant 300$ m 的曲线地段,与 50、60 kg/m 钢轨联结。

随着高速、重载铁路运输的发展,对于重型和特重型轨道,弹条Ⅰ型扣件已显得能力不足够。因此,规定在最高行车速度小于等于 120 km/h 的重型及以下轨道使用弹条Ⅰ型扣件。

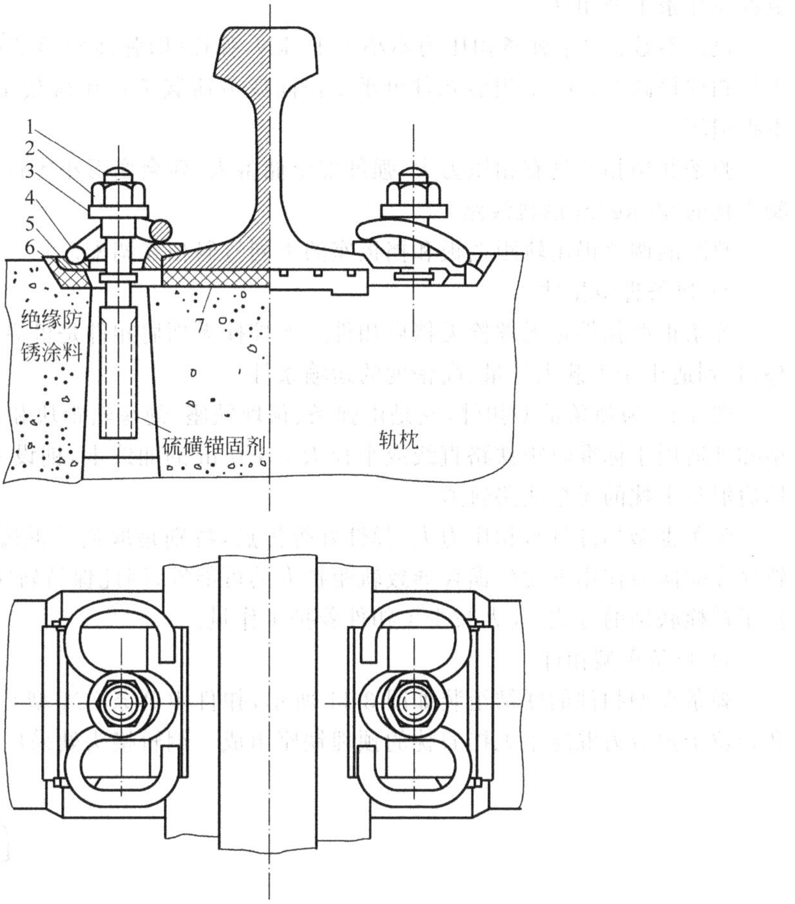

图 3-9　弹条Ⅰ型扣件

1—螺纹道钉；2—螺母；3—平垫圈；4—弹条；5—轨距挡板；6—挡板座；7—橡胶垫板

表 3-3　弹条Ⅰ型扣件轨距挡板及挡板座号码配置

轨型 /(kg/m)	钢轨侧磨 /mm	轨距 /mm	左股钢轨				右股钢轨			
			外侧		内侧		内侧		外侧	
			挡板座号	挡板号	挡板座号	挡板号	挡板座号	挡板号	挡板座号	挡板号
60	4	(1435)	4	10	2	2	2	6	4	10
	2	(1435)	2	10	4	4	2	6	4	10
	0	1435	2	10	4	4	4	6	2	10
		1437	4	6	2	2	4	6	2	10
		1439	4	6	2	2	2	10	4	6
		1441	2	6	4	4	2	10	4	6
		1443	2	6	4	4	4	10	2	6

2）弹条Ⅱ型扣件

弹条Ⅱ型扣件是在弹条Ⅰ型扣件的基础上开发的，除弹条外，其余部件与弹条Ⅰ型扣件相同，仍为带挡肩、有螺栓扣件。在原来使用弹条Ⅰ型扣件的地段，可用弹条Ⅱ型扣件弹条更换原弹条Ⅰ型扣件。

设计参数：单个弹条扣压力不小于 10 kN，弹程（即弹性变形量）不小于 10 mm，分别比Ⅰ型扣件提高约 30%；组装扣件可承受横向疲劳荷载 7 t，在荷载循环 200 万次后，各部件不得损坏。

弹条Ⅱ型扣件具有扣压力大、强度安全储备大、残余变形小等优点。适用于Ⅱ或Ⅲ型混凝土枕的 60 kg/m 钢轨线路。

轨距的调整仍用轨距挡板和挡板座的不同号码相互调配。

3）弹条Ⅲ型扣件

弹条Ⅲ型扣件是无螺栓无挡肩扣件。无螺栓无挡肩扣件是世界各国轨枕扣件发展的趋势，特别适用于重载大运量、高密度的运输条件。

图 3-10 为弹条Ⅲ型扣件，它是由弹条、预埋铁座、绝缘轨距块和橡胶垫板组成。弹条Ⅲ型扣件适用于标准轨距铁路直线或半径 $R>350$ m 的曲线上，铺设 60 kg/m 钢轨和Ⅲ型无挡肩混凝土枕的无缝线路轨道。

弹条Ⅲ型扣件具有扣压力大、弹性好等优点，特别是取消了混凝土枕挡肩，从而消除了轨底在横向力作用下发生横移导致轨距扩大的可能性，因此保持轨距的能力很强，又由于取消了螺栓联结的方式，大大减少了扣件养护工作量。

4）弹条Ⅳ型扣件

弹条Ⅳ型扣件的联结组装如图 3-11 所示，扣件由弹条（C4 型）、绝缘轨距块、橡胶垫板和定位于预应力混凝土无挡肩枕的预埋铁座组成。钢轨接头处采用 JA 和 JB 型弹条及接头

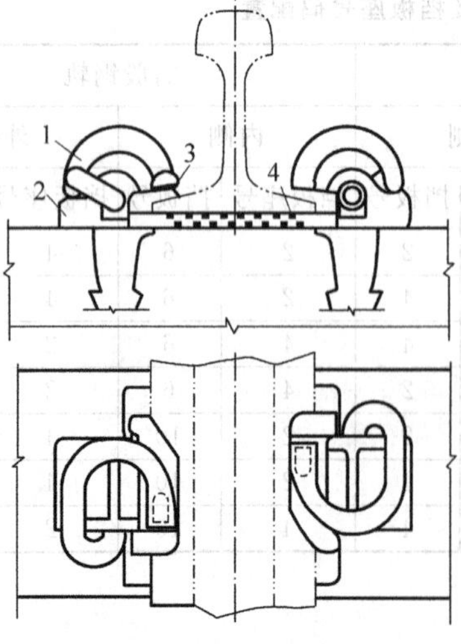

图 3-10 弹条Ⅲ型扣件

1—弹条；2—预埋铁座；3—绝缘轨距块；4—橡胶垫板

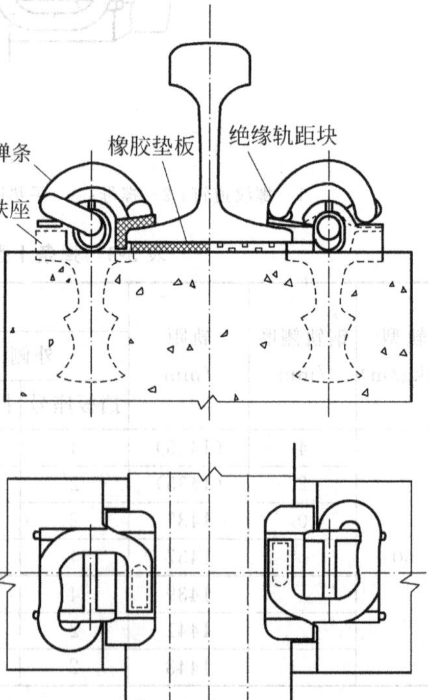

图 3-11 弹条Ⅳ型扣件的联结与组装

绝缘轨距块。

5）弹条Ⅴ型扣件

弹条Ⅴ型扣件的联结组装如图3-12所示，扣件由螺旋道钉、平垫圈、弹条（分W2型、X3型和A型）、轨距挡板、轨下垫板（分橡胶垫板和复合垫板）和定位于预应力混凝土有挡肩枕的预埋套管组成。钢轨高低调整时采用调高垫板。

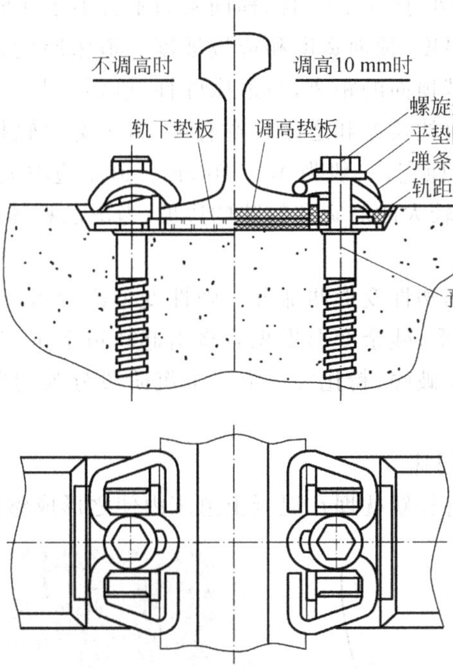

图3-12　弹条Ⅴ型扣件的联结与组装

3.1.4　道床

1. 概述

道床是轨道的重要组成部分，是轨道框架的基础，具有以下功能。

（1）承受来自轨枕的压力并均匀地传递到路基面上。

（2）提供轨道的纵、横向阻力，保持轨道的稳定。

（3）提供轨道弹性，减缓和吸收轮轨的冲击与振动。

（4）提供良好的排水性能，以提高路基的承载能力和减少基床病害。

（5）便于轨道养护维修作业，校正线路的平、纵断面。

2. 道床类型

1）有砟道床

在城市轨道交通发展的初期即采用了石砟铺筑而成的道床作为轨排的基础，巴黎、纽约等城市早期修建的地铁，无论在隧道中或高架上，均采用了这种有砟道床。在造价、轨道弹性、阻尼、易于维修恢复轨道几何形位等方面，有砟道床优于无砟道床。但有砟道床存在自重大、不易保持轨道几何形态、维修工作量大、易脏污等缺陷，在新建的高架、地下轨道交通线路中已不再采用，目前只在轨道交通的地面线、站场线中使用。

有砟道床的材料应满足质地坚韧，吸水度低，排水性能好，耐冻性强，不易风化，不易压碎、捣碎和磨碎，不易被风吹动和被水冲走的要求。可以用作有砟道床材料的有碎石、熔炉矿渣、筛选卵石、粗砂和中砂等；一般来说，应以就地取材为原则。在我国首选的有砟道床材料是碎石道砟，且多采用双层道床，上面是面砟层，下面是底砟。同时《地铁设计规范》(GB 50157—2013)规定，地面线无缝线路地段在线路开通前，正线有砟道床的密实度不得小于 1.7 t/m^3，纵向阻力不得小于 10 kN/枕，横向阻力不得小于 9 kN/枕。

道床断面尺寸包括道床厚度、顶面宽度和边坡坡度。道床厚度是直线上钢轨或曲线上内轨中轴线下轨枕底面至路基顶面的距离，与道床弹性、脏污增长力、垫砟层和路基面承载能力有关。道床顶面宽度与轨枕长度和道床肩宽有关，道床宽出轨枕两端的部分称为道床肩宽，道床肩宽影响轨排横向稳定，一般为 40～50 cm。道床边坡坡度取决于内摩擦角、黏聚力和道床肩宽，趋向于采用较大的肩宽和较陡的边坡，考虑散粒体自然坡脚和列车振动的影响，坡度均为 1∶1.75。

道床变形包括弹性变形和塑性变形两部分。弹性变形部分可以恢复，而塑性变形部分则成为永久变形，或称残余变形，残余变形累积后将引起轨道下沉，其本质原因是道砟颗粒相互错位、重新排列，以及颗粒破碎、粉化等。道床下沉阶段分为初期急剧下沉和后期缓慢下沉两个阶段。

2) 长(短)枕埋入式整体道床

长枕埋入式整体道床是将长轨枕埋在混凝土道床内使之形成整体，如图 3-13 所示。

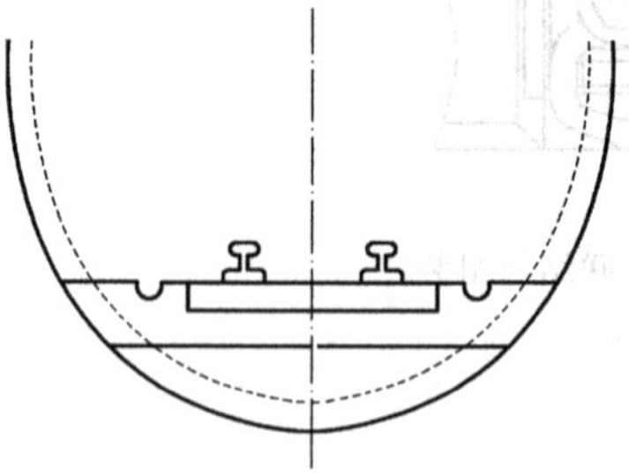

图 3-13　长枕埋入式整体道床

这类道床坚固稳定，但比短枕埋入式整体道床造价高，施工也较困难。长枕埋入式整体道床主要采用轨排法施工，以加快铺设进度。长轨枕一般采用 C50 应力钢筋混凝土，横截面呈梯形，虽然道床受力较小，但是考虑到基础结构下沉，所以道床往往采用 C30 混凝土，并在其中布钢筋。混凝土道床中间设有 800 mm 宽的人行道，排水沟设在道床两侧，边墙渗水可直接流入水沟。轨道超高时采取外轨抬高一半，内轨降低一半的办法，以缩减隧道净空高度。

短枕埋入式整体道床的轨道建筑高度一般为 50 mm 左右，轨枕下道床厚度一般不小于 160 mm，一般设中心排水沟，如图 3-14 所示。短枕埋入式整体道床稳定、耐久、结构比较简单，施工方法简便、进度较快。我国北京地铁、南京地铁地下工程大多铺设这种道床，经多年运营，使用状态良好。

3) 无枕式点支承整体道床

无枕式点支承整体道床是隧道净空受限情况下特殊设计的一种轨道型式，它需要将钢

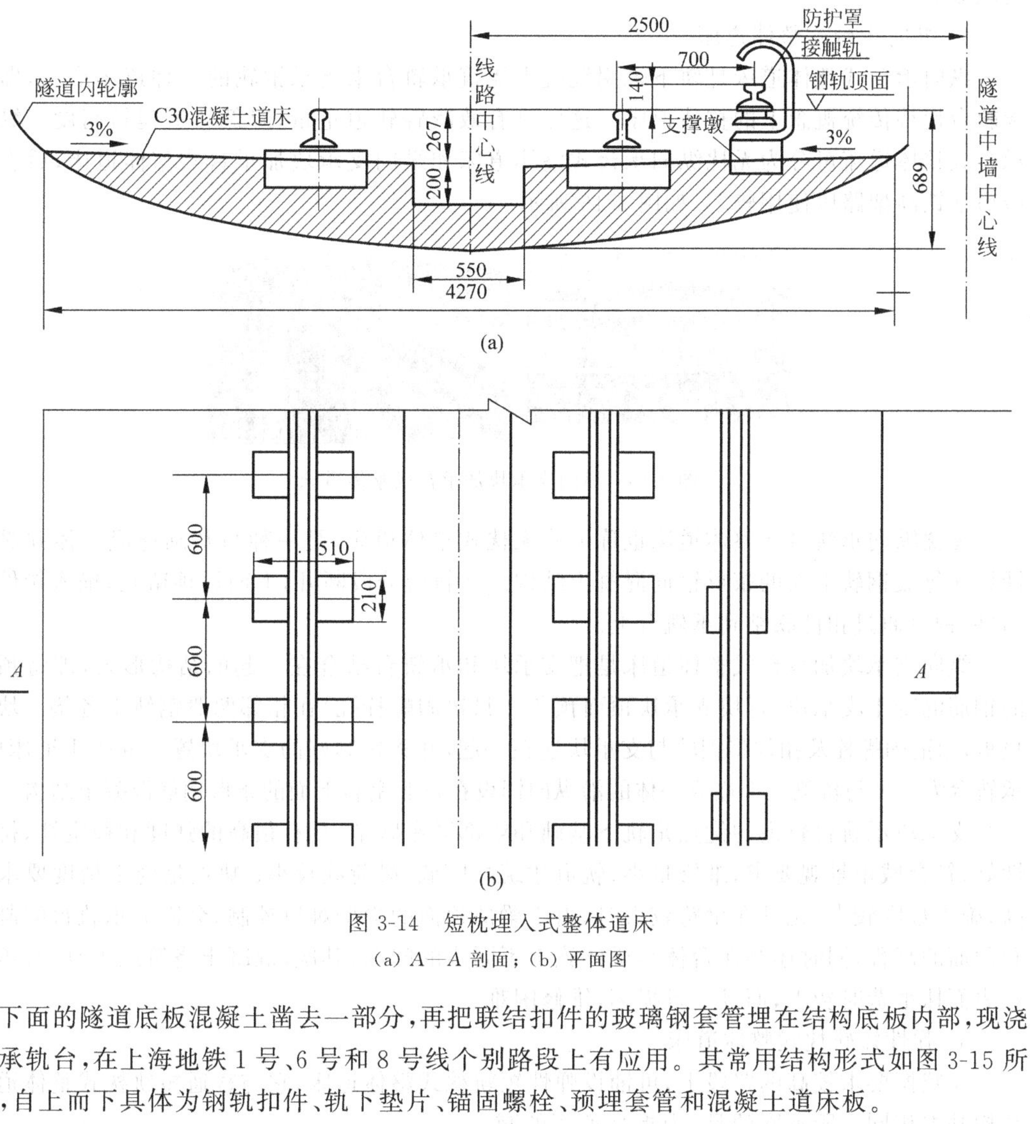

图 3-14　短枕埋入式整体道床

(a) A—A 剖面；(b) 平面图

轨下面的隧道底板混凝土凿去一部分，再把联结扣件的玻璃钢套管埋在结构底板内部，现浇成承轨台，在上海地铁 1 号、6 号和 8 号线个别路段上有应用。其常用结构形式如图 3-15 所示，自上而下具体为钢轨扣件、轨下垫片、锚固螺栓、预埋套管和混凝土道床板。

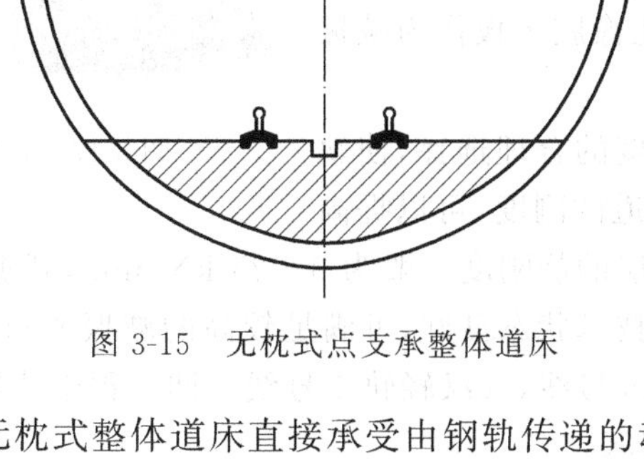

图 3-15　无枕式点支承整体道床

相对于轨枕式道床，无枕式整体道床直接承受由钢轨传递的动荷载，并向下传递给隧道结构，受力模式发生改变。因此为减少轨道的应力与振动，往往需要采用减振性能更好的轨道减振器。

4）纵向承台式整体道床

纵向承台式整体道床是轨下采用混凝土浇筑承轨台来支承钢轨的一种道床形式，即用承轨台代替传统概念上的整体道床。这样可有效减轻轨道重量，降低轨道建筑高度。纵向承台式整体道床可分为无枕纵向承台式整体道床和纵向支承块加承台式整体道床，后者在城市地铁高架路段使用较多，如图 3-16 所示。

图 3-16 纵向支承块加承台式整体道床

无枕纵向承轨台式整体道床也称无砟无枕式整体道床，是一种与基础连成一体并纵向铺设在每股钢轨下面的条形钢筋混凝土结构。承轨台分段断开，上面设预留孔，锚入扣件联结件，钢轨通过扣件联结到承轨台上。

纵向支承块加承台式整体道床是把支承块和承轨台结合在一起的结构形式，即将预制的钢筋混凝土支承块（每块支承块顶面预留 2 只锚固螺栓孔）在相邻两股钢轨下各垫一块铁垫板，用锚固螺栓及扣件将钢轨与支承块连在一起，并将预制好的支承块置入混凝土道床中。承轨台为一种与桥梁梁部连成一体的沿纵向铺设在每股钢轨下面的条形钢筋混凝土结构。

支承块承轨台轨道的优点是轨下基础和梁部紧密联结，具有很高的强度和稳定性，排水性好，符合城市景观要求，维修量小，轨道建筑高度低，梁荷载较小；缺点是施工精度要求较高，施工难度较大，尤其在梁跨较大时，由于梁部顶面的徐变难以控制，会影响承轨台的制作和顶面的高程，同时还存在台体与梁体施工不同步的问题，其次，混凝土浇筑施工复杂，承轨台表面抹平费时费工，而且一旦损坏，维修困难。

5）弹性短轨枕式整体道床

在减振要求较高的路段上，可铺设弹性短轨枕式整体道床，它与普通短轨枕式整体道床结构基本相同。所不同的是，为提高道床的减振性能，短轨枕底部设计为平面，在短轨枕四周及底部包上橡胶套靴，橡胶套靴可提供纵、横向弹性，短轨枕下设微孔橡胶垫板作为减振垫层（图 3-17）。

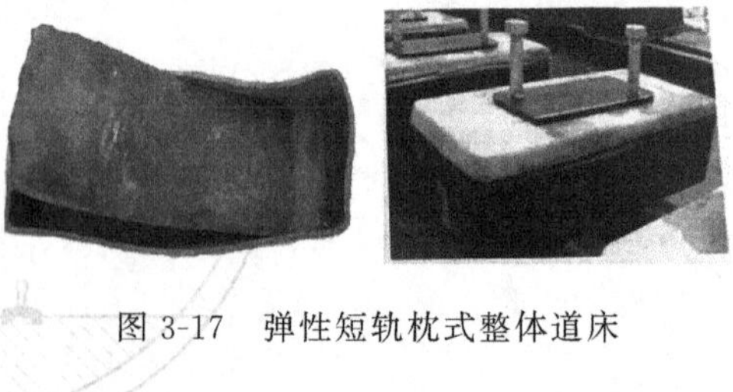

图 3-17 弹性短轨枕式整体道床

通过双层弹性垫板刚度的合理选择，使轨道的组合刚度接近有砟轨道的刚度，可以提高无砟轨道的弹性。减振垫层的静刚度一般为 0～25 kN/mm，减振效果可达 6～10 dB(A)。经过 20 多年的运营使用，技术状态良好，可满足较高的减振要求。目前在北京地铁与上海地铁，广州地铁 2 号、3 号、8 号线，武汉轻轨 1 号线一期工程中使用。

6）梯形轨枕式整体道床

梯形轨枕式整体道床是基于纵向轨枕理论开发的，由混凝土纵梁作为固定并连续支承钢轨的结构，同时在左右纵梁之间用钢管或钢筋混凝土进行横向刚性连接，组成“梯子式”的一体化结构。为具备良好的减振效果，轨枕分别设有减振材料和缓冲材料，枕下减振材料设计静刚度为 15～18 kN/mm，两侧缓冲材料设计静刚度为 42.5 kN/mm，系统固有频率为 25～30 Hz，其减振效果可达 7～18 dB(A)。

根据轨道线路的具体情况，在不同轨道地段分别采用不同形式梯形轨枕。高架桥路段采用 L 型支座式梯形轨枕（见图 3-18），暗埋段整体道床段采用铸铁支座式梯形轨枕，敞开段碎石道床段采用有砟道床式梯形轨枕。目前在北京地铁 4 号线，上海地铁 2 号线，广州地铁 2 号、8 号线以及深圳地铁 2 号线均有不同形式梯形轨枕的应用。

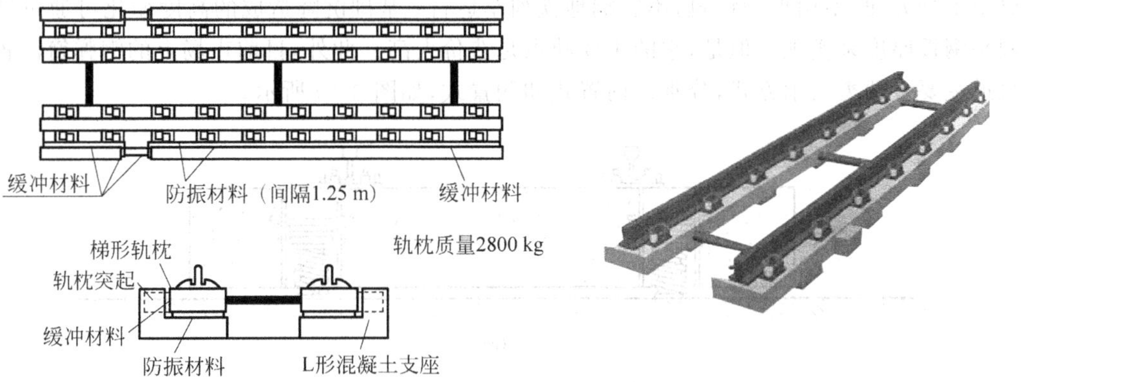

图 3-18　城市轨道交通高架桥上梯形轨枕轨道结构

城市轨道交通高架桥上，L 形支座式梯形轨枕轨道结构高度为 520 mm，预应力纵枕截面为 460 mm×185 mm，轨道长度可根据需要进行调整，并在支座上、纵梁下以一定间隔布置减振垫，形成弹性点支承的梯形轨枕轨道系统。针对高架桥的特点，对侧向挡墙进行局部加强，且在与梁面结合部位采取植筋措施，从而提高结构的整体稳定性能。

7）浮置板式整体道床

在对减振有极高要求的地段，建议采用减振效果更好的橡胶支承式或钢弹簧隔振器式浮置板轨道。浮置板轨道结构一般由钢筋混凝土板、弹性支座、混凝土底座及配套扣件组成。该结构是用扣件把钢轨固定在钢筋混凝土板上，板置于可调的弹性支座上，形成一种质量弹簧隔振系统，其基本原理就是在轨道和基础间插入固有频率远低于激振频率的线性谐振器，通过足够的惯性质量来抵消车辆产生的动荷载，从而只有静荷载和少量残余动荷载可通过橡胶或螺旋钢弹簧等弹性元件传至基础结构。

浮置板轨道自 1965 年首次在德国使用以来，先后应于德国柏林、科隆地铁，韩国高速铁路，美国华盛顿地铁，以及英国伦敦地铁等之中，其良好的减振降噪性能逐渐被认可并大量应用于城市轨道交通之中。目前，我国在城市轨道交通建设计中的特殊路段也普遍采用浮置板轨道结构。例如：北京地铁 4 号、5 号、9 号、10 号和 13 号线的特殊地段均采用了钢弹簧浮置板轨道；香港地铁，广州地铁 1 号、2 号线采用橡胶浮置板轨道；广州地铁 4 号线采用钢弹簧浮置板轨道；深圳地铁一期工程，上海地铁 1 号、2 号、4 号、6 号、8 号、9 号线采用橡胶或钢弹簧浮置板轨道；南京地铁和成都地铁采用钢弹簧浮置板轨道等。

对于橡胶浮置板轨道而言，其固有频率为 12～16 Hz，所以在 20～250 Hz 频段内振动加速度级可减小 18～20 dB(A)。但由于以下问题的存在，影响了它的进一步推广：一是橡胶易老化,检修困难;二是横向刚度较低,阻尼较小,列车行至隔振地段时车内振动噪声明显增大;三是钢轨内侧面磨耗损加剧;四是对于软土地基及低频振动敏感地段的隔振效果不理想;五是造价不低。

钢弹簧浮置板轨道采用螺旋弹簧支承浮置板道床,其减振效能更好,多用于医院、研究院、博物馆、音乐厅等对减振降噪有特殊要求的场合。因其固有频率低,对中、高频振动有较好的减振效果,所以在对减振有特殊要求的工程中备受推崇。它的优点主要包括固有频率低(一般为 4~8 Hz),隔振效果好,可减振 25~40 dB(A);寿命长,使用寿命达 30~50 年;同时具有三维弹性,水平方向位移小,无需附加限位装置;施工简单、可现场浇筑;检查或更换十分方便,不用拆卸钢轨,不影响地铁列车运行;基础沉降造成的高度变化可通过增减调平钢板厚度来实现。但是,它的主要缺点是造价太高。此外,目前市场上的钢弹簧浮置板轨道主要有两类支承方式,分别是内置式和侧置式,如图 3-19 所示。

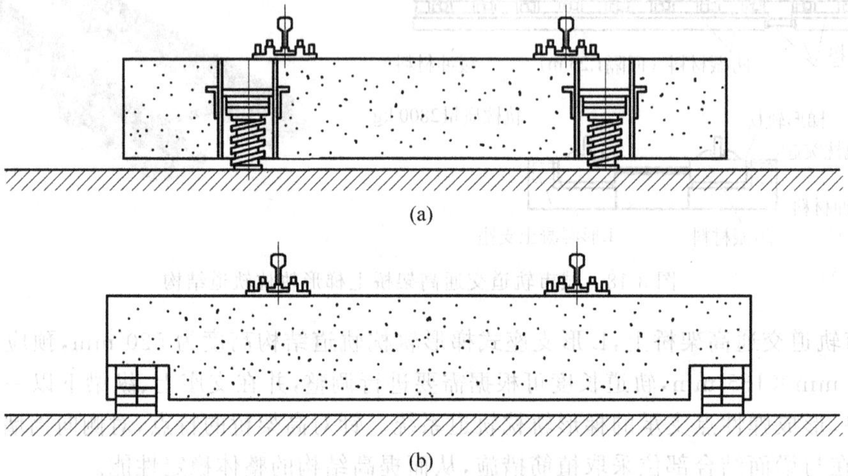

(a)

(b)

图 3-19 钢弹簧浮置板轨道结构类型

(a) 钢弹簧内置式;(b) 钢弹簧侧置式

3.2 轨道的几何形位

轨道的几何形位是指轨道结构各部分的几何形状、相对位置和基本尺寸。从轨道平面位置上看,轨道由直线和曲线组成,直线和曲线之间由一条曲率渐变的缓和曲线相连接。从轨道横断面上看,几何形位包括轨距、水平、轨向、高低和轨底坡,曲线轨道还有外轨超高、缓和曲线等特殊的几何形位要求。

几何形位与机车车辆走行部分的基本几何尺寸是密切配合的,因此几何形位设置得正确与否,对机车车辆的安全运行、乘客的旅行舒适度、设备的使用寿命和养护维修成本起着决定性的作用。

几何形位的状态偏差应控制在允许的标准范围内。轨道几何形位状态的保持取决于轨道结构及部件的类型、使用年限、运营条件和养护维修方法等。运营条件不同,对轨道几何形位偏差的要求标准也不同,如高速铁路的允许偏差就要求严格。为了确保行车舒适和安全,相关的施工和运营部门都要按相关要求对轨道几何形位进行检测。

3.2.1　形位设计的基本要素

轨道几何形位的基本要素包括轨距、水平、高低、轨向、轨底坡。轨道几何形位应按静态与动态两种状况进行管理，静态几何形位是轨道不行车时的状态，采用道尺等工具进行测量；动态几何形位是行车条件下的轨道状态，采用轨道检查车进行测量。一般情况下，同一地段的静态和动态几何形位往往有较大的差异，轨道状态越差，差异越大。

保证轨道具有正确的几何形位，既是列车安全平稳运行的首要条件，也是轨道交通振动噪声控制的基础。在行车速度一定的情况下，轨道平顺性越差，车辆振动和轮轨作用力就越大。本节仅介绍轨道的静态几何形位。

1. 轨距

轨距是指两股钢轨头部内侧轨顶面以下 16 mm 处两作用边之间的最小距离，如图 3-20 所示。

世界各国的铁路轨距，分为标准轨距、宽轨距和窄轨距 3 种。标准轨距为 1435 mm，大于标准轨距的称为宽轨距，主要有 1676、1668、1600、1524、1520 mm，如 1520 mm（俄罗斯、乌克兰、格鲁吉亚）、1524 mm（芬兰）、1600 mm（爱尔兰）、1668 mm（西班牙）、1676 mm（印度）等。小于标准轨距的称为窄轨距，主要有 1372、1067、1050、1000、950、914、762、750、610、600 mm，如 1372 mm（苏格兰）、1000 mm（越南、缅甸、乌干达）、1067 mm（南非）、914 mm（秘鲁）、750 mm（瑞士）等。我国铁路轨道和城市轨道基本都采用 1435 mm 的标准轨距。小半径曲线轨距需按规定的标准加宽。

轨距可用专用的道尺、轨检小车等静态方式测量，也可使用轨检车进行动态检测。对于不同运营条件的轨道，轨距容许偏差值有所差异。轨距变化应和缓平顺，如果在短距离内，轨距若有显著变化，即使不超过轨距容许误差，也会使机车车辆发生剧烈摇摆，因此限制轨距变更率对保证行车平稳是非常重要的。我国规定轨距变更率小于 1%。

为了使轮对能在两股钢轨间顺利通过，轮对宽度 q 应小于轨距 S。当轮对的一个车轮轮缘紧贴一股钢轨的作用边时，另一个车轮轮缘与另一钢轨作用边之间便形成一定的间隙，这个间隙称为轮轨游间，如图 3-21 所示。

$$\delta = S - q \tag{3-1}$$

式中，δ——轮轨游间，mm；

q——轮对宽度，mm；

S——轨距，mm。

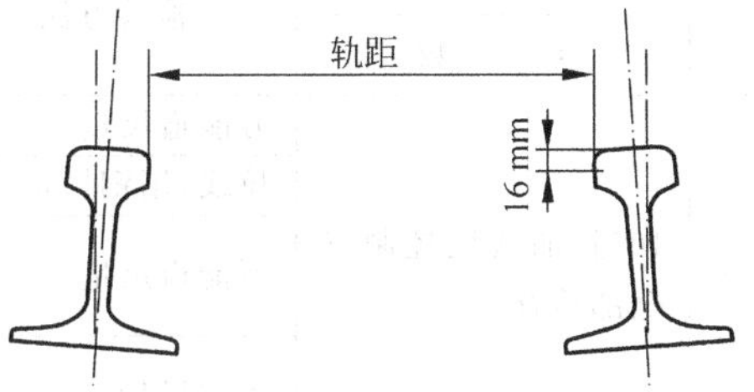

图 3-20　轨距测量位置

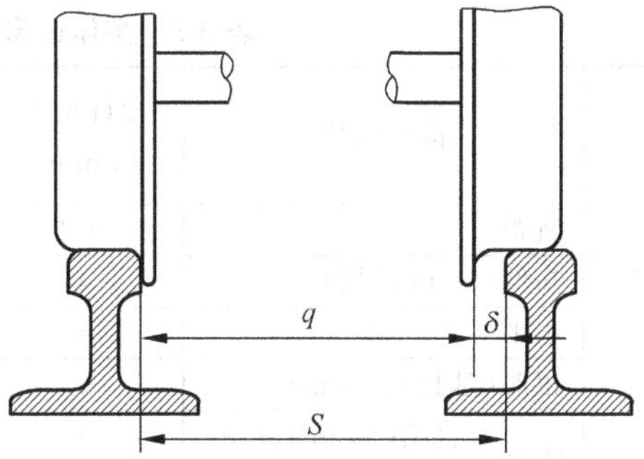

图 3-21　轮对宽度、轮轨游间和轨距

若 S_0 为标准轨距，q_0 为正常轮对宽度，则正常轮轨游间 δ_0 为

$$\delta_0 = S_0 - q_0$$

若允许轨距最大值为 S_{max}，最小值为 S_{min}，轮对宽度最大值为 q_{max}，最小值为 q_{min}，则

$$轮轨游间最大值：\delta_{max} = S_{max} - q_{min}$$

$$轮轨游间最小值：\delta_{min} = S_{min} - q_{max}$$

轮轨游间 δ 值对列车运行的平稳性和轨道的稳定性有重要影响。列车运行时，若 δ 过大，则会导致横向位移(机车车辆的蛇形运动)和作用于钢轨上的横向力增大，动能损失过大时加剧轮轨磨耗和轨道变形，严重时将引起列车脱轨，危及行车安全；若 δ 过小，则行车阻力和轮轨磨耗增加，严重时还可能楔住轮对、挤翻钢轨或导致爬轨事故，危及行车安全。因此，必须对 δ 进行限制。若允许轨距偏差为 +6 mm、−2 mm，我国轮轨游间 δ 的最大值、正常值及最小值见表 3-4。

表 3-4 轮轨游间表

车轮名称	轮轨游间 δ 值/mm		
	最大 δ_{max}	正常 δ_0	最小 δ_{min}
机车轮	45	16	11
车辆轮	47	14	9

理论研究与运营实践表明，适当减小 δ 值(减小轨距)，可以减轻列车的摇摆、减少轮轨磨耗和动能损失，改善行车条件，提高列车运行的平稳性和线路的稳定性。在我国，运行速度越高的线路，轨距允许的误差越小。

2. 水平

水平是指线路上左右两股钢轨顶面的相对高差。为保持列车平稳运行和两股钢轨均匀受力，直线轨道上两股钢轨顶面应保持同一水平；曲线轨道应按相关要求和标准合理设置钢轨的超高。直线轨道上两股钢轨顶面的水平偏差值应符合相关的标准要求，并且沿线路方向的变化率不能太大，否则即使两股钢轨的水平偏差都不超过允许范围，也可能引起机车车辆的剧烈摇晃。

水平也可使用道尺或轨检小车等工具和设备进行静态测量，使用轨检车进行动态检测水平的允许误差与线路等级有关。北京市地方标准《城市轨道交通工程质量验收标准》(DB11/T 311.2—2008)规定的整体道床轨道静态几何尺寸检验标准见表 3-5。

表 3-5 整体道床轨道静态几何尺寸检验标准

序号	检验项目		允许偏差/mm	检验频率		检验方法
				范围	点 数	
1	轨距		±2	每 1 km	10(且曲线段控制点全部检查)	万能道尺量
2	高低(10 m 弦量)		4			拉线、用钢尺量
3	水平		4			万能道尺量
4	扭曲(基长 6.25 m)		4			
5	轨向	直线(10 m 弦量)	4			用钢尺量
		曲线	见表 3-6			

轨道实际上存在两种性质不同的轨道水平偏差，它们对行车的危害程度也不相同。一种偏差称为水平差，如图 3-22 所示，另一种偏差称为三角坑（或称扭曲），如图 3-23 所示。

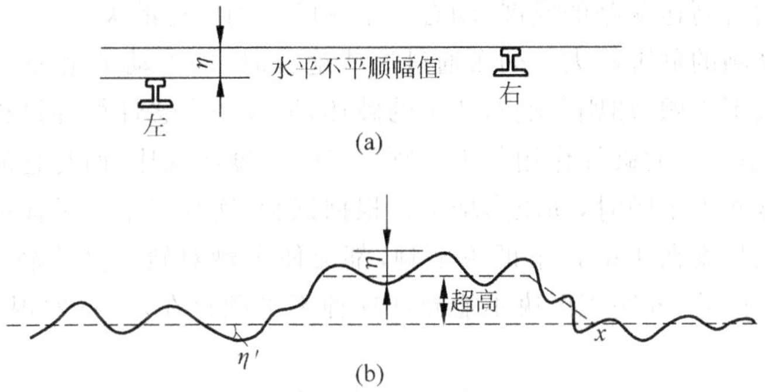

图 3-22　轨道水平偏差

(a) 直线水平偏差；(b) 曲线水平偏差

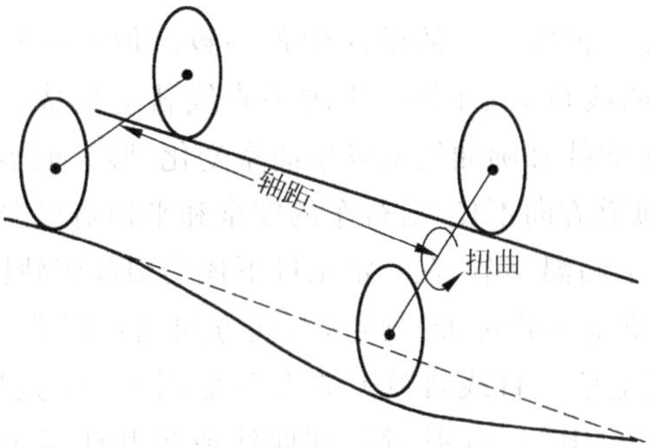

图 3-23　轨道三角坑（扭曲）

水平差是指在一段规定的距离内，一股钢轨的顶面始终比另一股高，高差值超过容许偏差值。三角坑是指在一段不太长的距离内，先是左股钢轨顶面高于右股，然后是右股钢轨顶面高于左股，在立面上出现扭曲，高差值超过容许偏差值，而且两个最大水平误差点之间的距离小于一定值（如不足 18 m）。

三角坑将使同一转向架的 4 个车轮中，只有 3 个正压紧钢轨，另一个形成减载或悬空。如果出现较大的横向力，就可能使悬浮的车轮只能以轮缘贴紧钢轨，在最不利的条件下甚至可能爬上钢轨，引起脱轨事故。因此，一旦发现三角坑，必须立即消除。三角坑是轨道管理一个重要的指标。

以往铁路客车车辆的固定轴距为 2.4 m，所以 GJ-4 型轨检车动态检测的三角坑基长 2.4 m。目前 25 t 客车和 CRH 动车组等主型客车车辆的最小固定轴距为 2.5 m，因此 GJ-5 型轨检车和综合检测列车采用的三角坑检测的基长均为 2.5 m。

3. 高低

轨道沿线路方向的竖向平顺性称为高低。新铺或经过大修后的线路，即使轨面平顺，但经过一段时间列车运行后，由于路基状态、道床捣固坚实程度、扣件松紧程度、轨枕状态和钢轨磨耗的不同，就会产生不均匀下沉，造成轨面高低不平，即在有些地方（往往在钢轨接头附近）下沉多，出现坑洼，称为静态不平顺；有些地段，从表面上看轨面是平顺的，但实际上轨底与铁垫或轨枕之间存在间隙（间隙超过 2 mm 时称为吊板），或轨枕底与道砟之间存在空隙(空隙超过 2 mm 时称为空板或暗坑),或轨道基础弹性的不均匀性(路基填筑不均匀,道床弹性不均匀等),当列车通过时,这些地段的轨道下沉较大,会产生不平顺,这种不平顺称为动态不平顺。随着高速铁路的发展,动态不平顺已受到广泛的关注。

轨道高低不平顺的危害甚大。列车通过这些地方时,冲击动力增加,使道床变形加速,从而更进一步扩大不平顺,加剧车辆对轨道的破坏,形成一个恶性循环过程。

一般地,高低不平顺的破坏作用与不平顺(坑洼)长度成反比,而与它的深度则成正比。

当车轮通过这些不平顺时,动压力增加。根据试验,连续三个空吊板可以使钢轨受力增加一倍以上。一般长度在 4 m 以下的不平顺,都会使车辆对轨道产生较大的破坏作用,从而加速道床变形。因此,养路工区决不能允许这种不平顺存在,一旦发现,应在紧急补修中加以消除。

新建轨道铺设要求目视平顺;轨道铺设精度应保证高低偏差用 10 m 弦测量的最大矢度值不应超过表 3-5 所列的允许值。

4. 轨向

轨向指的是轨道中线位置应与它的设计位置一致。但在轨道交通车辆运行过程中,往往使得直线轨道不平直,曲线轨道不圆顺,表现为直线轨道形成长度在 10～20 m 的波浪形“曲线”,曲线轨道则在缓和曲线和圆曲线上发生曲率变化,形成很多不同曲率半径圆弧组成的复曲线。方向不平顺,使轨道方向不良,对行车的安全和平稳造成严重的威胁。在无缝线路地段,若轨道方向不良,则到了高温季节,在一定条件下还会引起胀轨跑道,严重威胁行车安全。

《城市轨道交通工程质量验收标准》规定,直线方向须目视平顺,用 10 mm 弦测量,正线上正矢不超过表 3-5 的规定值。直线轨道上的误差是用 10 m 弦量得到的偏离直线方向最大矢量;曲线轨道上的误差用 20 m 弦量的圆曲线或缓和曲线上的正矢与计算正矢之差。《城市轨道交通工程质量验收标准》规定的曲线 20 m 弦正矢检验标准见表 3-6。

表 3-6 曲线 20 m 弦正矢检验标准

曲线半径/m	缓和曲线正矢与计算正矢差/mm	圆曲线正矢连续差/mm	圆曲线正矢最大最小值差/mm
250 以下	6	12	18
251～350	5	10	15
351～450	4	8	12
451～650	3	6	9
650 以上	3	4	6

通过起道可以调整线路两股钢轨水平、三角坑及轨道纵向高低超限;通过拨道可以调整轨距。

5. 轨底坡

由于车轮踏面与钢轨顶面主要接触部分是坡度为 1∶20 的斜坡,为使钢轨轴心受力,钢轨也应有个向内的倾斜度,因此轨底与轨道平面之间应形成一个横向坡度,称为轨底坡。

钢轨设置轨底坡,可使其轮轨接触集中于轨顶中部,提高钢轨的横向稳定能力,减轻轨头的不均匀磨耗。研究分析指出,轨头中部塑性变形的积累比两侧的较为缓慢,故而设置轨底坡也有利于减小轨头塑性变形,延长使用寿命。

我国国家铁路在1965年以前，轨底坡定为1∶20。但在车辆的动力作用下，轨道发生弹性挤开，轨枕产生挠曲和弹性压缩，加上垫板与轨枕不密贴，道钉的扣压力不足等因素，实际轨底坡与原设计轨底坡有较大的出入。另外，车轮踏面经过一段时间的磨耗后，原来1∶20的斜面也接近1∶40的坡度。所以1965年以后，我国铁路的轨底坡统一改为1∶40。我国目前已开通运营的地铁均沿用了国家铁路修正后的1∶40轨底坡标准。

曲线地段的外轨设有超高，轨枕处于倾斜状态。当轨枕倾斜到一定程度时，内股钢轨中心线将偏离垂直线而外倾，在车轮荷载作用下有可能推翻钢轨。因此，在曲线地段应视其外轨超高值而加大内轨的轨底坡，调整的范围见表3-7。

表3-7 内股钢轨轨底坡调整范围

外轨超高/mm	轨枕面最大斜度	铁垫板或承轨槽面倾斜度		
		0	1/20	1/40
		垫楔形垫板或枕木砍削的坡度		
0～75	1∶20	1∶20	0	1∶40
80～125	1∶12	1∶12	1∶30	1∶17

应当说明，以上所述轨底坡的大小是钢轨在不受列车荷载作用情况下的理论值。在复杂的列车动荷载作用下，轨道各部件将产生不同程度的弹性变形和塑性变形，静态条件下设置的在1∶40轨底坡在列车动荷载作用下不一定保持在1∶40。轨底坡设置是否正确，可根据钢轨顶面上由车轮碾磨形成的光带位置来判定。如光带偏离轨顶中心向内，说明轨底坡不足；如光带偏离轨顶中心向外，说明轨底坡过大；如光带居中，说明轨底坡合适。线路养护工作中，可根据光带位置调整轨底坡的大小。

3.2.2 曲线轨道的形位

1. 外轨超高

机车车辆在曲线上行驶时，由于惯性离心力的作用，将机车车辆推向外股钢轨，加大了对外股钢轨的压力，使旅客产生不适、货物位移，因此需要把曲线外轨适当抬高，使机车车辆的自身重力产生一个向心的水平分力，以抵消惯性离心力，达到内外两股钢轨受力均匀和垂直磨耗均匀等，满足旅客舒适感，提高线路的稳定性和安全性。

外轨超高是指曲线外轨顶面与内轨顶面的水平高度差，如图3-24所示。在设置外轨超高时，主要有外轨提高法和线路中心高度不变法两种。外轨提高法是保持内轨高程不变而只抬高外轨的方法。线路中心高度不变法是内外轨分别各降低和抬高超高值的一半而保证线路中心高程不变的方法。外轨超高计算公式为

$$h=11.8\frac{v^2}{R} \tag{3-2}$$

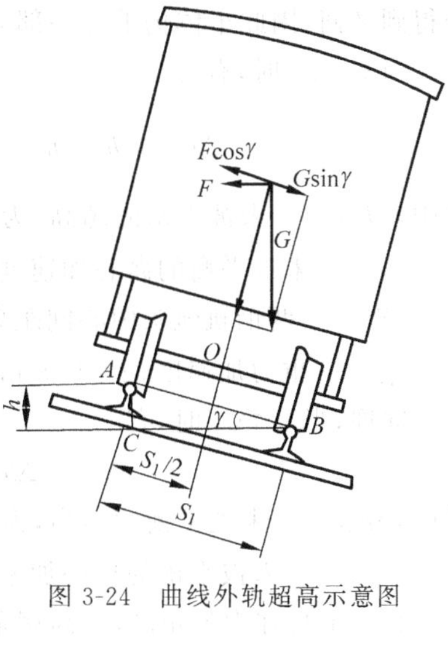

图3-24 曲线外轨超高示意图

式中，h——外轨超高值(mm)；

v——行车速度(km/h)；

R——曲线半径(m)。

式(3-2)中的 v 是列车通过曲线时的瞬时速度。实际上，通过曲线的列车种类、重量和速度各不相同，为了合理设置超高，式(3-2)应当采用各次列车的平均速度 v_0，即

$$h_0 = 11.8\frac{v_0^2}{R} \tag{3-3}$$

目前，我国根据既有的客货混运线路和新建铁路设计施工时的需要，采用以下两种平均速度来设置外轨超高。

(1) 全面考虑每次列车的速度和质量时计算 v_0。

$$v_0 = \sqrt{\frac{\sum mv^2}{\sum m}} = \sqrt{\frac{\sum Nm'v^2}{\sum Nm'}} \tag{3-4}$$

式中，m'——列车质量(kg)；

v——列车速度(km/h)；

N——每昼夜通过的质量和速度相同的列车次数。

(2) 新建铁路设计施工时用经验公式计算 v_0。

对于新建铁路，由于线路未投入运行，无法测得一昼夜通过线路的列车速度，所以考虑线路投入运行后，列车的平均速度是线路最高设计速度的 0.8 倍，即 $v_0 = 0.8v_{\max}$，计算外轨超高公式为

$$h_0 = 11.8\frac{v_0^2}{R} = \frac{11.8\times(0.8v_{\max})^2}{R} = 7.6\frac{v_{\max}^2}{R} \tag{3-5}$$

式中，$v_{\max}$——该段线路最大的设计行车速度(km/h)。

外轨超高设置后，经过一段时间运营，可根据实际运营状况对外轨超高予以适当调整。为便于管理，圆曲线外轨超高按 5 mm 整倍数设置。

一旦线路实际超高确定后，在运行过程中是不能随意改变的。而通过曲线的各种列车速度是不相同的，或大于平均速度，或小于平均速度，即不可能使所有列车产生的离心力完全得到平衡，因此车体仍承受一部分未被平衡的离心力，进而产生未被平衡的超高。

当 $v > v_0$ 时，有

$$\Delta h_{欠} = h - h_0 = \frac{S_1 v^2}{gR} - \frac{S_1 v_0^2}{gR} = \frac{S_1}{gR}(v^2 - v_0^2) = 153a \tag{3-6}$$

式中，$\Delta h_{欠}$——未被平衡的超高，为欠超高(mm)；

a——未被平衡的离心加速度(m/s^2)；

S_1——两钢轨轨头中心间距离，$S_1 = 1500$ m；

g——重力加速度，$g = 9.8$ m/s^2。

同理，当 $v < v_0$ 时，有

$$\Delta h_{过} = h - h_0 = 153(-a) \tag{3-7}$$

式中，$\Delta h_{过}$——未被平衡的超高，为过超高(mm)；

$-a$——未被平衡的离心加速度(m/s^2)。

超高不足称为欠超高，超高剩余称为过超高。无论加速度的符号是正(离心)还是负(离

心)，对旅客乘车的舒适感的影响都是一样的，为能统一表达欠超高、过超高与未被平衡的加速度的关系，将上式算出的未被平衡的加速度取绝对值，即为

$$\Delta h = 153 \mid a \mid \tag{3-8}$$

为满足旅客乘车的舒适感，必须对未被平衡的超高进行限制。未被平衡的超高 Δh 应当满足下式

$$\Delta h \leqslant 153[a] \tag{3-9}$$

式中，$[a]$——未被平衡的加速度的容许值(m/s^2)。

根据我国铁路实践经验，未被平衡的离心加速度的容许值为 0.4～0.5 m/s^2，困难情况下为 0.6 m/s^2。

我国用未被平衡的超高来表示未被平衡的离心加速度的限制。将未被平衡的离心加速度容许值$[a]$代入式(3-9)得到相应的未被平衡的超高容许值如下：

$[a]=0.5\ m/s^2$ 时，$\Delta h=76$ mm，取$[h]=75$ mm；

$[a]=0.6\ m/s^2$ 时，$\Delta h=92$ mm，取$[h]=90$ mm。

因此，我国《铁路线路维修规则》规定：未被平衡的欠超高一般应不大于 75 mm，困难情况下不大于 90 mm，容许速度不大于 120 km/h 的线路个别特殊况下不大于 110 mm；未被平衡的过超高不得大于 50 mm。

2. 轨距加宽

机车车辆进入曲线轨道时，仍然存在保持其原有行驶方向的惯性，只是受到外轨的作用才沿曲线轨道行驶。为使机车车辆顺利通过曲线而不致被楔住或挤开轨道，应减小轮轨间的横向作用力，则曲线轨距要适当加宽。方法是将曲线轨道的内轨向曲线中心方向移动，曲线外轨的位置则保持与轨道中心半个轨距的距离不变。曲线轨距的加宽值与机车车辆转向架在曲线上的几何位置有关。

机车通过曲线轨道有 4 种内接方法，其中三种内接方式如图 3-25 所示。

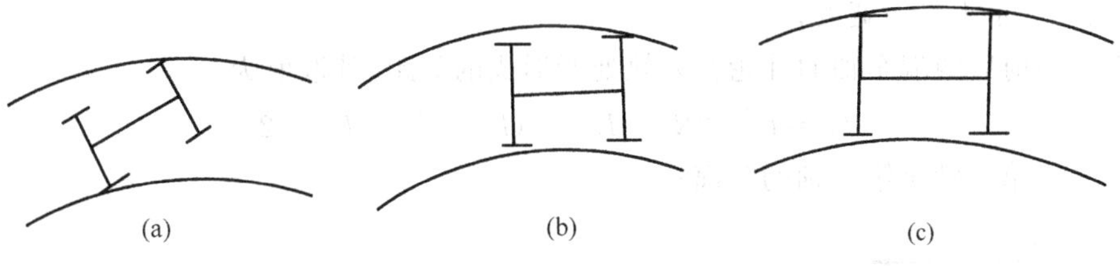

图 3-25　车辆通过曲线轨道的内接方式

(a) 斜接；(b) 自由内接；(c) 楔形内接

(1) 斜接。机车车辆车架或转向架的外侧最前位车轮轮缘与外轨作用边接触，内侧最后位车轮轮缘与内轨作用边接触，见图 3-25(a)。

(2) 自由内接。车辆转向架的外侧最前位车轮轮缘与外轨作用边接触，其他车轮轮缘与钢轨无接触，且转向架后轴位于曲线半径方向，见图 3-25(b)。

(3) 楔形内接。机车车辆车架或转向架的最前位和最后位外侧车轮轮缘同时与外轨作用边接触，内侧中间车轮的轮缘与内轨作用边接触，见图 3-25(c)。

(4) 正常强制内接。为避免机车车辆以楔形内接形式通过曲线，对楔形内接所需轨距增加 $\delta_{min}/2$，此时转向架在曲线上所处的位置称为正常强制内接。

根据运营经验，以自由内接最为有利，但机车车辆的固定轴距长短不一，不能全部以自由内接的形式通过。为此，确定轨距加宽必须满足如下原则：

(1) 保证占列车大多数的车辆能以自由内接形式通过曲线；

(2) 保证固定轴距较长的机车通过曲线时不出现楔形内接，但允许以正常强制内接形式通过；

(3) 保证车轮不掉道，即最大轨距不超过容许限度。

因此，在确定曲线轨距加宽标准时应以主要类型的车辆为计算依据，对于机车及少量特殊的车辆，只在必要时才检算其所需轨距。

根据车辆条件确定轨距加宽。我国绝大部分的车辆转向架是两轴转向架，当两轴转向架以自由内接形式通过曲线时，前轴外轮轮缘与外轨的作用边接触，后轴占据曲线垂直半径的位置(见图 3-26)，则自由内接形式所需最小轨距为

$$S_f = q_{max} + f_0 = q_{max} + L^2/2R \tag{3-10}$$

式中，S_f——自由内接形式所需轨距；

q_{max}——最大轮对宽度；

f_0——外矢距；

L——转向架固定轴距；

R——曲线半径。

以 S_0 表示直线轨距，则曲线轨距加宽值 e 应为

$$e = S_f - S_0 \tag{3-11}$$

根据机车条件检算轨距加宽。在行驶的列车中，机车数量比车辆少得多，因此允许机车按较自由内接所需轨距为小的“正常强制内接”通过曲线。如果一个车轴没有横动量的四轴机车车架在轨道中处于楔形内接状态(见图 3-27)，那么车架处于楔形内接时的轨距 S_w 应为

$$S_w = q_{max} + f_0 - f_1 \tag{3-12}$$

式中，q_{max}——最大轮对宽度；

f_0——前后两端车轴的外轮在外轨处所形成的矢距，其取值为

$$f_0 = L_{01}^2/2R, \quad L_{01} = (L_1 + L_2 + L_3)/2$$

L_1——第一轴至第二轴的距离；

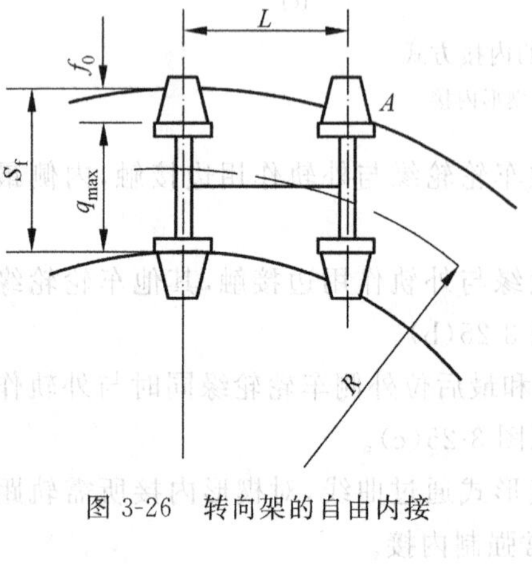

图 3-26　转向架的自由内接

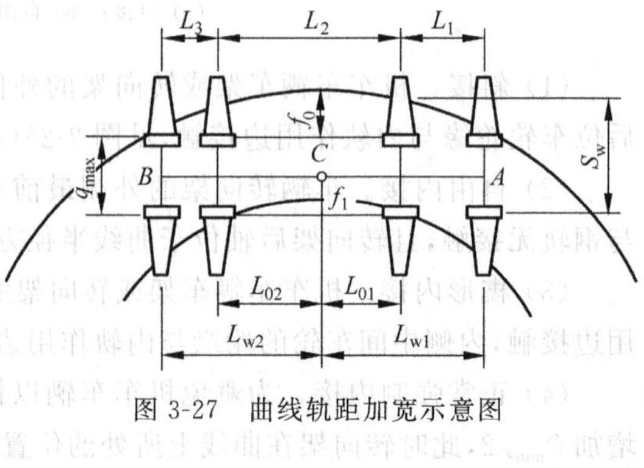

图 3-27　曲线轨距加宽示意图

L_2——第二轴至第三轴的距离；

L_3——第三轴至第四轴的距离；

f_1——中间两个车轴的内轮在内轨处形成的矢距，$f_1=L_{01}/2R$；

L_{w1}——第一轴至与车架纵轴垂直的曲线半径之间的距离；

L_{01}——第二轴至与车架纵轴垂直的曲线半径之间的距离，$L_{01}=L_{w1}-L_1$。

当机车处于正常强制内接时，正常强制内接轨距 S'_w 为

$$S'_w=S_w+\frac{1}{2}\delta_{min}=q_{max}+f_0-f_1+\frac{1}{2}\delta_{min} \tag{3-13}$$

式中，δ_{min}——直线轨道的最小游间。

曲线轨道的最大轨距应切实保障行车安全，不使其掉道。最不利情况下，当轮对的一个车轮轮缘紧贴一股钢轨时，另一个车轮的踏面与钢轨的接触点为车轮踏面的变坡点(见图 3-28)。

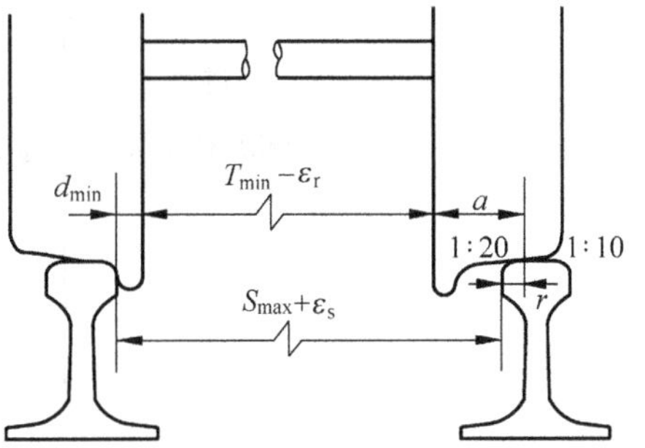

图 3-28　曲线轨道最大允许轨距

图 3-28 中，d_{min} 为车辆车轮最小轮缘厚度，其值为 22 mm；T_{min} 为车轮最小轮背内侧距离，其值为 1350 mm；ε_r 为车辆车轴弯曲时轮背内侧距离缩小量，其值为 2 mm；α 为轮背至轮踏面斜度为 1 ∶ 20 与 1 ∶ 10 变坡点的距离，其值为 100 mm；r 为钢轨顶面圆角宽度，其值为 12 mm；ε_s 为钢轨弹性挤开量，其值为 2 mm。

由此，曲线上允许最大轨距 S_{max} 为

$$S_{max}=d_{min}+T_{min}-\varepsilon_r+\alpha-\varepsilon_s \tag{3-14}$$

将上述采用的值代入，得

$$S_{max}=1456\ \mathrm{mm} \tag{3-15}$$

由于轨距的容许偏差不得超过 6 mm，故曲线轨道最大容许轨距应为 1450 mm，即最大允许加宽为 15 mm。《铁路线路维修规则》规定：新建、改建、线路大修或成段更换轨枕地段按表 3-8 规定的标准进行曲线轨距加宽。曲线轨距加宽递减率一般不得大于 1‰，特殊条件下不大于 2‰。

表 3-8　曲线轨距加宽

曲线半径/m	轨距加宽值/mm	轨距/mm
$R\geqslant350$	0	1435
$350>R\geqslant300$	5	1440
$R<300$	15	1450

3.3　道岔

3.3.1　道岔的类型

道岔(线路连接和交叉)包括道岔、交叉以及道岔与交叉的组合三种，具体分类如图 3-29 所示。

- 道岔（线路连接和交叉）
  - 道岔
    - 单开道岔
    - 单式异侧道岔
      - 对称（双开）道岔
      - 不对称道岔
    - 单式同侧道岔
    - 三开道岔
      - 对称道岔
      - 不对称道岔
    - 套线道岔
      - 三轨套线道岔
      - 四轨套线道岔
  - 交叉
    - 直角交叉
    - 菱形交叉
      - 直线菱形交叉
      - 直线与曲线菱形交叉
      - 曲线与曲线菱形交叉
  - 道岔与交叉组合
    - 单式交分道岔
    - 复式交分道岔
    - 单渡线道岔
    - 交叉渡线道岔

图 3-29 道岔分类

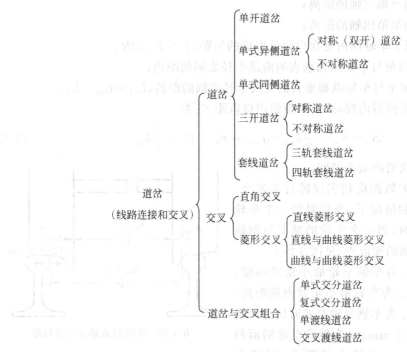

单开道岔的主线为直线，侧线由主线向左侧或右侧岔出，分为左开及右开两种形式。对称道岔由主线向两侧分为两条线路，道岔各部件均按辙叉角分线对称排列，两条连接线路的曲线半径相同，无直向或侧向之分，因此两条侧线运行条件相同。三开道岔是当需要连接的线路较多，而地形又受到限制，不能在主线上连续铺设两个单开道岔时铺设的一种道岔。三开道岔是将一个道岔顺向纳入另一个道岔内构成的。交分道岔是将一个单开道岔对向纳入另一个道岔内构成的，它起到了两个道岔的作用。复式交分道岔像 X 形，实际上相当于四组单开道岔和一副菱形交叉的组合。在我国铁路上使用最多的道岔类型是“普通单开道岔”，简称单开道岔，其数量占各类道岔总数的 90%以上。单开道岔一般以其钢轨每米质量及辙叉号数来分类。目前我国的钢轨有 75、60、50、43 kg/m 和 60N 等类型，道岔钢轨类型应与线路钢轨相同，钢轨类型不同时应用异型轨过渡。标准道岔号数有 6、7、9、12、18、24、30、38、39、41、42、50 和 62 等类型。其中 6、7 两个号数仅用于厂矿等企业内部铁路或驼峰下，其他号数则用于铁路正线和站线，一般以 9 号和 12 号最为常用。城市轨道交通正线中一般多用 9 号道岔，在首都机场线采用了较大的 18 号道岔。铁路上列车以高速通过的正线单开道岔号数不得小于 12 号，在侧线通过高速列车的地段，则需铺设大号数道岔。

3.3.2 单开道岔的结构构造

单开道岔由尖轨、基本轨和转辙器（即转辙部分）、连接部分、辙叉及护轨以及岔枕等部分组成，如图 3-30 所示。

1. 转辙器

转辙器由两根基本轨、两根尖轨、各种联结零件和道岔转辙机构组成，其作用是引导车

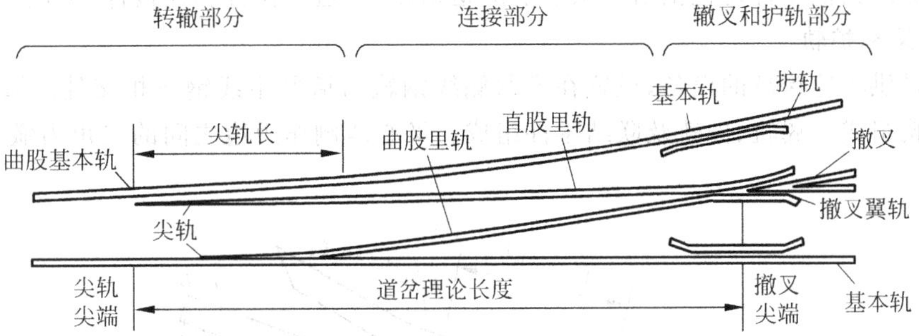

图 3-30　普通单开道岔示意图

轮从一线进入另一线。

基本轨由标准断面的钢轨制成，主股为直线（直基本轨），侧股（曲基本轨）弯折成规定的线形，以保证转辙器部分的轨距、方向以及基本轨与尖轨的密贴。除承受车轮的垂直荷载外，基本轨还与尖轨共同承受车轮的横向水平力。

机车车辆进出道岔时由尖轨引导，它是转辙器的主要部分。尖轨的长度随道岔号数和尖轨的形式不同而不同，一般情况下道岔号数越大，尖轨长度越长。我国 9 号道岔的尖轨长度为 6.25 m，12 号道岔的直线型尖轨长 7.7 m，曲线型的尖轨长 11.3～11.5 m，18 号道岔的尖轨长 12.5 m，38 号道岔的尖轨长 37.6 m。尖轨在平面上可分为直线型和曲线型，如图 3-31 所示。直线型尖轨可用于左开或右开类型的单开道岔，制造简单，便于更换，尖轨前端的刨切较少，横向刚度大，尖轨的摆度和跟端轮缘槽较小，但轨距较宽大，转辙角 β 较大，轮缘对尖轨的冲击较大，影响列车运行的平稳性，尖轨尖端易于磨耗和损伤。我国新设计的 12 号道岔及以上的大号数道岔均采用曲线型尖轨，以便减小冲击角，增大导曲线半径，缩短道岔全长，使列车平稳地进出侧线。曲线型尖轨左开、右开类型不能通用，制造较复杂，前端刨切较多。

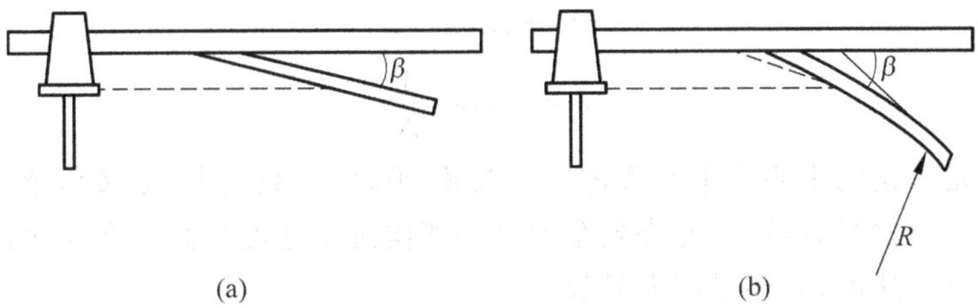

图 3-31　直线型尖轨和曲线型尖轨

(a) 直线型尖轨；(b) 曲线型尖轨

尖轨可用普通截面钢轨、高型特种截面钢轨或矮型特种截面钢轨制成。用普通钢轨制成的尖轨，需在轨前端轨腰两侧增加补强板，以增加其横向刚度。特种截面尖轨的截面面积大，稳定性好。尖轨与基本轨高度相同的称为高型特种截面钢轨，较矮者称为矮型特种截面钢轨。我国提速铁路采用矮型特种截面钢轨（简称 AT 轨）。

为使转辙器能正确引导列车的行驶方向，尖轨尖端必须与基本轨紧密贴靠。从尖轨尖端开始，尖轨断面逐渐加宽，其非作用边一侧与基本轨作用边一侧应紧密贴合，保证直向尖轨作用边为一直线，侧向尖轨作用边与导曲线作用边为一圆曲线。

转辙器的其他零件还包括滑床板、轨撑、道岔顶铁、道岔拉杆和连接杆、垫板等。

2. **辙叉和护轨**

辙叉是供车轮跨越的设备，设置在道岔侧线钢轨与道岔主线钢轨相交处。辙叉由叉心（长、短心轨组成）、翼轨、护轨及联结零件组成。叉心两侧作用边之间的夹角为辙叉角 α（见图 3-32）。

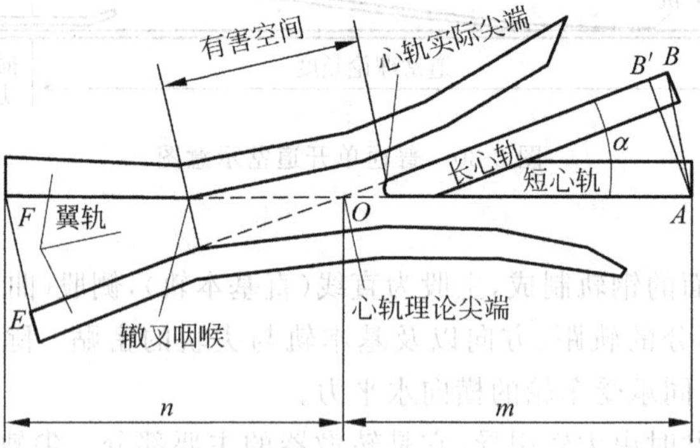

图 3-32 辙叉的组成

辙叉心轨两个工作边的延长线的交点称为辙叉理论中心（心轨理论尖端）。由于制造工艺的原因，实际上的叉心尖端有 6～10 mm 的宽度，此处称为心轨的实际尖端。翼轨由普通钢轨弯折刨切而成，用间隔铁及螺栓和叉心联结，以保持相互间的正确位置，并形成必要的轮缘槽，使车轮轮缘能顺利通过。

两翼轨工作边相距的最小处称为辙叉咽喉。从辙叉咽喉至心轨实际尖端之间的轨线中断的距离称为“有害空间”。车轮通过有害空间时，叉心容易受到撞击。为保证车轮安全通过有害空间，在辙叉两侧相对位置的基本轨内侧设置了护轨，借以引导车轮的行驶方向。

辙叉号数 N（也称道岔号数）为

$$N = \cot\alpha \tag{3-16}$$

$$\alpha = \arctan\frac{1}{N} \tag{3-17}$$

辙叉号数是道岔的主要技术参数之一。辙叉（道岔）号数越大，辙叉角越小，固定辙叉的有害空间越大。道岔号数越大，允许列车通过的侧向过岔速度越高。在高速铁路上，为了获得更高的侧向过岔速度，需要采用大号数道岔。

我国常用道岔号数与辙叉角的对应值见表 3-9。

表 3-9 道岔号数与辙叉角的关系

道岔号数 N	6	7	9	12	18	24	38	41
辙叉角 α	9°27′44″	8°07′48″	6°20′25″	4°45′49″	3°10′47″	2°23′09″	1°30′26.8″	1°23′39.8″

护轨一般设于固定辙叉的两侧，用以引导车轮的轮缘，使之进入设定的轮缘槽内，防止与叉心碰撞。护轨可用普通钢轨或特种截面的钢轨制作。

一般护轨的防护范围为辙叉咽喉至叉心顶宽 50 mm 的一段长度，并要求有适当的裕量。在平面图中，护轨由中间平直段、两段缓冲段和开口段组成，如图 3-33 所示。护轨平直段是起防护作用的主要部分,缓冲段和开口段起到将车轮平顺地引入护轨平直段的作用。缓冲段的冲击角应按列车允许的通过速度设置。

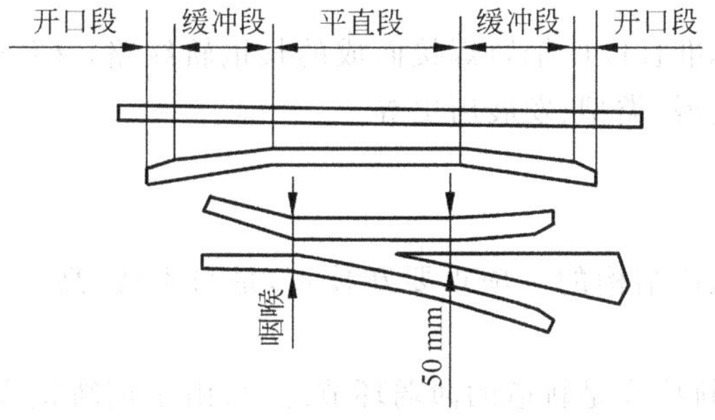

图 3-33　护轨的防护范围

3. 连接部分

单开道岔的连接部分是连接转辙器和辙叉的,它包括直股连接线和曲股连接线(又称导曲线)。直股连接线与区间直线线路的构造基本相同,导曲线的平面形式可以是圆曲线、复合圆曲线、缓和曲线或变曲率曲线。我国道岔导曲线多为单一半径的圆曲线,38 号道岔采用圆曲线与三次抛物线组合的导曲线形式,德国高速道岔有采用复合圆曲线(1 个以上半径)的导曲线形式。当尖轨为曲线型时,尖轨本身就是导曲线的一部分。导曲线由于长度及界限的限制,一般不设超高和轨底坡,但在构造及条件容许的情况下可设置少量超高。我国在钢筋混凝土岔枕上铺设的导曲线设置了 6 mm 的超高,两端用厚度逐渐减薄的胶垫进行顺坡。通常,道岔中不设轨底坡,为改善钢轨的受力条件,有些提速道岔中的基本轨设有 1∶40 轨底坡。

为防止钢轨在动荷载作用下外倾或轨距扩大,可在导曲线上设置一定数量的轨撑或轨距拉杆。为减少钢轨的爬行,可在导曲线范围内设置一定数量的防爬器及防爬木撑。

连接部分一般配置 8 根钢轨,直股连接线 4 根,曲股连接线 4 根。配轨时要考虑轨道电路绝缘接头的位置和满足接头相对的要求,并尽量采用 12.5 m 或 25 m 长的标准钢轨。连接部分一般使用不短于 6.25 m 的短轨,在困难的情况下,不短于 4.5 m。

我国标准的 9 号、12 号及 18 号道岔连接部分的配轨如图 3-34 所示。

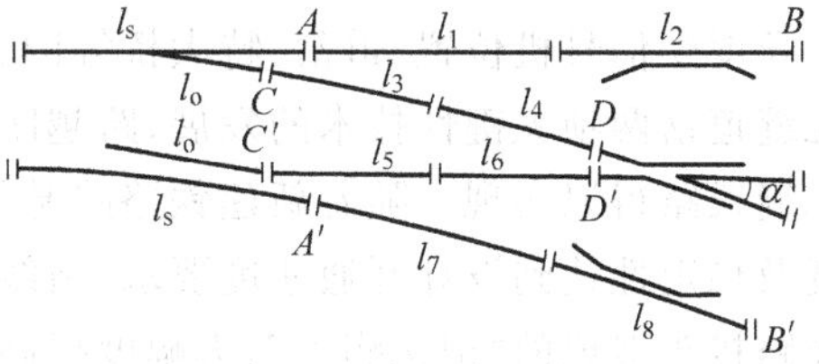

图 3-34　道岔连接部分的配轨

标准道岔的配轨尺寸见表 3-10。

表 3-10　标准道岔的配轨尺寸　mm

N	9	12	18	N	9	12	18
l_1	5324	11 791	10 226	l_5	6838	12 500	16 574
l_2	11 000	12 500	18 750	l_6	9500	9385	12 500
l_3	6894	12 500	16 903	l_7	5216	11 708	10 173
l_4	9500	9426	12 500	l_8	11 000	12 500	18 750

3.4 无缝线路

无缝线路是指把标准长度的钢轨焊接而成的长钢轨线路，又称焊接长钢轨线路。本节主要介绍无缝线路的发展、类型、发展历史等。

3.4.1 概述

无缝线路是当今轨道结构的一项重要新技术，是与重载、高速铁路相适应的新型轨道结构。

在普通线路上，钢轨接头是轨道的薄弱环节之一，由于钢轨接头的存在，列车通过时发生冲击和振动，并伴随有打击噪声，所产生的冲击荷载最大可达非接头区的3倍以上。接头冲击力影响行车的平稳性和旅客的舒适性，并促使道床破坏、线路状态恶化、钢轨及联结零件的使用寿命缩短、养护维修费用增加。线路接头区养护维修费用占养护维修总经费的1/3以上；钢轨因轨端损坏而抽换的数量较其他部位多2～3倍；重伤钢轨60%发生在接头区。随着列车轴重、行车速度和密度的不断增长，其缺点会更加突出，更难以满足现代高速重载运输的需要。

为改善钢轨接头的工作状态，从20世纪30年代起，国内外学者和专家进行了大量研究与实践，采用各种方法把钢轨焊接起来构成无缝线路。这中间首先遇到了接头焊接质量问题；其次是长钢轨在列车动荷载和温度力共同作用下的强度和稳定问题；还有无缝线路设计、长钢轨运输、铺设施工、养护及维修等一系列理论和技术问题。随着这些问题的逐步解决，无缝线路在世界各国得到广泛的运用。

无缝线路由于消灭了大量的接头，因而具有行车平稳、旅客乘坐舒适、机车车辆和轨道的维修费用少、使用寿命长等一系列优点。大量的研究资料表明，从节约劳动力和延长设备寿命方面计算，无缝线路比普通有缝线路可节约养护维修费用35%～75%。从理论上讲，无缝线路的轨条长度可以无限长，这是发展跨区间无缝线路的理论基础。普通无缝线路轨条长度受信号机位置、道岔、特大桥等因素的限制，一般只有1～2 km，随着胶接绝缘接头和无缝道岔两项关键性技术的发展，跨越闭塞分区的跨区间无缝线路以及跨越车站的跨区间无缝线路得以实现。随着新建铁路路基填筑质量的提高及工后沉降大幅度降低、道床密实度及稳定性达到设计开通速度要求，新线上可以实现一次铺设跨区间无缝线路，消除了普通线路接头造成的“记忆病害”，大幅度提高了轨道的平顺性。秦沈客运专线一次铺设跨区间无缝线路的成功，标志着我国无缝线路的发展跨入了一个新的时代。

跨区间无缝线路的优点非常突出：长轨条贯通整个区间，并与车站的无缝道岔焊联，取消了缓冲区，彻底实现了线路的无缝化，全面提高了线路的平顺性与整体强度，充分发挥了无缝线路的优越性；取消了缓冲区，轨道部件的损耗和养护维修工作量进一步减少；消灭了钢轨接头，进一步改善了列车运行条件；伸缩区与固定区交界处因温度循环而产生的温度力峰，以及伸缩区过量伸缩不能复位而产生的温度力峰，都由于伸缩区的消失而消失，有利于轨道的稳定和维修管理；防爬能力较强，纵向力分布比较均匀，锁定轨温容易保持，线路的安全性和可靠性得到提高；长轨条温度力升降平起平落，不会形成温度力峰，可适度提高锁定轨温，从而提高轨道的稳定性。可见，大力发展跨区间无缝线路是一项具有重大技术经济意义的举措。有鉴于此，我国《铁路主要技术政策》提出：高速重载线路应优先发展跨区间的超长无缝线路；铁路"十一五"规划提出：推广一次性铺设跨区间无缝线路技术。

3.4.2　类型

无缝线路根据处理钢轨内部温度应力方式的不同，可分为温度应力式和放散温度应力式两种。温度应力式无缝线路在运营过程中，通常不必人工放散温度应力；放散温度应力式无缝线路需要定期或自动放散温度应力。

温度应力式普通无缝线路是由一根焊接长钢轨及其两端2～4根缓冲轨或伸缩调节器组成，并采用普通接头的形式。无缝线路锁定后，焊接长钢轨因受钢轨接头阻力、扣件和轨枕纵向阻力的抵抗，两端自由伸缩受到一定的限制，中间部分完全不能伸缩，因而在长钢轨内部产生很大的温度力，其值与轨温变化幅度和钢轨截面积成正比。随着无缝线路技术的发展，钢轨接头被最大限度地减少，延长了长轨条的长度，发展了跨区间无缝线路。温度应力式无缝线路结构简单，铺设维修方便，因而得到广泛应用。对于直线轨道50 kg/m和60 kg/m钢轨，每千米设置1840根混凝土轨枕，铺设温度应力式无缝线路允许轨温差分别为100℃和104℃。现今世界各国主要采用温度应力式无缝线路，它也是本节介绍的重点。

放散温度应力式无缝线路，又分为自动放散式和定期放散式两种，适用于年轨温差较大的地区。自动放散式是为了消除和减少钢轨内部的温度力，允许长轨条自由伸缩，在长轨两端设置钢轨伸缩接头。大桥上、道岔两端为释放温度力，一般铺设自动放散式无缝线路，在长轨两端设置伸缩调节器。定期放散温度应力式无缝线路的结构形式与温度应力式基本相同。根据当地轨温条件，把钢轨内部的温度应力每年调整放散1～2次。放散时，松开焊接长钢轨的全部扣件，使它能够自由伸缩，放散内部温度应力，应用更换缓冲区不同长度调节轨的办法，保持必要的轨缝。定期放散温度应力式无缝线路在苏联和我国年轨温差较大的地区试用过，目前已很少使用。

无缝线路根据其铺设位置、设计要求的不同，可分为路基无缝线路(有砟或无砟轨道)、桥上无缝线路、岔区无缝线路等；根据其轨条长度、是否跨越车站，可分为普通无缝线路和跨区间无缝线路；根据长钢轨接头的联结形式，可分为焊接无缝线路和冻结无缝线路。

总体来说，铺设无缝线路时，除在大桥上为减小墩台和轨道的受力、变形而设置伸缩调节器外，在一般线路上则采取轨条与轨条、轨条与道岔直接焊联的形式，这是无缝线路结构的发展方向。

3.4.3　发展历史

大量铺设无缝线路能收到节约材料、劳力、能耗等综合技术经济效果，因此深受各国重视。1915年，欧洲在有轨电车轨道上开始使用焊接长钢轨，焊接轨条长度为100～200 m。20世纪30年代，世界各国开始在铁路上进行铺设试验，到了20世纪50—60年代，由于焊接技术的发展，无缝线路得到推广应用和迅速发展。

作为无缝线路发展最早和最快的国家，德国早在1926年就于普通线路上试铺了120 m的焊接钢轨，1935年正式铺设1 km长的无缝线路试验段，1945年做出了以无缝线路为标准线路的规定，1974 年无缝线路达到 52 000 km，至今已达 76 000 km，约占全部营业线路的 80%。

苏联 1935 年在加里宁铁路的莫斯科近郊车站线路上铺设了第一根焊接轨条轨道，长约 600 m。由于大部分地区温度变化幅度较大，最大达到 115℃，影响了无缝线路的发展，直到 1956 年才正式开始铺设。到 1961 年，苏联已铺设无缝线路约 1500 km，至 2007 年俄罗斯已有无缝线路 50 000 km。由于地区轨温变化幅度较大，苏联的无缝线路除采用温度应力式外，还有一部分为季节性放散应力式。

美国于 1930 年开始在隧道内铺设无缝线路，1933 年开始铺设区间无缝线路，之后时有间断，发展比较缓慢。从 1955 年开始进行大量铺设，1970 年以后每年以 8000 km 以上的速度增长，最多时年铺设达到 10 000 km，至 2007 年已有无缝线路 120 000 km，是世界上铺设无缝线路最多的国家。美国铁路以重载运输为主，线路破坏比较严重，逐渐开始重视轨道结构的强化，加大曲线半径，放缓了限制坡度。

法国铺设无缝线路也较早，于 1948—1949 年对无缝线路进行了大量的铺设试验后即推广应用，到 1970 年有无缝线路约 12 900 km，并以每年约 660 km 的速度发展，至 2007 年法国无缝线路总长已达 20 500 km，占营业线路的 59%。法国的温度应力式无缝线路多使用钢轨伸缩调节器，但近年来正逐步取消区间线路的调节器。法国的钢轨焊接技术十分先进，成功地解决了锰钢辙叉和钢轨的焊接技术。

日本是最早修建高速铁路的国家，于 20 世纪 50 年代开始铺设无缝线路，20 世纪 60 年代东海道新干线首次实现一次性铺设无缝线路，长轨两端连接伸缩调节器可以伸缩。日本普通线路上的无缝线路采用 60 kg/m 钢轨、混凝土枕，在新干线上采用板式轨道结构。日本十分重视轨道结构的强化，同时逐步取消了区间钢轨伸缩调节器，加大了钢轨连续焊接的长度。

我国于 1957 年开始在京沪两地各铺设 1 km 无缝线路，次年才进行大规模的试铺。1961 年底我国共铺设无缝线路约 150 km，20 世纪 60—70 年代对在线路特殊地段（桥梁、隧道、小半径曲线、大坡道等）铺设无缝线路进行了理论和试验研究，并取得了成功，为在线路上连续铺设无缝线路创造了条件。至 1999 年底，我国累计铺设无缝线路数量 27 310 km。2000—2002 年，我国成功完成了秦沈客运专线一次铺设跨区间无缝线路的施工，京广、京沪、京哈、陇海等主要干线目前均已铺成无缝线路。至 2007 年底，我国铁路正线无缝线路长度已达 56 000 km，占正线总长的比重达到 58%。至 2013 年底，我国铁路正线无缝线路长度近 70 000 km，占正线总长的比重达到 70%。

经过长期的研究和实践，我国形成了一套完整的跨区间无缝线路设计理论、施工工法、运营管理和维修标准体系。跨区间无缝线路与区间无缝线路相比，更加平顺、舒适、低噪、节能，岔区病害和维修工作量更少。继秦沈客运专线之后，我国先后在合宁铁路、京津城际轨道交通、武广高速铁路、京沪高速铁路、宜万铁路等新建线路上实现了一次铺设跨区间无缝线路，体现了跨区间无缝线路的技术优势。郑徐铁路电化、浙赣铁路电化等改建铁路也成功铺设了跨区间无缝线路，极大地改善了运营条件，取得了良好的经济和社会效益。

随着轨道结构的加强、实践经验的丰富以及轨道结构理论研究的深入，各国铁路都在逐步扩大无缝线路铺设的范围，并积极地发展跨区间无缝线路。

复习思考题

3.1　钢轨主要由哪些成分组成？各种成分对钢轨性能有何影响？

3.2　轨道的几何形位基本要素有哪些？分别有什么作用？

3.3　已知地铁某段线路曲线半径为900 m，测得通过该段线路列车速度分别为67、54、62、64、72 km/h，外轨超高应为多少？

3.4　我国目前用得最多的道岔类型是哪几种？单开道岔主要由哪几部分组成？

3.5　试述无缝线路与普通线路的差别及优点。

第4章

城市轨道车辆

城市轨道车辆按照技术特征可分为地铁车辆、轻轨车辆、市域车辆、现代有轨电车、直线电机车辆、单轨车辆、自动导轨车辆、中低速磁浮车辆等。目前，国内外城市轨道车辆的发展主要是以传统的地铁车辆和轻轨车辆为主导，其他新型城市轨道车辆为补充，共同构建立体化、多元化的城市轨道交通系统。除上述直接参与城市轨道交通的运营车辆外，还有城市轨道工程车辆承担着紧急救援、调车作业、设备维修、路网检测、钢轨打磨修复等工作。

4.1 城市轨道车辆概述

4.1.1 城市轨道车辆特点

1. 地铁车辆

地铁车辆是最主要的城市轨道交通车辆类型，采用传统的双侧钢轮-钢轨走行方式，在城市主城区以地下运行为主，在城市郊区以地面和高架运行为主，运行速度区间一般为80～120 km/h。根据运量需求，地铁车辆可划分为A型车辆和B型车辆，区别主要体现在车辆的轴重、宽度、定距、轴距等，地铁列车的常规编组方式有6辆编组和8辆编组两种，适合运用在大城市的轨道交通干线或繁忙专线上，如图4-1所示。

图4-1 地铁车辆

2. 轻轨车辆

轻轨车辆相当于缩小版的地铁车辆，也采用传统的双侧钢轮-钢轨走行方式，主要以地面和高架运行为主，运行速度区间一般为 60～80 km/h，轻轨车辆属于 C 型车辆，其列车编组一般为 3～6 辆编组，适合运用在大城市的轨道交通支线以及中小城市的轨道交通干线上，如图 4-2 所示。

3. 市域车辆

市域车辆是介于干线铁路车辆和地铁车辆之间的新型车辆类型，同样也采用传统的双侧钢轮-钢轨走行方式，主要以地面和高架运行为主，最高运行速度为 160 km/h，列车编组一般为 4～8 辆编组，适合运用在市区与郊区之间的连接线以及大城市与其卫星城市之间的轨道交通专线上，如图 4-3 所示。

图 4-2 轻轨车辆

图 4-3 市域车辆

4. 现代有轨电车

现代有轨电车是指采用电力牵引、轮轨导向、可与路面交通混行的城市轨道车辆类型，采用非传统的钢轮-钢轨走行方式，既可在具有独立路权的高架和地面上运行，也可在具有公共路权的街面上运行，最高运行速度为 160 km/h，列车编组一般采用 3～5 辆短编组形式，适合运用在城市轨道交通支线上，如图 4-4 所示。

5. 直线电机车辆

直线电机车辆是在传统地铁车辆基础上用直线感应电机装置替代旋转电机和齿轮传动装置的一种城市轨道交通车辆类型。采用非轮轨黏着驱动方式，可产生更高的启动加速度和制动减速度，采用车载定子和轨道转子的方式，可有效降低车重，减少轮轨磨耗，运行速度区间一般为 60～80 km/h，列车编组一般采用 6 辆编组形式，适合运用在大城市的轨道交通干线或繁忙专线上，如图 4-5 所示。

图 4-4 现代有轨电车

图 4-5 直线电机车辆

6. 单轨车辆

单轨车辆是采用橡胶轮走行和导向的城市轨道交通车辆类型，车辆仅在一根轨道梁上运行。根据车辆与轨道梁之间的位置关系可分为跨座式和悬挂式，跨座式单轨的车辆在轨道梁上方运行，悬挂式单轨的车辆在轨道梁下方运行，主要以高架运行为主，运行速度区间一般为 60～80 km/h，跨座式单轨一般采用 3～6 辆编组形式，悬挂式单轨一般采用 2～3 辆编组形式，单轨车辆采用橡胶黏着方式，具备较好的爬坡能力，适合运用在以山地地形为主的城市轨道交通干线或支线上，如图 4-6 所示。

(a)

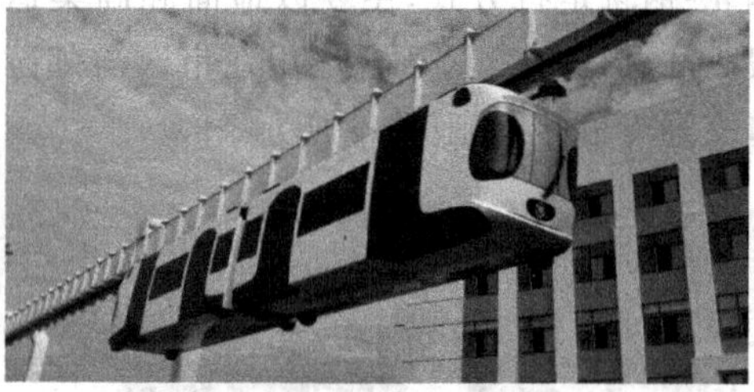
(b)

图 4-6 单轨车辆

(a) 跨座式；(b) 悬挂式

7. 自动导轨车辆

自动导轨车辆也是采用橡胶轮走行和导向的城市轨道交通车辆类型，车辆在两条平行的平板轨道上自动控制运行。根据导向原理可分为接触式导向和虚拟感应式导向，根据导向轨布置方式可分为两侧导向、中央导向和中央沟内导向。主要以高架运行为主，运行速度区间一般为 50～60 km/h，列车编组一般采用 2～4 辆编组形式，自动导轨车辆具有重量轻、体积小、造价低、过弯和爬坡能力强的特点，适合运用在城市轨道交通支线上，如图 4-7 所示。

图 4-7 自动导轨车辆

8. 中低速磁浮车辆

中低速磁浮车辆是采用磁场效应产生的非接触力实现悬浮、走行和导向的城市轨道交通车辆类型。其悬浮和导向功能采用电磁常吸式工作原理，驱动功能采用短定子直线感应电机工作原理，主要以高架运行为主，运行速度区间一般为 100～140 km/h，列车编组一般采用 2～3 辆编组形式。中低速磁浮车辆具有无机械磨损、噪声小、环保舒适等特点，适合运用在城市轨道交通支线上，如图 4-8 所示。

图 4-8　中低速磁浮车辆

4.1.2　城市轨道车辆技术参数

车辆技术参数是从总体上表征车辆性能及结构的一些参数，一般可分为尺寸参数和性能参数两大类。

1. 车辆的主要尺寸参数

(1) 车辆长度：车辆处于自由状态且车钩呈锁闭状态时，前后两车钩连挂面之间的距离。

(2) 车辆最大宽度：车体横断面上最宽部分的尺寸。

(3) 车辆最大高度：车辆顶部最高点至钢轨顶面的高度。

(4) 车体长度：不包含车钩或折棚部分的车体结构长度。

(5) 车辆定距：车辆的前、后两个转向架中心之间的距离。

(6) 固定轴距：转向架的前、后两车轴中心线之间的距离。

(7) 车钩高：车辆处于空车状态时，车钩钩舌外侧面的中心线至钢轨顶面的高度。

(8) 地板面高度：车辆处于空车状态时，车体地板面至钢轨顶面的高度。

2. 车辆的基本性能参数

(1) 自重：车辆整备状态下的本身结构及设备组成的全部质量。

(2) 载重：车辆允许的正常最大装载质量。

(3) 轴重：按车轴型式及在某个运行速度范围内，车轴允许负担的包括自身在内的最大总质量。

(4) 最高试验速度：车辆设计时，按照安全及结构强度等条件所允许的车辆最高行驶速度。

(5) 最高运行速度：除考虑车辆安全及结构强度条件外，还必须满足连续以该速度运行时车辆具有足够良好的运行性能。

(6) 通过最小曲线半径：装用某种型式转向架的车辆在站场或厂、段内调车时所能安全通过的最小曲线半径。

(7) 启动平均加速度：列车以额定定员载重状态运行在平直线路上，从开始启动到加速至目标速度过程中的平均速度。

(8) 制动平均减速度：列车以额定定员载重状态运行在平直线路上，从开始制动到减速至停车过程中的平均速度。

(9) 纵向冲击率：由于工况改变引起的列车中各车辆所受到的纵向加速度变化率。

(10) 平稳性指标：为了评定旅客乘坐的舒适程度，反映车辆振动对人体感受的影响，采用平稳性指标对车辆运行品质进行量化。

4.2 城市轨道车辆总体

城市轨道车辆类型不同，技术参数也不一样，但其基本结构是类似的，一般都由车体、车门、转向架、车钩缓冲装置、制动装置、受流装置、车辆电气系统和车辆内部设备等组成。以地铁车辆为例，其头车和中间车的总体结构布局如图 4-9 所示。

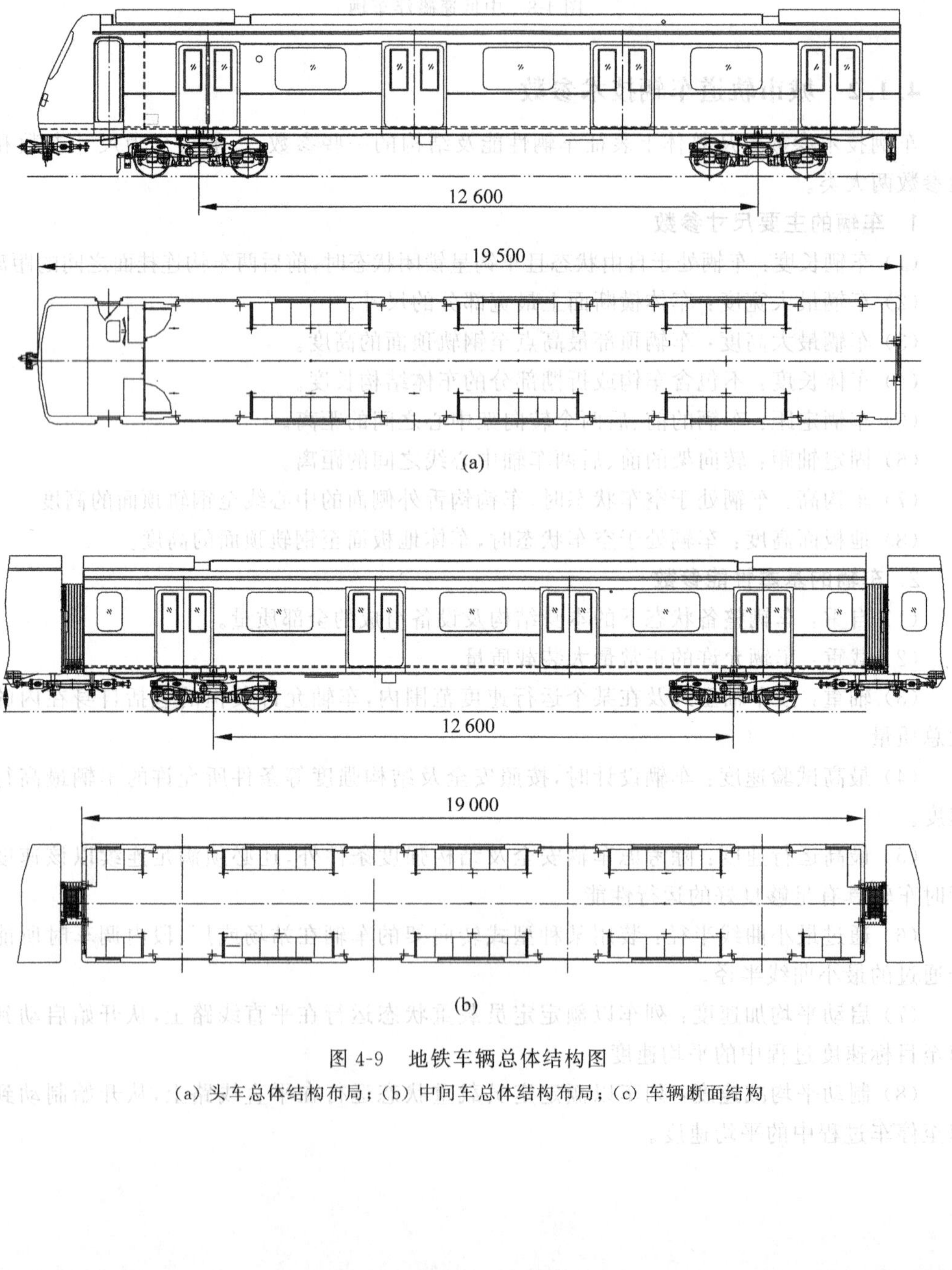

图 4-9 地铁车辆总体结构图

(a) 头车总体结构布局；(b) 中间车总体结构布局；(c) 车辆断面结构

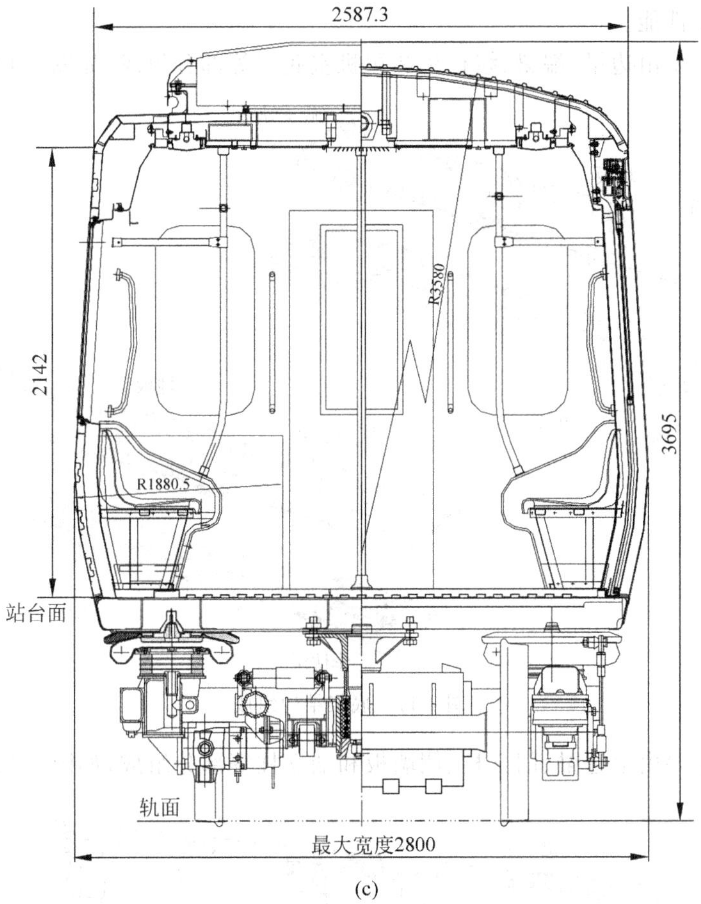

(c)

图 4-9 （续）

1. 车体

车体是车辆中重要的组成部件之一，分为司机室车体和无司机室车体两种，既是容纳乘客和司机驾驶的地方，也是安装与连接其他车辆设备和部件的基础和承载骨架。通常车体由司机室、底架、侧墙、车顶、端墙等组成，如图 4-10 所示。现代城市轨道车辆车体均推荐采用整体承载的钢结构、铝合金结构或碳纤维结构，以满足车体结构在最小自重条件下具备良

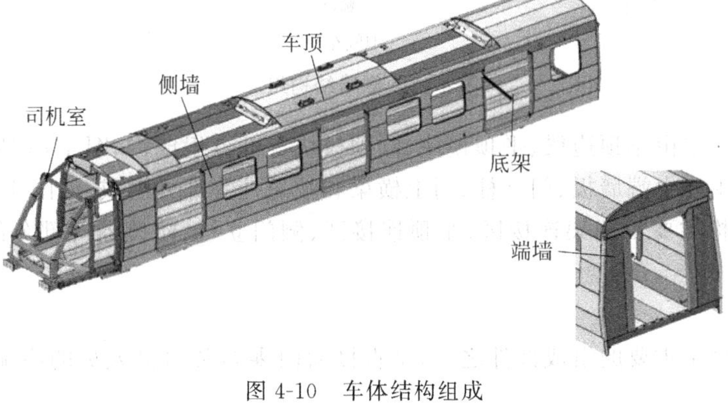

图 4-10 车体结构组成

好的强度和刚度性能。

底架结构主要由边梁、端梁、缓枕梁和司机室底架等部分组成,如图 4-11 所示。

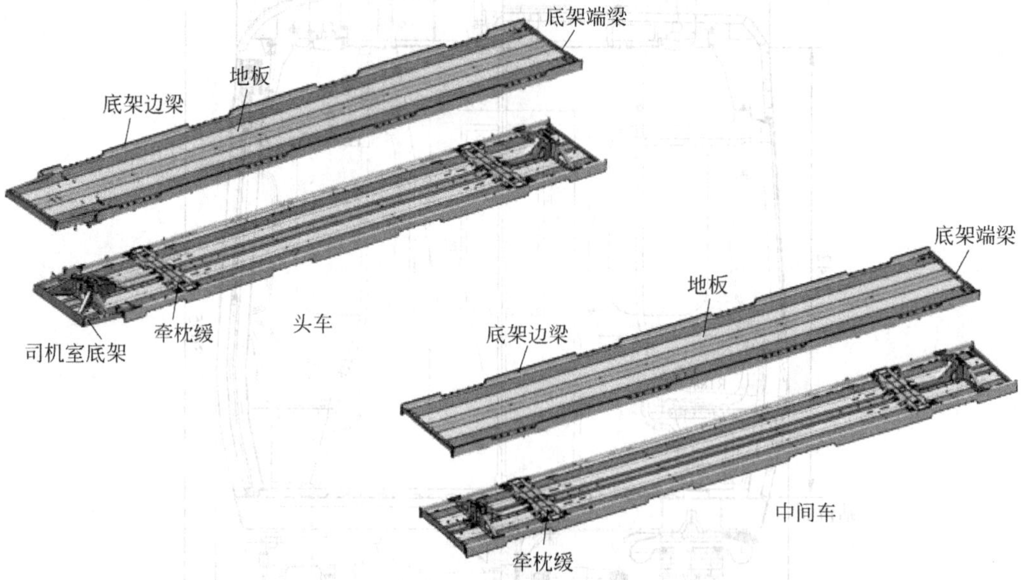

图 4-11　底架结构组成

侧墙结构主要由上边梁、门立柱、侧墙板和端立柱等部分组成,如图 4-12 所示。

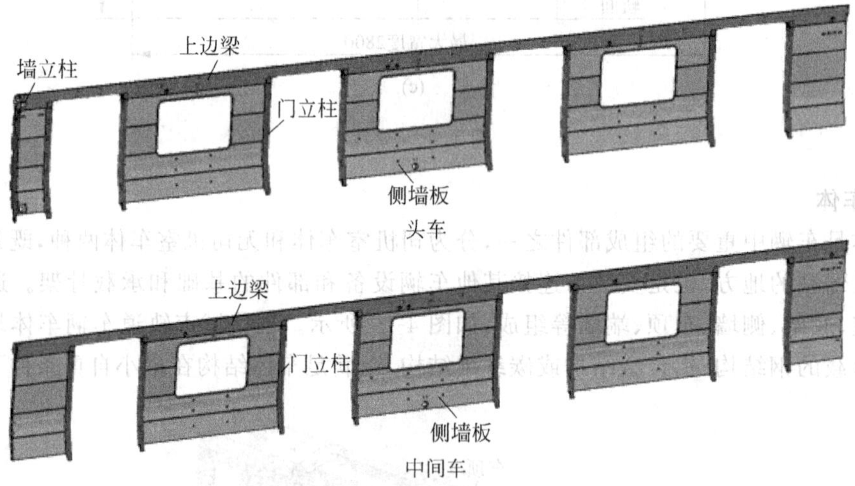

图 4-12　侧墙结构组成

车顶结构主要由车顶边梁、平顶模块、圆顶模块等部分组成,如图 4-13 所示。

端墙结构主要由端墙板、门立柱、门上横梁和端角柱等部分组成,如图 4-14 所示。

司机室结构主要由底架连接区、车顶连接区、侧门立柱、防爬器等部分组成,如图 4-15 所示。

2. 车门

车门是车辆中重要的组成部件之一,是直接面向乘客及司机人员的终端车辆部件。按

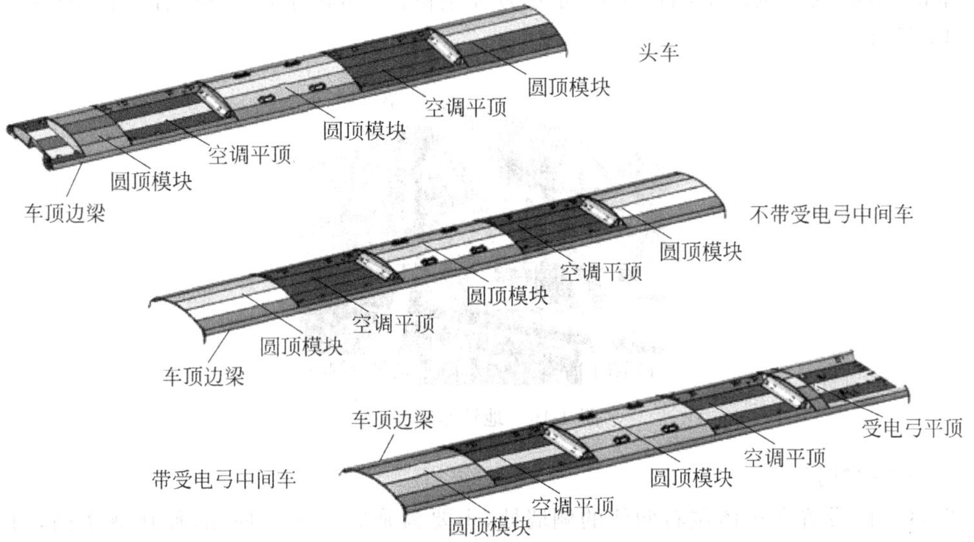

图 4-13　车顶结构组成

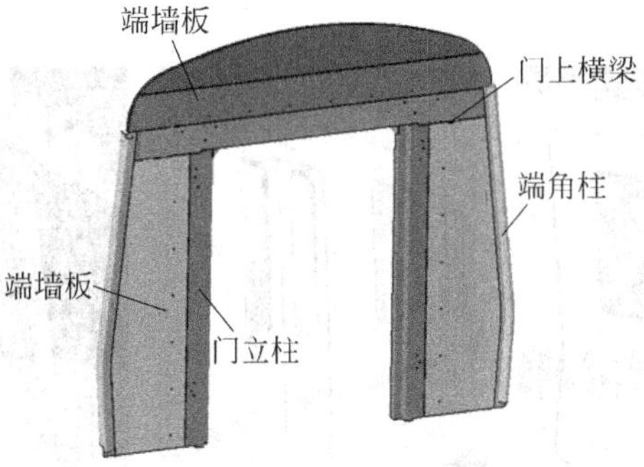

图 4-14　端墙结构组成

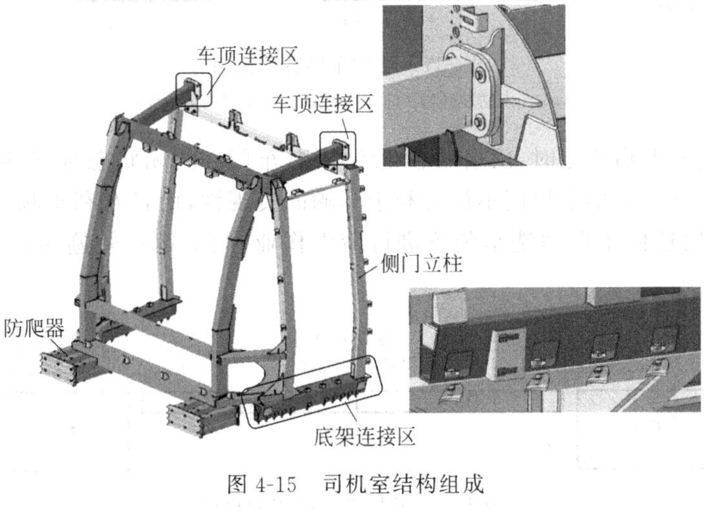

图 4-15　司机室结构组成

照功能的不同，城市轨道车辆的车门可分为客室侧门、司机室侧门和疏散门三种类型，如图 4-16 所示。

图 4-16　地铁车辆车门

1）客室侧门

客室侧门设置在车体左右两侧的侧墙处，主要为乘客上下车使用，使用频率高，对其安全性和可靠性的要求也高。城市轨道车辆的客室侧门一般采用电动双开门，按照车门运动轨迹及其与车体的安装方式，可分为外摆塞拉门、内藏移门和外挂密闭门三种类型，如图 4-17 所示。

(a)　(b)　(c)

图 4-17　地铁车辆客室侧门

(a) 外摆塞拉门；(b) 内藏移门；(c) 外挂密闭门

外摆塞拉门在开启状态时，门扇贴靠侧墙外侧，车门在关闭状态时，门扇外表面与车体侧墙的外墙板平齐。外摆塞拉门不仅有利于车辆的美观性，而且有利于减小列车空气阻力和车内噪声，同时还便于自动洗车装置进行清洗作业，门扇运动轨迹为直曲线，如图 4-18 所示。

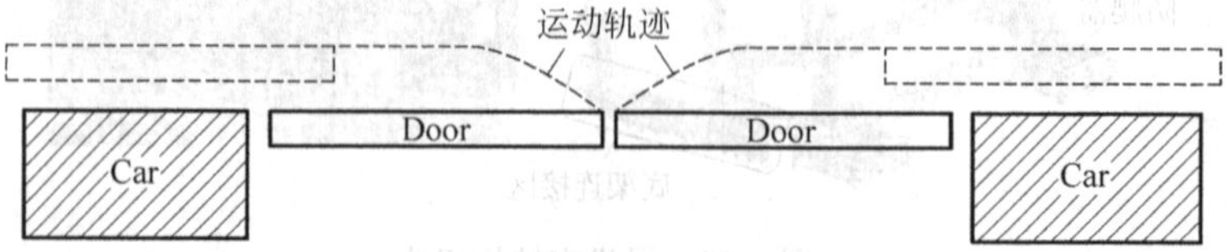

图 4-18　外摆塞拉门运动轨迹

内藏移门在车辆开关门时，门扇在车辆侧墙的外墙板与内饰板之间的夹层内沿直线移动，门扇运动轨迹为直线，如图 4-19 所示。

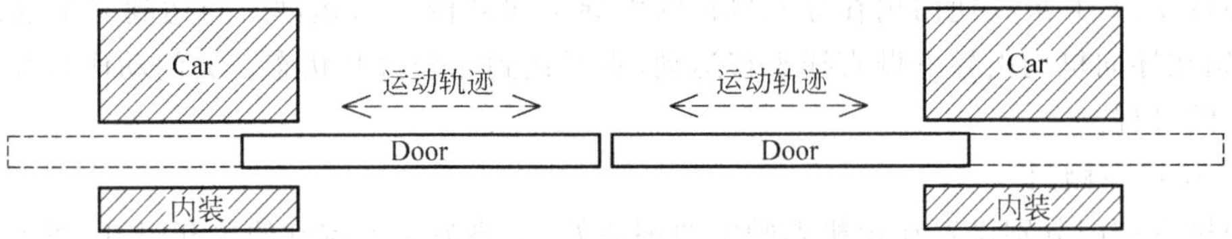

图 4-19　内藏移门运动轨迹

外挂密闭门在开启状态时，门扇整体位于侧墙外侧，车门在关闭状态时，门扇内表面贴靠车体侧墙的外墙板，门扇运动轨迹为直曲线，如图 4-20 所示。

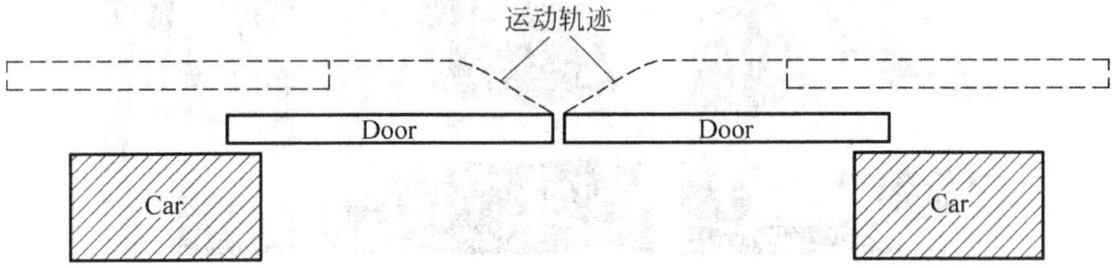

图 4-20　外挂密闭门运动轨迹

外摆塞拉门、内藏移门和外挂密闭门在性能上各有优缺点。以外摆塞拉门为例，关门时车门端部并不暴露于外部气流中，具有较好的气密性，并具备一定的隔音作用，而且关门时可与车体外墙呈同一平面，具有较好的美观性，但由于其部件繁多且机构运动较复杂，整体可靠性较差，导致维修工作也比较繁琐。

以外摆塞拉门为例，其工作原理如图 4-21 所示，具体过程可简要表述为：电动机通过锁闭装置与丝杠螺母副连接；丝杠上的螺母通过铰链与携门架相连，门扇与携门架相连，携门架在纵向长导柱上滑动；长导柱连接在两端和中间的三个挂架上，并随挂架在横向短导柱上运动，短导柱安装在承载支架上；携门架和挂架内安装有直线轴承，以确保机构运动平

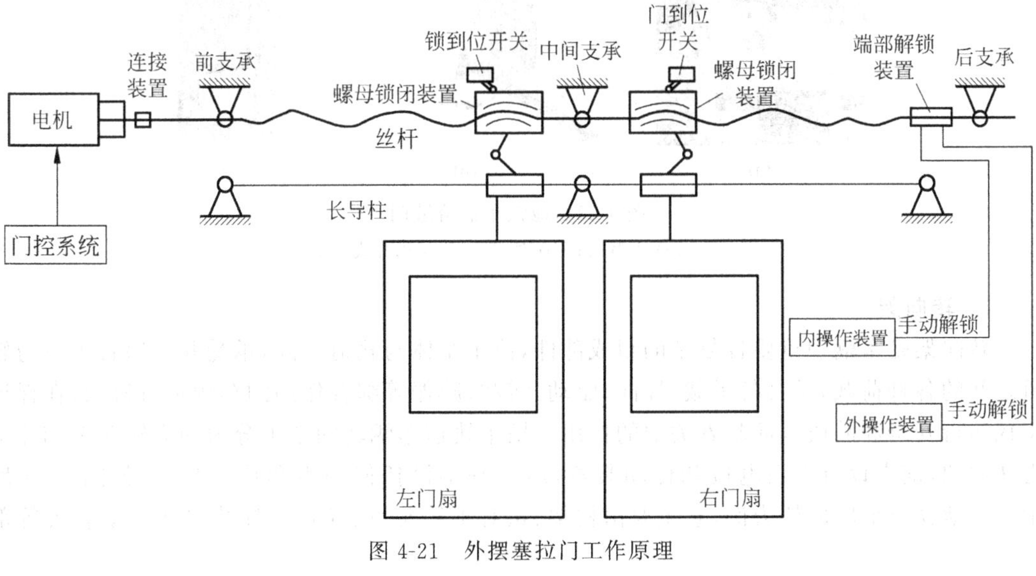

图 4-21　外摆塞拉门工作原理

稳；门扇的摆动和平移是由导向滚轮和上下导轨组成的导向机构完成。开门时，门扇从完全关闭状态开始运动，电动机带动丝杠螺母副，引起携门架、长导柱、挂架、下滚轮导向部件中的转臂动作，并最终使门扇在导向机构的引导下向外做摆出运动。当达到完全摆出状态时，门扇在导向机构引导下做直线平移运动，直至达到完全打开状态。关门动作是与开门动作相反的过程。

2）司机室侧门

司机室侧门分别设置在司机驾驶室两侧墙处，主要为人工控制的单开门，以便乘务人员上下车。按照车门运动方式，可分为外摆塞拉门、内藏移门和铰链门三种类型，如图 4-22 所示。

(a)　(b)　(c)

图 4-22　地铁车辆司机室侧门

(a) 外摆塞拉门；(b) 内藏移门；(c) 铰链门

3）疏散门

疏散门设置在驾驶室车厢的前端墙处，列车在隧道内运行时，一旦发生危险事故，驾驶员可打开疏散门，释放逃生梯，引导乘客通过路基中央前往附近车站。按照车门打开方式，可分为上翻式、外摆式和内开式三种类型，如图 4-23 所示。

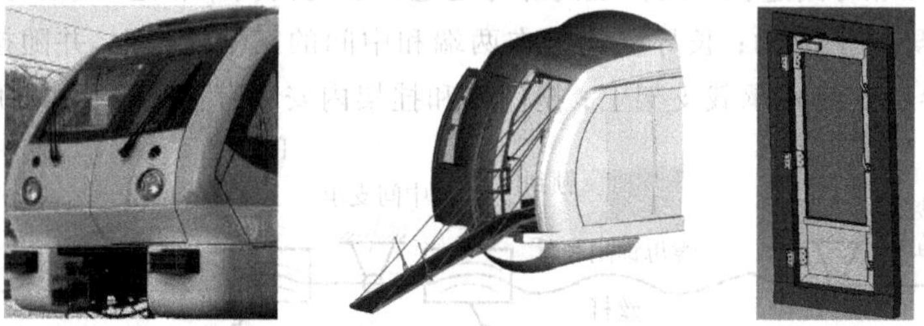

(a)　(b)　(c)

图 4-23　地铁车辆疏散门

(a) 上翻式；(b) 外摆式；(c) 内开式

3. 转向架

转向架是车辆中重要且复杂的组成部件，位于车体与轨道之间，承受并传递着车体与轨道之间的各种荷载，是具备承载、导向、驱动、缓和、减振等综合作用的车辆走行机构，在保证车辆运行安全和品质方面起着关键的作用。城市轨道车辆转向架可分为动力转向架和非动力转向架，前者设有牵引电机和传动装置，后者则不设任何动力和传动装置，如图 4-24 所示。以地铁车辆转向架为例，它主要由构架、轮对轴箱装置、弹簧悬挂装置和制动装置等部分组成，此内容将在 4.3 节中重点介绍。

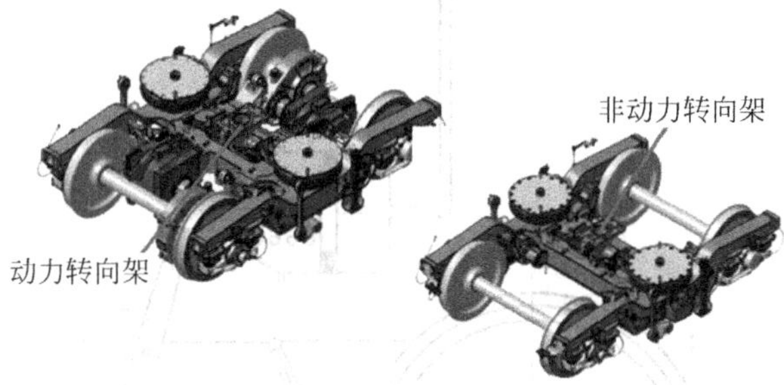

图 4-24　地铁车辆转向架

4. 车钩缓冲装置

车钩缓冲装置是列车中各编组车辆之间的重要连接部件，使列车能够顺利通过曲线和坡道，并起传递和缓和列车在调车、牵引和制动时所产生的纵向动力作用。如图 4-25 和图 4-26 所示，城市轨道车辆的车钩装置主要采用密接式车钩，缓冲器装置主要采用液气缓冲器、弹性胶泥缓冲器、弹性体缓冲器等，其结构和原理将在 4.4 节中重点介绍。

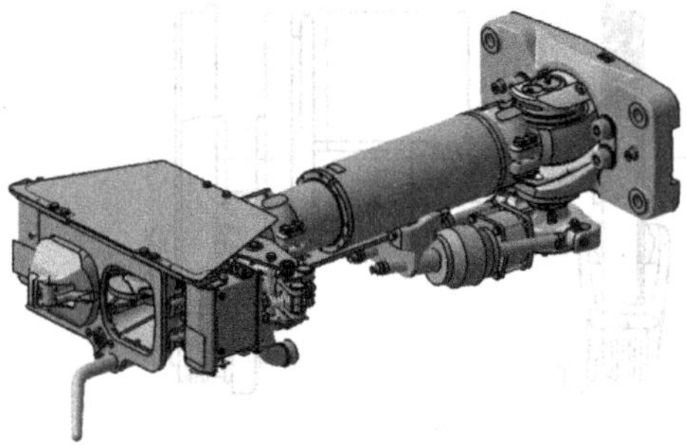

图 4-25　密接式车钩

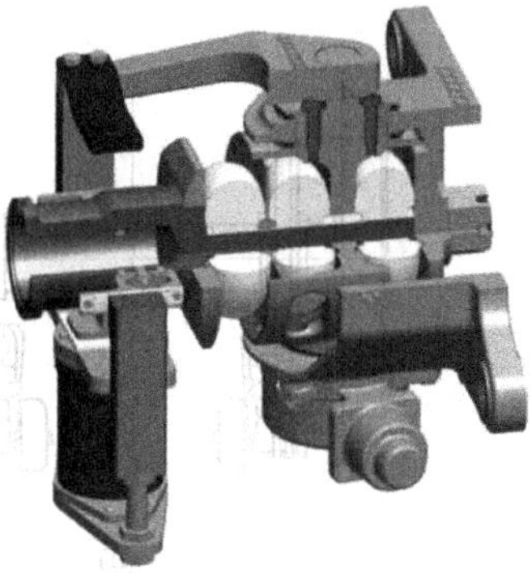

图 4-26　弹性体缓冲器

5. 制动装置

制动装置是保证列车运行安全的重要部件，其作用是产生制动力，使列车减速、停车或停放。列车制动装置主要包括机械部分、空气管路部分和电气控制部分。列车制动若按动能转移方式划分，可分为电制动和摩擦制动两大类。电制动又可分为再生制动和电阻制动。摩擦制动又分为闸瓦制动和盘形制动。若按制动力获取方式，可分为黏着制动和非黏着制动。城市轨道车辆具有载客量大、空重车变化明显、站间距短、调速和起停频繁、快速乘降、发车间隔短、运营工况复杂等特点，为了使列车获得尽可能大的制动减速度，通常采用再生制动与电阻制动相结合的电制动优先、空电联合制动方式。图 4-27 所示为闸瓦制动，图 4-28 所示为盘形制动。

6. 受流装置

受流装置是列车接受供电的重要部件，其作用是从接触导线(接触网或导电轨(第三轨))将电流引入到动力车辆。受流装置按受流方式可分为杆形受流器、弓形受流器、侧面受流器、轨道式受流器和受电弓受流器五种类型。

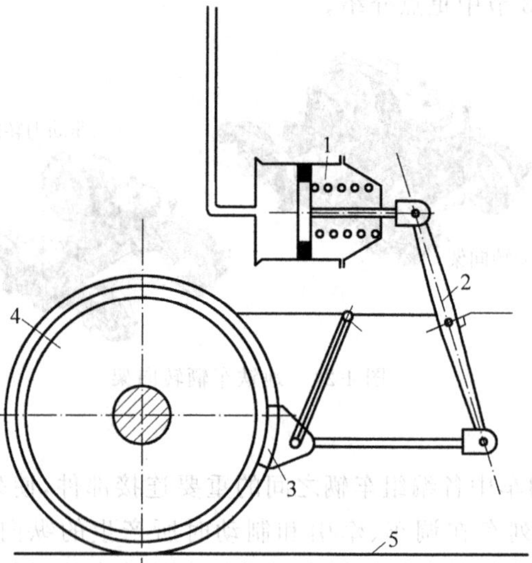

图 4-27 闸瓦制动

1—制动缸；2—基础制动装置；3—闸瓦；4—车轮；5—钢轨

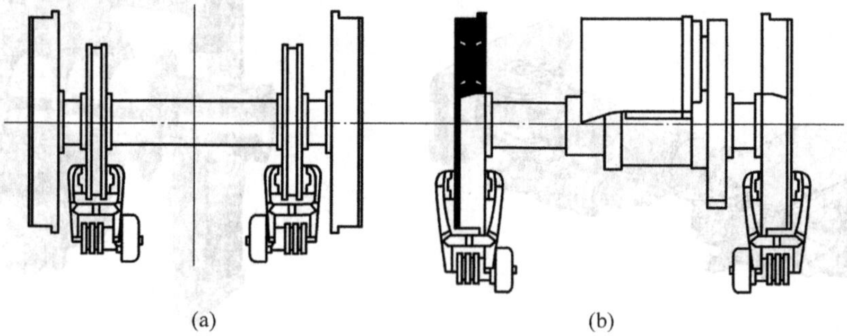

图 4-28 盘形制动

(a) 轴盘式；(b) 轮盘式

(1) 杆形受流器。杆形受流器俗称拖铃，外形为两根平行杆，上部有两个受电轨（导线），广泛用于城市无轨电车和有轨电车。

(2) 弓形受流器。弓形受流器形状如梯形，属上部受流，弓可升可降，其接触有一根导线，下面有导轨构成电路，用于城市有轨电车。

(3) 侧面受流器。侧面受流器又称旁弓，在车顶的侧面受流，多用于单轨车辆和矿山电力机车。

(4) 轨道式受流器。轨道式受流器又称受电靴或第三轨受流，从底部导电轨受流，空间可得到充分利用，多用于速度较高的隧道列车，北京地铁及目前欧美大部分城市地铁均采用这种受流方式，如图 4-29 所示。

(5) 受电弓受流器。受电弓受流器又称受电弓，属上部受流，形状如倒三角形，弓可升可降，适用于高速电力机车及地铁，上海、广州、南京、成都等城市的地铁均采用这种受流方式，如图 4-30 所示。

图 4-29 轨道式受流器

图 4-30 受电弓受流器

在受电制式上，国际电工委员会拟定的电压标准为 600V、750V 和 1500V 三种，我国国家标准规定的电压标准为后两者。目前，世界上地铁发展较早的城市多数采用直流 750V，少数采用直流 600V，如北京地铁就采用直流 750V，而上海、广州、南京、成都等城市地铁均采用直流 1500V。直流 1500V 与 750V 相比较具有以下优点：可提高牵引电网供电质量，降低迷流数值，增加牵引供电距离，从而可减少牵引变电所数量，便于地铁线路实现地下、地面和高架的连接。

7. 车辆内部设备

车辆内部设备包括服务于乘客的设备和服务于车辆运行的设备。服务于乘客的设备主要有照明、广播、通风、取暖、空调、坐椅、吊环、扶手等。服务于车辆运行的设备主要有蓄电池箱、斩波器、逆变器、继电器箱、主控制箱、接触器箱、空气压缩机组和储风缸等车下设备以及空调单元、受电弓等车顶设备。其中，图 4-31 所示为地铁车辆车厢内纵向布置的 6 人座椅设备，图 4-32 所示为地铁车辆车顶处的受电弓设备。

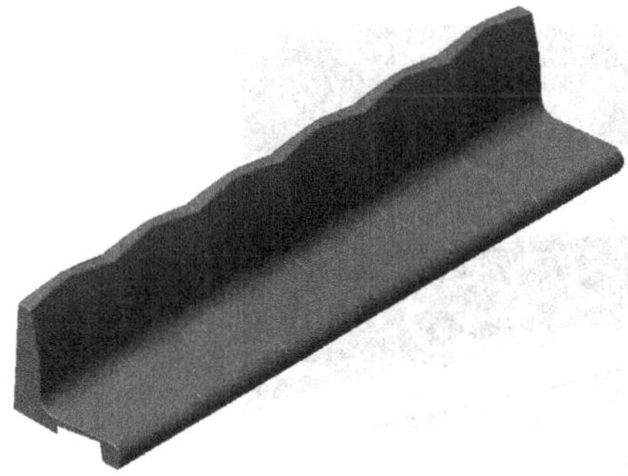

图 4-31 座椅设备

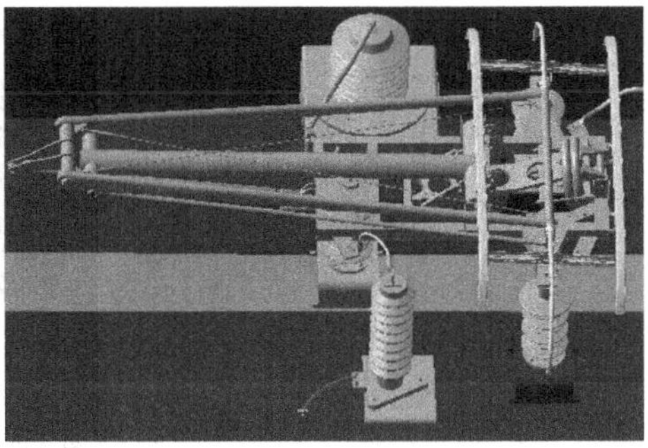

图 4-32 受电弓设备

8. 车辆电气系统

车辆电气系统包括车辆上的各种电气设备及其控制电路。按作用和功能可分为主电路系统、辅助电路系统和电子与控制电路系统三部分。

9. 列车信息网络控制系统

列车信息网络控制系统主要由列车信息中央装置、列车信息终端装置、列车信息显示器以及车内各种设备的监控、诊断和显示装置等组成。用于对整个列车的牵引、制动和车内所有设备进行控制、监测和故障诊断。

4.3 转向架

4.3.1 转向架的定义和分类

转向架作为车辆最重要的组成部件之一，其结构是否合理直接影响到车辆的运行稳定性、安全性和舒适性。铁路车辆发展的初期，载重量小，容积也不大，走行部很简单，一般采用二轴车的结构形式，车轴直接安装在车体下方，称为无转向架车辆，如图 4-33 所示。随铁路运输需求的增大，二轴车的载重、长度和容积已经不能满足要求，必须增加更多的车轮，于是出现了三轴车、四轴车等。然而增设多个车轮后，发现车辆过弯时中间的车轮很难顺应曲线的弧度。于是，想出了增设一个可带动车轮与车体产生中心转动的小车，也就形成了早期转向架，早期转向架实现了车辆走行和承载功能，一定程度地提高了车辆的载重能力和过弯能力，如图 4-34 所示。

图 4-33 无转向架车辆

图 4-34 早期转向架

随着人类对速度、安全性、舒适性等方面追求的提高，现代转向架必须具备更全面的功能要求，主要体现在以下几个方面：

(1) 增载作用。增加车辆的载重、长度和容积。

(2) 走行作用。通过轴承装置使车轮沿钢轨的滚动转化为车体沿线路的平动。

(3) 承载作用。支承车体，承受并传递从车体至轮对之间或从轮轨至车体之间的各种荷载及作用力，并使轴重均匀分配。

(4) 过弯作用。保证车辆安全灵活地通过各种曲线。

(5) 减振作用。安装弹簧减振装置，以缓和车辆和线路之间的相互作用，减小振动和冲击,提高车辆运行平稳性和安全性。

(6) 牵引作用。安装牵引电机及减速装置,充分利用轮轨之间的黏着,产生必要的轮周牵引力。

(7) 制动作用。安装制动装置,产生必要的制动力,使车辆能在规定的距离之内停车。

传统的现代转向架是把两个或多个轮对用专门的构架或侧架集成为一个小车,是轨道车辆独有的组成部件。按照转向架轴数可分为单轴转向架、两轴转向架和多轴转向架;按照构架结构形式可分为整体构架式转向架和三大件式转向架;按照是否装有驱动和传动装置,可分为动力转向架和非动力转向架;按照装用车辆功能,可分为机车转向架、货车转向架、普速客车转向架、高速动车组转向架、地铁车辆转向架等。

4.3.2　转向架的组成

根据不同转向架的结构差异,其组成部分也有所不同,以传统地铁车辆转向架为例,其组成主要包括轮对轴箱装置、一系悬挂装置、二系悬挂装置、构架、驱动装置、基础制动装置等六大功能模块。

1. 轮对轴箱装置

轮对轴箱装置由轮对和轴箱装置组成,具体包括车轮、车轴、轴箱、轴承等零部件,如图 4-35 所示。轮对轴箱系统是转向架非常重要的系统部件,能使车辆沿着轨道高速运行,同时承受着从车体、钢轨两方面传递来的其他各种静、动作用力,受力非常复杂,是影响车辆运行安全性的关键部件之一。

图 4-35　轮对轴箱装置

轮对的作用是将一根车轴和两个车轮采用过盈配合并牢固地结合在一起,承担着车辆的全部重量。轴箱装置的作用是将轮对和构架联系在一起,使轮对沿钢轨的滚动转化为车体沿线路的平动,并把车辆的重量以及各种荷载传递给轮对,保证良好的润滑性能,减少磨耗,降低运行阻力,防止燃轴。

对于轮对轴箱装置的技术要求主要包括:零部件应有足够的强度,特别是车轮、车轴和轴承,保证在容许的最高速度和最大荷载下安全运行;应在强度足够和保证规定使用寿命的前提下,使其重量最小;车轮有合适的耐磨性;轴承具有足够的承载能力,保证车辆运行的安全可靠,同时应有良好的润滑性能,降低磨耗和运行阻力;轴箱具有良好的密封性,保证轴承的正常运转和寿命。

2. 一系悬挂装置

一系悬挂装置主要包括轴箱弹簧、一系垂向减振器和轴箱定位装置等零部件,位于构架与轮对之间,其作用是分配车辆的各车轮轮重,缓和线路不平顺对车辆的冲击,并对车辆的运行稳定性、安全性及曲线通过能力起着关键影响作用。

对于地铁车辆转向架而言,一系悬挂系统的结构多种多样,根据轴箱装置约束轮对与构架之间相对运动的方式不同,可将其划分为转臂式定位和锥形橡胶堆定位两种类型。

转臂式定位一系悬挂装置由一系弹性减振装置、一系定位装置、轮对提吊装置组成,如图 4-36 所示。通常采用钢弹簧加橡胶节点,便于一系三向定位刚度的选择(垂向刚度由钢弹簧提供,纵向、横向刚度由橡胶节点提供)。采用该装置时,车辆的稳定性和曲线通过性能较好,可靠性高,能满足高速运行要求。

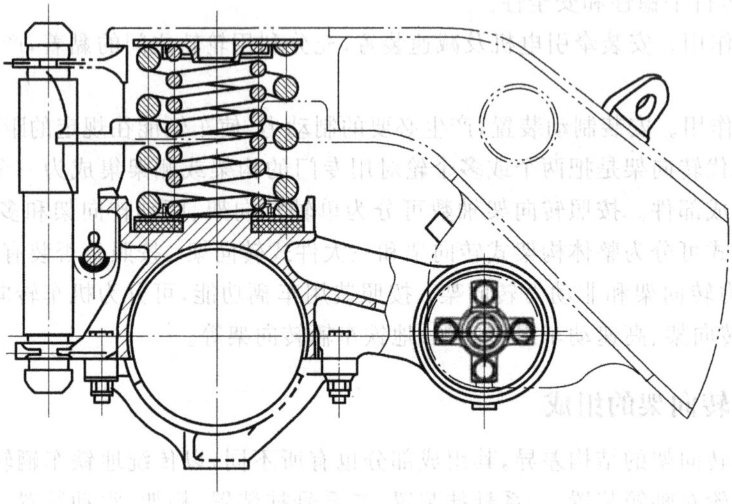

图 4-36　转臂式定位一系悬挂装置

锥形橡胶堆定位一系悬挂装置主要包括橡胶弹簧,如图 4-37 所示。该装置采用橡胶弹簧定位,结构形式简单,易于维护,一般适用于低速且环境条件较好的线路。

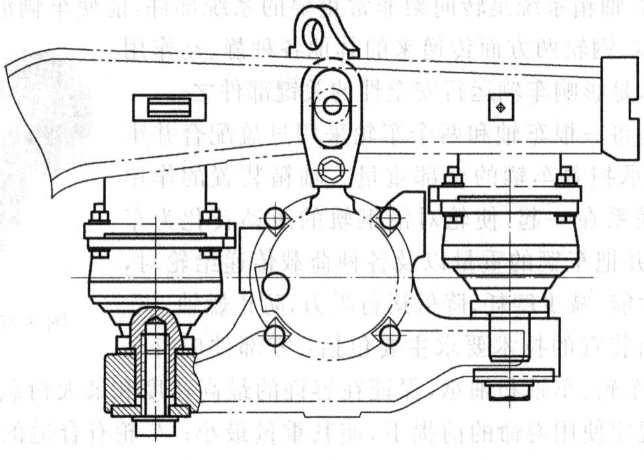

图 4-37　锥形橡胶堆定位一系悬挂装置

对于一系悬挂装置的技术要求主要包括:零部件应有足够的强度,特别是钢弹簧、转臂、转臂节点、弹性定位套、橡胶弹簧等零件,以保证在最高速度和最大荷载下安全运行;橡胶弹簧等橡胶件还应满足蠕变要求;悬挂参数的选择应保证车辆具有合适的临界速度、轮对磨耗、乘坐舒适性、曲线通过能力,还应保证垂向、横向、纵向的最大位移满足要求。

3. 二系悬挂装置

二系悬挂装置是转向架非常重要的悬挂减振系统部件,位于转向架构架和车体之间。主要作用是支撑车体,传递车体与构架之间的各种荷载;其悬挂弹簧和减振装置能缓和并衰减转向架和车体之间的振动,提高车辆的乘坐舒适性和运行稳定性;保证车辆具有合理的动态包络线。地铁车辆的二系悬挂装置主要由悬挂弹簧、减振器、止挡、抗侧滚扭杆、摇枕、托梁、高度阀、差压阀等零部件组成,如图 4-38 所示。

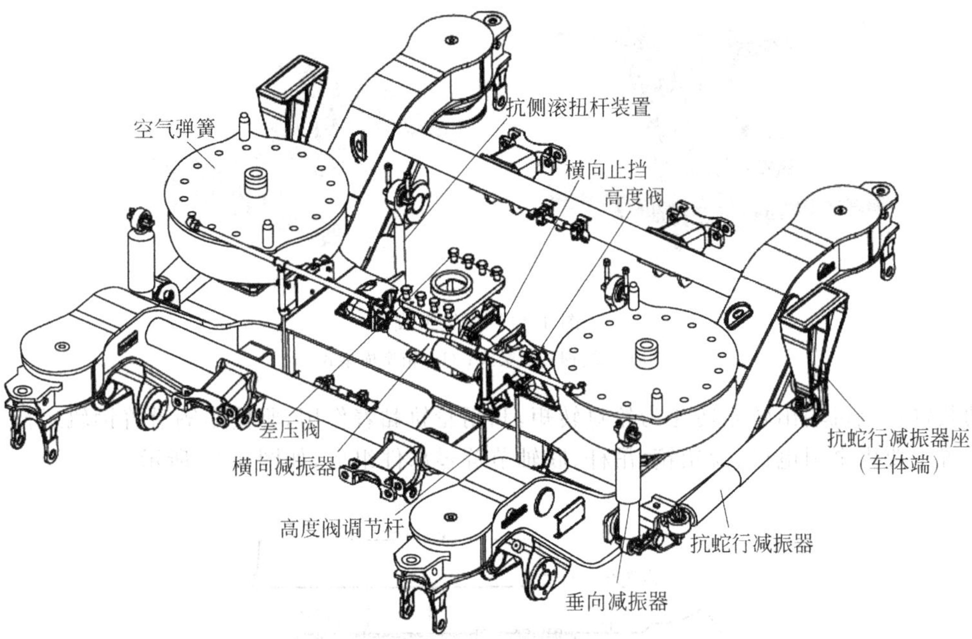

图 4-38　二系悬挂装置组成

对于地铁车辆转向架而言，二系悬挂装置通常包括两个空气弹簧，其内部设有一个内部辅助橡胶弹簧以便失气后应急使用；高度阀用来调节两个空气弹簧的充放气，以此补偿乘客重量变化产生的高度差；横向止挡用以限制车体与转向架横向相对运动仅在安全范围内；抗侧滚扭杆用来限制车体的侧滚运动；根据车辆设计要求，选择性地设置不同功能和数量的液压减振器。

对于二系悬挂装置的技术要求主要包括：零部件应有足够的强度，以保证在允许的最高速度和最大荷载下车辆的安全运行；橡胶弹簧等橡胶元件应满足蠕变要求；悬挂系统结构和参数的选择应满足整车动力学性能要求，还应满足车辆极限位移时的动态限界要求；轻量化设计要求；符合转向架与车体的接口设计要求；满足整车起吊要求；满足车轮镟修后车辆地板面高度调整要求；满足车辆通过曲线时车体与转向架的相对转角要求。

4. 构架

构架是转向架的基础，它把转向架的各个零部件组成一个整体，不仅承受、传递各种荷载及作用力，而且其结构、形状和尺寸都应满足各零部件的安装要求。

对于地铁车辆转向架而言，构架整体呈“H”形，由左右两个侧梁和中部横梁组成，侧梁呈下凹“U”形，断面为箱型结构，横梁可采用无缝圆钢管，也可采用箱型结构梁，侧梁和横梁上均焊有各种吊座，如图 4-39 所示。

对构架的技术要求主要包括：有足够的强度，特别是疲劳强度；在满足强度要求的前提下，使构架重量轻量化；满足其他系统组装接口要求；模块化设计，部件之间有较好的独立性、通用性、互换性；工艺性好，便于制造和质量控制；结构美观大方，与转向架整体结构协调。

5. 驱动装置

驱动装置是转向架重要的系统部件，先通过牵引电机将电能转化为机械能，再通过减速

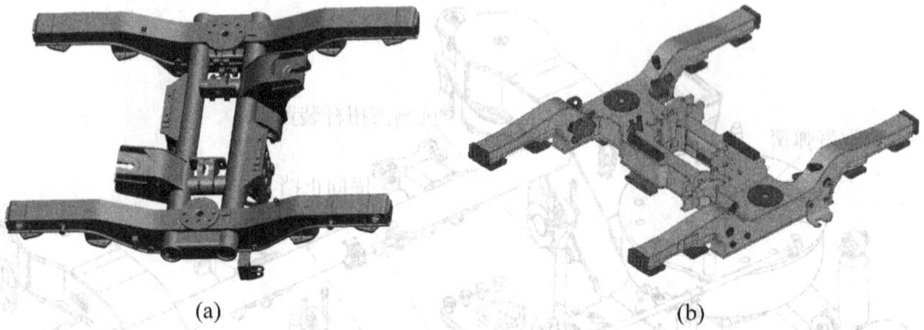

(a)　　(b)

图 4-39　构架组成

(a) 无缝钢管横梁式；(b) 箱型横梁式

传动装置将电机输出转矩转化为轮对转矩，利用轮轨黏着作用，驱使车辆沿着钢轨运行。驱动装置主要由牵引电机、齿轮箱、吊杆、联轴节等零部件组成，如图 4-40 所示。

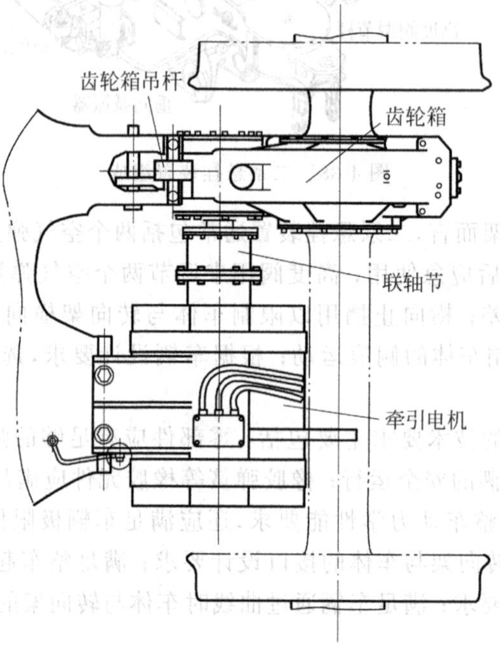

图 4-40　驱动装置组成

对于驱动装置的技术要求主要包括：选择经运营验证、成熟可靠的设计结构，尽量保证转向架构架、轮对轴箱装置接口不变；驱动装置应在满足运用要求和使用寿命的前提下，尽量采取轻量化设计；驱动装置各部件应有足够的设计强度，能够承受车辆运行时受到的振动冲击；轴承寿命应满足设计要求，有良好的润滑性能，降低磨耗和运行阻力；齿轮箱、联轴节应有良好的密封结构，防水防尘；牵引电机和齿轮箱应设置防脱结构，在吊挂失效后能够起安全防护作用；联轴节应能可靠地传递牵引扭矩，同时能够满足各种工况下转向架位移的要求。

6. 基础制动装置

基础制动装置是产生并传递制动力的机构，能将闸片与制动盘或者闸瓦与车轮之间产生的转向架内摩擦力转换为轮轨之间的外摩擦力，从而使车辆受到与前进方向相反的阻力，在车辆在规定距离范围内停车、下坡道调速、驻车等条件下进行有目的的制动。基础制动装置主要包括制动缸、制动盘、夹钳组成、闸片或闸瓦等零部件。

基础制动装置一般分为踏面制动和盘形制动两种。盘形制动装置不会对车轮踏面造成额外磨损，制动性能更好，但需要配置制动盘，成本较高，一般适用于 80 km/h 以上速度等级的转向架。盘形制动又可分为轮盘制动和轴盘制动两种方式，前者用于动力转向架，后者用于非动力转向架，如图 4-41 和图 4-42 所示。

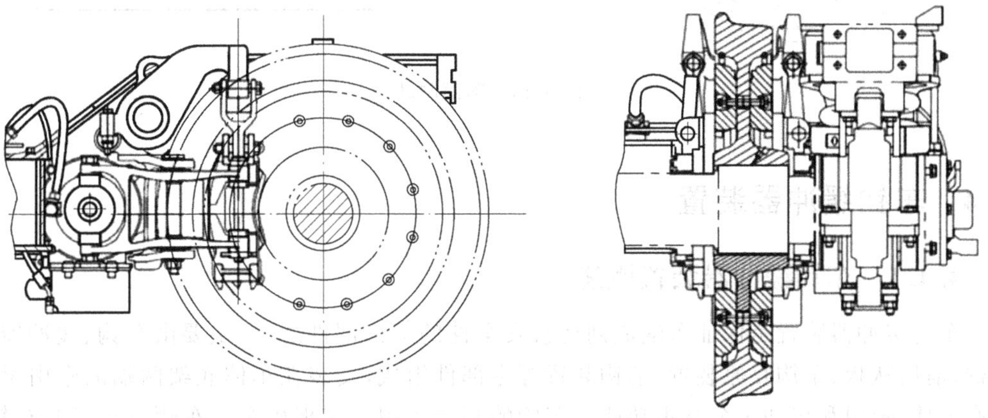

图 4-41　轮盘制动

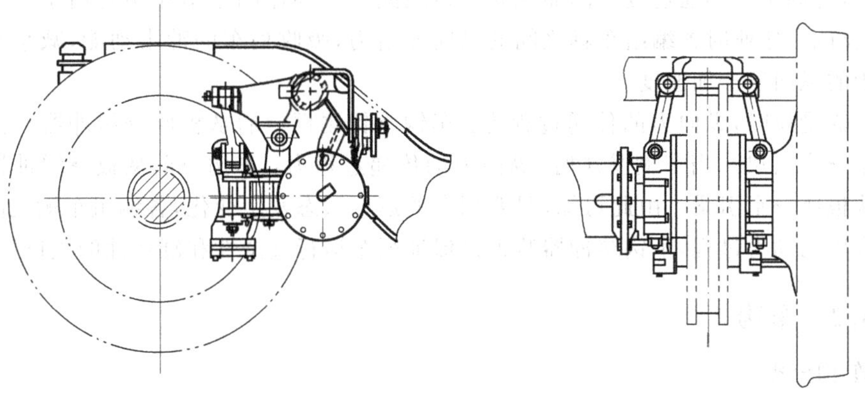

图 4-42　轴盘制动

与盘形制动装置相比，踏面制动装置结构紧凑，体积较小，不需要制动盘，对安装空间要求较低，但在制动时会对车轮踏面造成一定程度的磨损，一般用于速度等级为 80 km/h 及以下的转向架，如图 4-43 所示。

对于基础制动装置的技术要求主要包括：应具有足够的强度，特别是夹钳组成部分，保证在各种荷载工况下的可靠性；应在保证足够的强度和一定使用寿命的前提下，尽可能减小制动装置重量；摩擦副匹配性能优良，应具有良好的散热性能，摩擦系数稳定；满足各种工况下制动距离的要求且不出现滑行；满足各种工况下热容量的要求，保证不会出现热裂纹、闸片(闸瓦)烧损和制动性能下降等故障；应具有良好的可维护性，应保证检修维护方便。

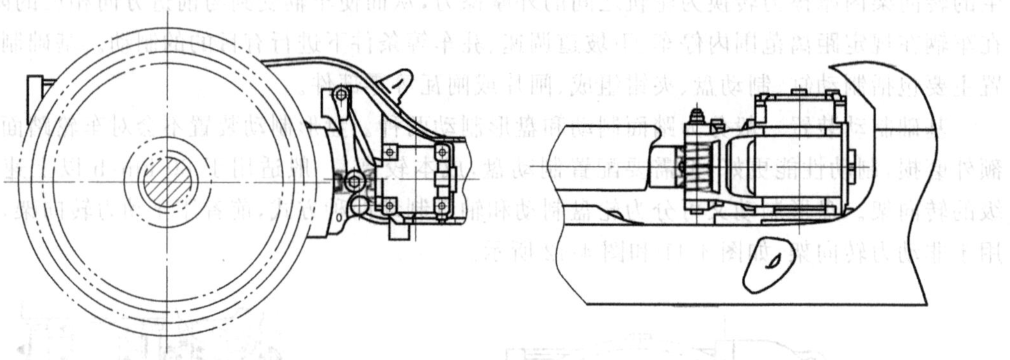

图 4-43　踏面制动

4.4　车钩缓冲器装置

4.4.1　车钩缓冲器装置概述

车钩缓冲器装置是保证车辆成列运行安全性的关键部件之一，主要由车钩、缓冲器、钩尾框、前后从板、车钩复原装置、解钩装置等零部件组成，安装在车体底架两端的牵引梁内，具有连挂、牵引和缓冲 3 个基本功能。车钩的基本作用是实现机车与车辆或车辆与车辆之间彼此连接，传递列车纵向动力作用，使各编组车辆之间保持一定距离，并实现空间运行姿态的调整，有利于顺利通过复杂的曲线和坡道线路。缓冲器的基本作用是用于缓和列车牵引、制动及调车作业时各编组车辆之间的纵向冲击力，吸收列车的冲击动能，减小冲击时各编组车辆的纵向冲击加速度。

当车辆受拉时，纵向力的传递过程为：车钩→钩尾框→后从板座→缓冲器→前从板→前从板座→牵引梁。当车辆受压时，纵向力的传递过程为：车钩→前从板→缓冲器→后从板→后从板座→牵引梁。由此可知，只要列车的运行状态发生变化，各编组车辆之间就需要经历拉或压的动力过程，车钩缓冲器装置是保证列车运行安全性和舒适性的关键影响部件。

4.4.2　车钩

1. 车钩分类

若按车钩连挂后能否在垂向进行彼此相对移动可分为非刚性车钩和刚性车钩，如图 4-44 所示。对于地铁列车而言，通常采用密接式车钩，属于刚性车钩。

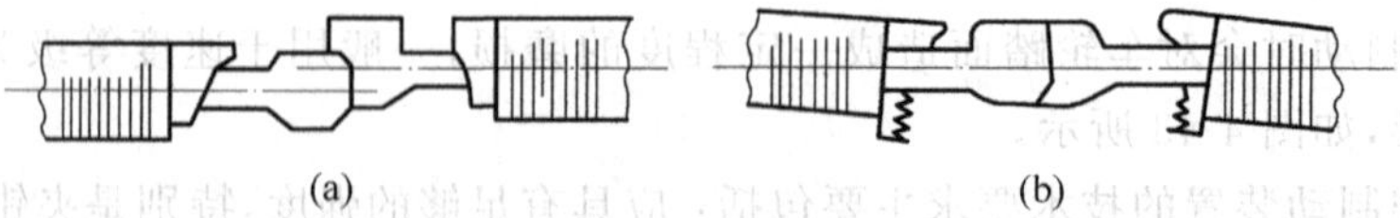

图 4-44　非刚性和刚性车钩

(a) 非刚性车钩；(b) 刚性车钩

若按车钩在列车中的配置位置可分为司机室端车钩和中间端车钩两类。在极端状况下，若两列车发生碰撞，司机室端车钩处于第一碰撞界面，将最先与对方车钩接触并共同参与缓冲和能量吸收。因此相对于中间端车钩，司机室端车钩将承受更大的冲击并吸收更多撞击能量。

按车钩本身具备的功能可分为全自动车钩、半自动车钩和半永久牵引杆三大类。自动车钩不需要人工操作就可实现连接，而非自动车钩需要人工操作完成车辆之间的连接。三种类型的车钩在功能配置上并不是唯一、绝对的，通常与该车钩在列车中所配属的位置、碰撞吸能要求等密切相关，在实际设计过程中应按照实际需求灵活配置。

1）全自动车钩

全自动车钩一般配置于列车司机室端，如图 4-45 所示。一节车厢驶到另一节车厢并对准后，全自动车钩即可在无需人工协助的情况下实现车辆的连挂。即使在连挂车辆存在水平和垂直角度误差时，也可实现车辆的自动连挂，连挂后可适应连挂列车的竖曲线和水平曲线运动及旋转运动。两列车之间的电连接由电钩头自动实现，电钩头能保证两列车四个司机室之间的通信连络、对客室的广播、连挂状态监测等功能。当车辆连挂后，电气列车线同步自动接合。当车辆解钩后，电气列车线同步自动分离。电钩头以及内部的触头组件能在连挂和解钩状态下，自动实现密封，无需人工干预。车钩实现机械连挂后，风管会自动连接起来。解钩既可通过司机室远程自动完成，也可在轨道旁手动完成。解钩和分离后，车钩会再次进入连挂准备状态。在全自动车钩连挂面下部一般设置有总风管连接器和解钩风管连接器。

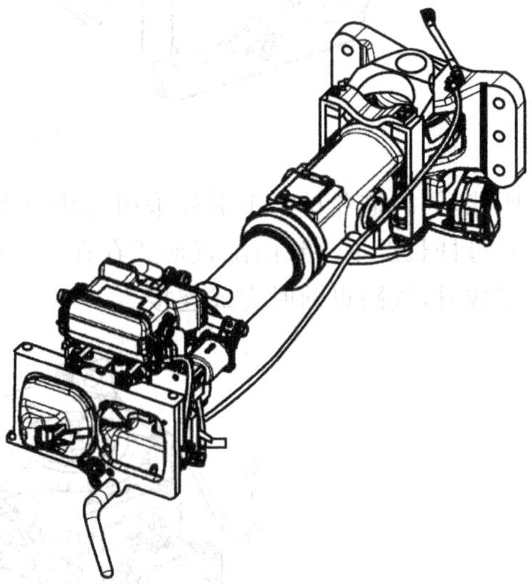

图 4-45 全自动车钩（电钩头上置）

2）半自动车钩

半自动车钩一般配置于同一列车内相邻的两个动力单元之间，也可配置于列车司机室端，如图 4-46 所示。当半自动车钩配置于司机室端时，考虑到车钩碰撞吸能完毕后的退钩需要，一般需具备过载保护的功能。同时，为方便快捷地完成解钩操作，也可配置远程自动气动解钩的功能。当半自动车钩配置于中间端时，若列车同时采用分体式贯通道，则需在半自动车钩的钩头上部设置支架用于对贯通道折棚的支撑。半自动车钩同样具有导入连挂特性，可在无需人工协助的情况下实现车辆的自动连挂。半自动车钩连挂面下部设置有总风管连接器以及解钩管连接器，机械连挂完成时，气路也自动完成连接。

3）半永久牵引杆

半永久牵引杆配置于列车中间端，公杆和母杆两者为一对，组合使用，如图 4-47 所示。钩头形式简单，通过卡环和螺栓以人工连接的方式将公杆和母杆形成一个整体。不同于其他类型车钩，由于列车同一动力单元内部各车辆之间很少进行解编作业，设计时一般将分置于两车端的公杆和母杆视为一个整体牵引杆，统筹考虑其配置。特殊情况下，考虑到碰撞吸能的需要，公杆和母杆并不完全对称，吸能部件配置及其行程会有区别。常见实例为：一侧牵引杆只配置可复原缓冲器，另一侧牵引杆则只配置压馈管。这样可充分利用车端空间参

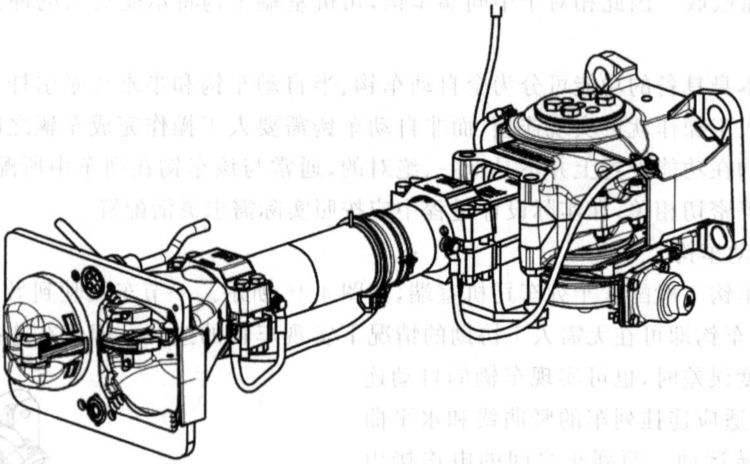

图 4-46 半自动车钩

与吸能,同时避免单个牵引杆采用模块过多,吸能行程不够,结构复杂等问题。另外,也有公杆和母杆长度不一致的配置形式存在。牵引杆钩头下部设置有总风管连接器,人工机械连挂完成时,气路也同时完成连接。

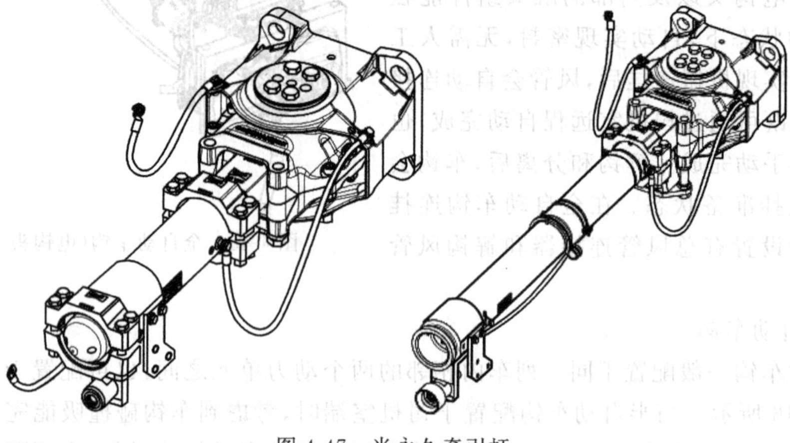

图 4-47 半永久牵引杆

2. 车钩的工作状态

地铁列车中全自动车钩和半自动车钩在实际运用过程中都具有连挂作业要求,其连挂工作状态主要有三种,分别是待连挂状态、连挂状态、解钩状态。

(1) 待连挂状态。钩舌杆靠近凸锥面边缘,钩板由压力弹簧压在钩头罩的止挡处,如图 4-48 所示。

(2) 连挂状态。两个车钩头连挂时,进入凹锥面的钩舌紧靠对应车钩的钩板,钩锁在拉伸弹簧力的作用下旋转,使钩舌与钩板槽啮合。啮合后,钩锁在拉伸弹簧作用下旋转到连挂位置,钩锁锁定。连挂后,两个钩锁形成平行四边形,负载处于平衡。钩锁只承受均匀分布在两个钩舌上的拉力,不会发生意外解钩,正常磨损不会对钩锁的安全性造成影响,如图 4-49 所示。

(3) 解钩状态。钩锁在拉伸弹簧力的作用下顺时针旋转,使钩舌与钩板槽分离。此位

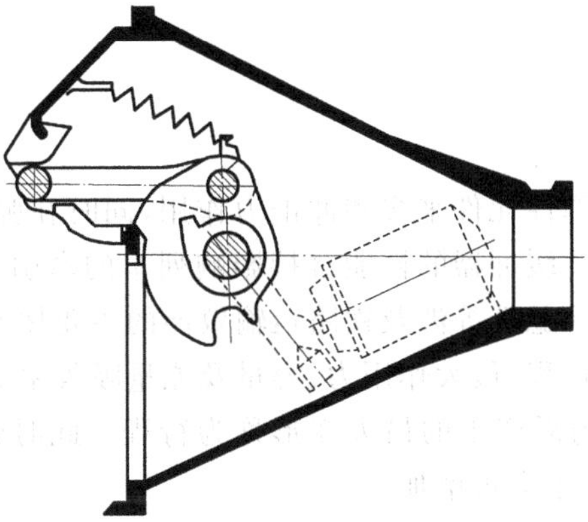

图 4-48　待连挂状态

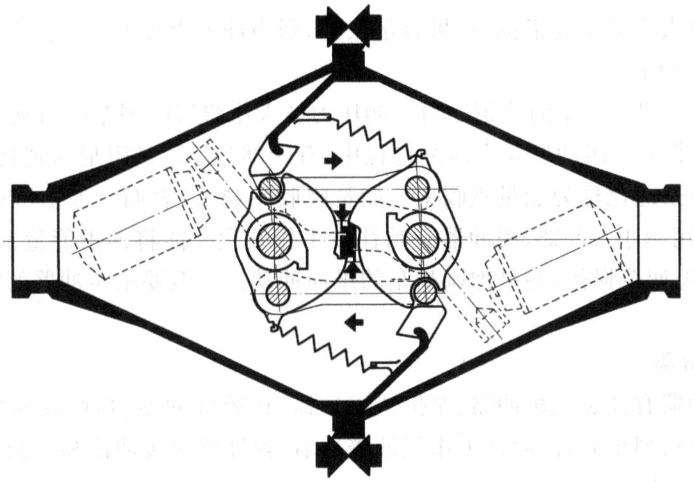

图 4-49　连挂状态

置时，钩锁被与钩板槽啮合的钩舌锁定。车厢分离后，钩舌滑出钩板槽并松开钩锁。钩锁在拉伸弹簧力的作用下旋转，将钩舌推至前部，钩锁即达到待连挂状态，如图 4-50 所示。

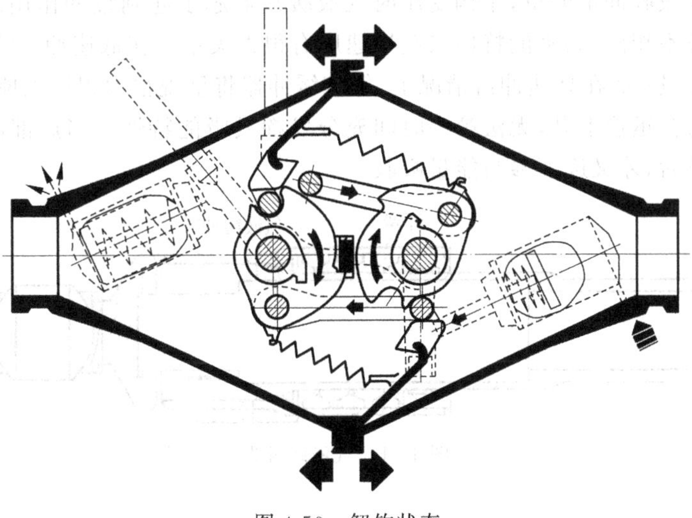

图 4-50　解钩状态

4.4.3　缓冲器

1. 缓冲器性能参数

缓冲器主要借助压缩弹性元件来缓和冲击力作用,同时在弹性元件变形过程中利用摩擦和阻尼来吸收冲击能量。缓冲器的性能直接影响列车的牵引总重、运行速度、车辆总重、编组作业效率和列车运行平稳性等涉及铁路运输效能的主要技术经济指标。决定缓冲器特性的主要参数是缓冲器的行程、最大作用力、容量及能量吸收率等。

(1) 行程。缓冲器受力后产生的最大变形称为行程。此时弹性元件处于全压缩状态,如果再加大外力,变形量也不会再增加。

(2) 最大作用力。缓冲器产生最大变形时所对应的作用外力。

(3) 容量。缓冲器在全压缩过程中,作用力在其行程上所做功的总和称为容量。它是衡量缓冲器能量大小的主要指标,如果容量太小,则当冲击力较大时就会使缓冲器全压缩而导致车辆受刚性冲击。

(4) 初压力。即缓冲器的静预压力。初压力的大小将影响列车的启动加速度。

(5) 能量吸收率。缓冲器在全压缩过程中,有一部分能量被阻尼所消耗,所消耗部分的能量与缓冲器容量之比称为能量吸收率。能量吸收率越大,表明缓冲器吸收冲击能量的能力越大,反冲作用越小；否则,缓冲器必须往复工作几次才能将冲击能量消尽,这将导致车钩、车底架过早地疲劳损伤,并且加剧列车的纵向冲动。一般要求缓冲器的能量吸收率不低于70%。

2. 缓冲器分类

常见的缓冲器有弹簧式缓冲器、摩擦式缓冲器、橡胶缓冲器、弹性胶泥缓冲器和气液缓冲器等。对于地铁列车而言,通常采用气液缓冲器、弹性胶泥缓冲器和橡胶缓冲器。

1) 气液缓冲器

气液缓冲器结构上与钩身及后端拉环融为一体,后端拉环与轴承座铰接,缓冲器轴线即为车辆间牵引力及缓冲力的作用线,缓冲器前端通过卡环形式与其他车钩钩头或压馈管连接,如图4-51所示。车钩受拉时环弹簧元件被挤压,发生径向变形,在此过程中内外环弹簧之间发生摩擦并吸收冲击能量,车钩受压时气液缓冲器芯子起到缓冲作用。不同气液缓冲器的特性曲线各不相同,其吸能特性与碰撞速度有很大关系。在低速冲击情况下,能够很充分地吸收冲击能量；而在高速冲击情况下,气液缓冲器将呈现很大程度的刚性,导致该界面所承受的压缩力会迅速上升,无法第一时间充分发挥其吸能特性。当后部的其他部件或结构吸收部分能量后,才又逐渐参与能量吸收。

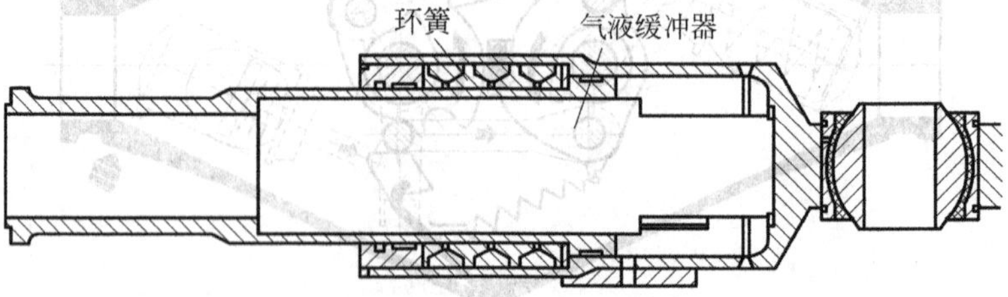

图4-51　气液缓冲器

由于气液缓冲器特殊的吸能特性，一般需要设置较长的吸能行程，因此会占用车钩长度方向上较大的空间，导致气液缓冲器成本相对较高，寿命一般不超过 10 年，但它具有容量大、吸收率高、检修间隔周期长、维护简单的优点，在正常牵引、制动工况下，缓冲性能十分优良。

2）弹性胶泥缓冲器

弹性胶泥缓冲器内部结构如图 4-52 所示，主要由弹性体弹簧、弹性胶泥芯子、内半筒总成和壳体总成等零件组成。车钩受牵引力时，牵引力通过内半筒总成把力传递到弹性体弹簧和弹性胶泥芯子上，弹性胶泥芯子把力传递到缓冲器壳体上，最后通过回转机构把力传递到车体上；而车钩受压时，压力传递的顺序依次为弹性体弹簧、弹性胶泥芯子、内半筒总成、缓冲器壳体。弹性体弹簧上顶板既起传递力的作用，也能保证弹性体弹簧行程走尽的时候保护弹簧。

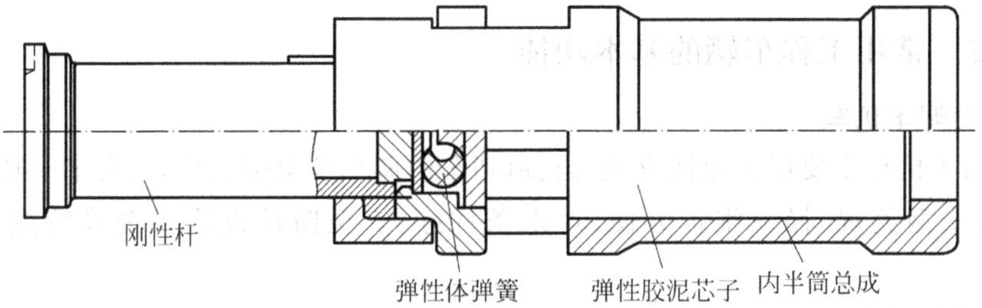

图 4-52　弹性胶泥缓冲器

弹性胶泥缓冲器的特性是拉压受力均衡，缓冲器容量大，动态特性明显，弹性范围吸能较大。其核心吸能介质为进口胶泥，是一种有弹性的流体，在受压时有一定的压缩量，弹性胶泥缓冲器使用寿命较长，能达到 10 年。

3）橡胶缓冲器

橡胶缓冲器具有能量吸收、衰减特性，可充分保证正常连挂和运行的需要。分体式橡胶垫牢固地安装在缓冲装置中并承受剪切应力，在牵引荷载和缓冲荷载作用下，橡胶垫受剪切力作用变形，如图 4-53 所示。橡胶缓冲器的阻抗力相对较小，由于橡胶频繁承受剪切力，寿命一般不超过 8 年。

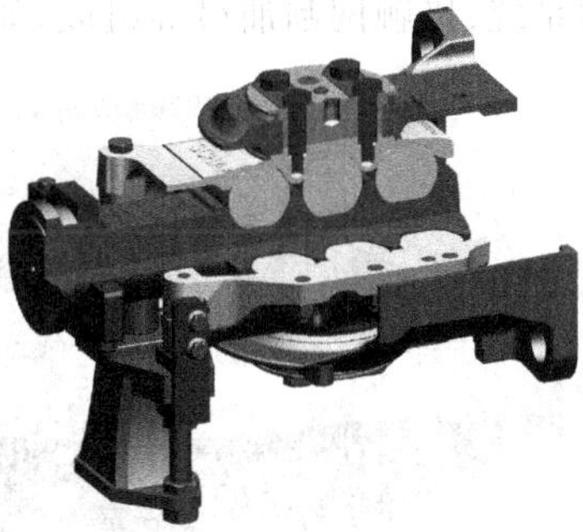

图 4-53　橡胶缓冲器

4.5　其他工程车辆

工程车辆是保证地铁安全运营不可或缺的设备，承担紧急救援、调车作业、供电设备和线路维修、线路和接触网检测、钢轨打磨修复等工作。按照车辆有无动力，工程车辆可分为有动力工程车辆和无动力工程车辆。按照具有的功能和担负的主要任务，工程车辆可分为内燃调车机车、轨道检测车、钢轨打磨车、隧道清洗车、接触网作业车、携吊平车、平板车、公铁两用车等。

4.5.1 工程车辆基本特点

工程车辆是地铁车辆段的重要配属设备，因而工程车辆有其独有的特点。

（1）工程车辆种类繁多，功能各异，有内燃机车、轨道检测车、钢轨打磨车、隧道清洗车、接触网作业车、携吊平车、公铁两用车等。

（2）由于工程车辆主要用于车辆段与综合基地、区间、车站、隧道的接触网、轨道等的维护维修，因此车内设置座位数量少，服务性设施设备简单。

（3）由于城市轨道的设备维护大多安排在夜间，因此对工程车辆的隔音和降噪有严格要求，以最大限度地降低噪声对乘客和沿线居民的影响。

（4）作为城市轨道交通的组成部分，工程车辆的外观造型和色彩必须考虑城市文化、环境美化，与城市景观相协调。

4.5.2 常用工程车辆的基本功能

1. 内燃调车机车

内燃调车机车主要用于地铁或城市轨道列车的调车及救援工作，具有牵引功率大、运行稳定性好、造型美观、操纵维护方便、司乘条件好、安全防护设施齐全等特点，如图 4-54 所示。

2. 轨道检测车

轨道检测车主要用于地铁电气化铁路接触网的弓网检测和限界检测，也可兼作接触网刮油清理车和牵引车辆。该车主要由底架、司机室、动力传动系统、制动系统、电气系统、检测系统、接触网刮油弓等组成，如图 4-55 所示。

图 4-54 内燃调车机车

图 4-55 轨道检测车

3. 钢轨打磨车

钢轨打磨车主要用于对钢轨由于裂纹、波磨、侧磨、擦伤和变形等而形成的非正常外形进行打磨修正，从而提高车辆运行的稳定性，减少车辆的冲击荷载，延长车辆和钢轨等设备的使用寿命。该车一般配置有柴油发电机组、打磨液压系统、集尘器、司机室、打磨小车、变压装置、变流装置、转向架等，如图 4-56 所示。

4. 隧道清洗车

隧道清洗车主要用于地铁隧道内轨道、道床、扣件、排水沟及整个隧道壁面的冲洗，该车

图 4-56　钢轨打磨车

一般为动力车和非动力车的固定编组。动力车上装有高压喷雾降尘系统，水雾喷洒到空气中能迅速吸附空气中的各种大小灰尘颗粒，并沉降到隧道下部。非动力车装有低压水冲洗装置，完成对隧道顶壁、下侧、道床和排水沟的冲洗，如图 4-57 所示。

5. 接触网作业车

接触网作业车是为地铁电气化铁路接触网施工用的专用车辆，如图 4-58 所示。该车主要用于地铁或轻轨电气化铁路接触网上部设备在停电状态下的安装、维修及日常检查、保养等作业。

图 4-57　隧道清洗车

图 4-58　接触网作业车

6. 携吊平车

携吊平车是由轨道车辆或牵引设备牵引的工程车辆，主要用于地铁或轻轨的基本建设、线路大修和工程部门在沿线施工中吊装运输各种器材及货物，如图 4-59 所示。

图 4-59　携吊平车

7. 公铁两用车

公铁两用车是一种可在铁路和公路上进行轮换作业的工程车辆，如图 4-60 所示。在标准轨距线路上牵引一列或一辆电动客车作地面调车运行，铁路作业完成后即可在铁路与道路交叉的道口处下道，在公路上行驶，转线作业可不经道岔，调头时无需转盘或三角线，使调车作业方便、灵活、省时，也可作为车辆上下移车台的牵引设备。

图 4-60 公铁两用车

复习思考题

4.1 城市轨道车辆有哪些车辆类型？

4.2 城市轨道车门系统有哪些类型及特点？

4.3 城市车辆车体结构有哪些组成部分？

4.4 地铁车辆转向架有哪些组成部分？各部分的功能是什么？

4.5 地铁列车钩缓装置有哪些车钩类型和缓冲器类型？

第5章 限界

根据地铁车辆轮廓尺寸和性能、轨道线路特性、车辆受电方式、设备安装以及施工方法等综合因素，经技术、经济等方面综合比较确定的列车安全运行所需的空间尺寸称为限界。限界不仅制约着车辆的外形尺寸，还关系到隧道、车站等建筑物内部轮廓以及各种供电、通信、通风以及消防设备的尺寸和布置方式，是保证地铁安全运行、限制车辆的断面尺寸、限制沿线设备安装尺寸及确定建筑结构有效净空尺寸的图形。同时是确定地铁与行车相关的构筑物净空大小，如隧道断面尺寸、桥梁宽度、路基宽度，以及安装设备相互位置的依据，对于工程投标、工程设计进度、工程造价都有重要影响，限界的大小直接影响地铁项目的工程总量和工程投资规模。

限界设计中，一方面，要在满足地铁车辆在隧道中安全运行的前提下，最大限度地减小隧道断面尺寸，以降低轨道交通地下工程的建设成本；另一方面，在隧道断面确定的状况下，尽可能增大车辆轮廓，以尽可能提高车辆的承载能力。限界设计的任务是在满足地铁车辆安全运行的前提下，合理地选择桥、隧道等结构的有效断面尺寸，以节省工程投资。

根据地铁的车辆运行、设备安装、土建工程等各层次功能要求不同，可分为车辆限界、设备限界和建筑限界。以下为限界术语定义。

(1) 基准坐标系。

限界计算以垂直直线轨道线路中心线的二维平面直角坐标为基准坐标系。横坐标轴(X 轴)与设计轨顶平面相切，纵坐标轴(Y 轴)垂直于轨顶平面，该基准坐标系的坐标原点为轨距中心点。

(2) 计算车辆及其轮廓线。

制定限界时假设的某种车辆，是实际车辆的抽象化，包括各项构造参数、横断面轮廓尺寸及水平投影轮廓尺寸等，是车辆限界设计计算的依据。计算车辆横断面上轮廓最外点的连线为计算车辆轮廓线。车辆轮廓线是设计地铁限界的基础资料。

(3) 偏移及偏移量。

在基准坐标系内，因车辆和轨道的公差、磨耗量、弹性变形量、车辆各种振动等原因，车辆在运行中偏离轮廓线上各计算坐标点定义的基准位置，这种现象称为偏移。在横坐标方向的偏移称为横向偏移，在纵坐标方向的偏移称为竖向(向上或向下)偏移。偏移程度以毫米(mm)为单位的量化值为偏移量。

(4) 曲线几何偏移。

地铁限界是按车辆在平直轨道上运行时制定的,而车辆在曲线轨道上运行时,由于车辆纵向中心线是直线,轨道中心线为曲线,因此两者不能吻合。同时在曲线段外轨还要设超高以平衡车辆驶经曲线段时的离心力。所以车辆相对轨道中心线而言就产生平面偏移和竖向加高。车辆纵向中心线的水平投影线与曲线线路中心线偏离的水平矢距称为平曲线几何偏移。车辆在竖曲线线路上运行时,车辆定距线的垂直面投影弦线、与竖曲线轨面之间的竖向矢距称为竖曲线几何偏移。以上通称为曲线几何偏移。

车体中部偏向线路的内侧,车体的两端偏向曲线的外侧,偏移量分别为内偏移量和外偏移量。车辆在曲线上的偏移量与曲线半径的大小和车体的长度有关。曲线半径越小或车体越长,偏移量越大。车辆偏移量过大,车体有可能侵入设备限界,并使车钩相互摩擦,或引起车钩自动分离以及不能摘钩等现象。

(5) 受流器工作释放高度。

受流器的受流靴无接触轨约束时在弹簧作用下从向上受流位置或向下受流位置释放至止挡位形成的位置高度,分别称为上释放高度和下释放高度。

(6) 接触轨端部弯头高度。

引导受流器导入的接触轨弯头尾端的有效高度为弯头高度。

5.1 车辆限界

车辆限界为计算车辆(不论是空车或重车)在平直线的轨道上按区间最高速度等级并附加瞬时超速、规定的过站速度运行,计及了规定的车辆和轨道的公差值、磨耗量、弹性变形量、车辆振动等正常状态下运行以及一系或二系悬挂故障等各种限定因素而产生的车辆各部位横向和竖向动态偏移后所形成的最大动态包络线,并以基准坐标系表示的界线。车辆限界可用来控制车辆制造、制定站台和站台门的定位尺寸。

直线地段车辆限界是以线路为基准的基准轮廓线的最外各点。按车辆在线路上运行时产生的最不利位置确定。该值由车辆技术参数、最大行车速度、轨道参数、接触网(接触轨)参数以及各种磨耗值计算确定。车辆限界由车辆供货商提供,当车辆各种技术参数还没有正式确定之前,车辆限界可参照有关地铁车辆进行设定。车辆在曲线上运行时,车辆相对轨道中心线的平面偏移和竖向加高量应根据不同曲线半径、车辆性能进行计算。

车辆限界与车辆轮廓线之间必须预留一定的安全空间,确保车辆行车安全。这个空间主要考虑了以下多方面因素:

(1) 车辆制造误差引起的上下、左右方向的偏移或倾斜。

(2) 车辆在名义荷载作用下弹簧受压引起的下沉,以及弹簧由于性能上的误差可能引起的超量偏移或倾斜。

(3) 由于各部分磨耗或永久变形而造成的车辆下沉,特别是左右侧不均匀磨耗或变形而引起的车辆倾斜与偏转。

(4) 由于轮轨之间以及车辆自身各部分存在的横向间隙而造成车辆与线路间可能形成的偏移。

(5) 车辆在走行过程中因运动中力的作用而造成车辆相对线路的偏移。它包括曲线区段走行时实际速度与线路超高所要求的运行速度不一致而引起的车体倾斜；以及车辆在振动中会产生上下、左右各个方向的位移。

(6) 线路在列车反复作用下可能产生的变形，包括轨道产生的随机不平顺现象等。

车辆限界，按照隧道内外区域划分为隧道内车辆限界和隧道外(高架线或地面线)车辆限界。按照列车运行区域划分为区间车辆限界、站台计算长度内车辆限界和车辆基地内车辆限界。按照所处地段划分为直线车辆限界和曲线车辆限界。

目前国内地铁车辆以 A 型(车宽 3 m)、B 型(车宽 2.8 m)为主，轻轨车辆以 C 型车(车宽 2.6 m)为主，A 型地铁车辆有 DC 1500 V 接触轨下受电(A1 型)车型和 DC 1500 V 接触网受电(A2 型)车型，B 型地铁车辆有 DC 750 V 接触轨上/下受电或 DC 1500 V 接触轨下受电(B1 型)车型和 DC 1500 V 接触网受电(B2 型)车型，A 型、B 型地铁车辆主要参数见表 5-1。《地铁限界标准》(CJJ/T 96—2018)提出的计算方法主要针对 A 型车和 B 型车，设定运行环境为隧道内或高架线(地面线)的钢轮钢轨、标准轨距(1435 mm)线路，最高车速设定为 80、100、120 km/h 三种等级，在高架线上考虑了风力因素的影响。若车速超过相应最高运行速度，另附加 10%的瞬时超速工况上限范围时，基本的计算方法仍然使用，但涉及的车辆及轨道参数需要根据实际情况改变，且重新制定新的车辆限界。

表 5-1 地铁车辆主要参数

项 目	A1	A2	B1	B2
车体长度/mm	22 100	22 100	19 000	19 000
车辆定距/mm	15 700	15 700	12 600	12 600
车体外侧最大宽度/mm	3000	3000	2800	2800
客室门槛区外侧宽度/mm	3000	3000	2800	2800
车顶距轨顶平面高度/mm	3842	3842	3842	3842
客室地板面距轨顶平面高度/mm	1130	1130	1100	1100
转向架固定轴距/mm	2500	2500	2200～2300	2200～2300
车轮新轮直径/mm	840	840	840	840
受流器端部横坐标值/mm	当 DC 1500 V 下部受流时为 1585	—	当 DC 750 V 上/下部受流时为 1452.5 当 DC 1500 V 下部受流时为 1505	—
受流器工作释放高度/mm	当 DC 1500 V 下部受流时为 270	—	当 DC 750 V 上部受流时为 100 当 DC 750 V 下部受流时为 230 当 DC 1500 V 下部受流时为 270	—
受流器切除高度/mm	—	—	当 DC 750 V 上部受流时为 247	—
受电弓宽度/mm	—	1550～1700	—	1550～1700
适用区间最高瞬时速度、车站速度/(km/h)	90/110/132、停站 70/越行	90/110/132、停站 70/越行	90/110/132、停站 70/越行	90/110/132、停站 70/越行

图 5-1 是上海地铁 A 型车车辆轮廓线与车辆限界图，该车由受电弓受电，工作时直线段受电弓轮廓线、设备限界坐标见表 5-2，对应车辆轮廓线坐标见表 5-3，车辆限界坐标见表 5-4。

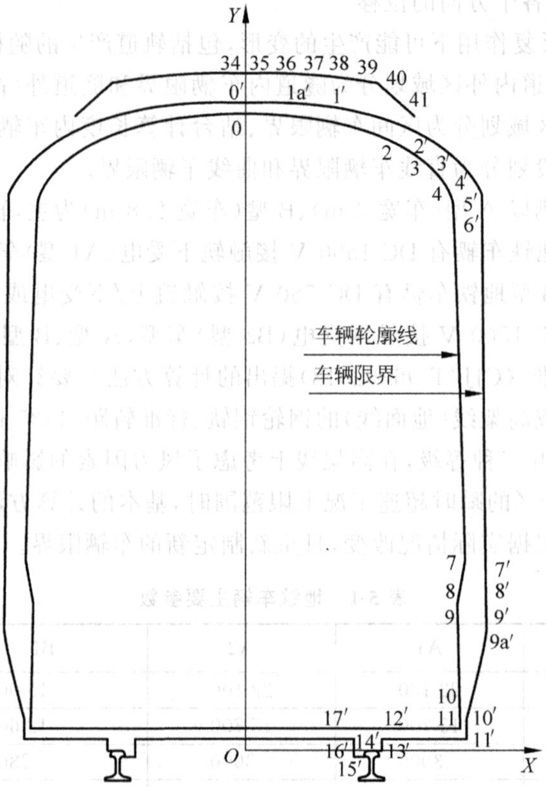

图 5-1 上海地铁 A 型车车辆轮廓线与车辆限界图

表 5-2 受电弓工作时直线段受电弓轮廓线、设备限界坐标值 mm

点号	34	35	36	37	38	39	40	41
X	0	208	239	282	478	787	793	1008
Y	4040	4045	4043	4038	4034	3986	3984	3784

表 5-3 直线段车辆轮廓线坐标值 mm

点号	0	2	3	4	5	7	8	9	10	11
X	0	854	1042	1194	1229	1304	1270	1263	1273	1273
Y	3805	3645	3534	3379	3275	1122	933	853	248	131

表 5-4 直线段车辆限界坐标值 mm

点号	0′	1a′	1′	2′	3′	4′	5′	6′	7′	8′
X	0	477	1222	1371	1403	1404	1405	1407	1431	1428
Y	3859	3848	3563	3404	3300	3189	3178	3105	1054	1022
点号	9′	9a′	10′	11′	12′	13′	14′	15′	16′	17′
X	1428	1422	1367	1363	1354	815	717.5	717.5	649.5	649.5
Y	749	717	628	380	348	0	0	−45	−45	65

5.1.1　车辆限界的计算

车辆限界的计算应以车辆在平直线上，以区间最高瞬时超速速度、车站计算站台长度范围内计算速度为基本条件，车站计算站台长度范围内的计算速度见表5-5。车辆限界包含区间车辆限界和车站计算站台长度范围内附加车辆限界。

表5-5　车站计算站台长度范围内的计算速度

站台作业模式	80 km/h 速度等级	100 km/h 速度等级	120 km/h 速度等级
停站作业及调度	不大于70 km/h	不大于70 km/h	不大于70 km/h
越行作业及调度	不大于相邻区间速度	不大于相邻区间速度	不大于相邻区间速度

区间车辆限界计算工况应符合以下条件：

(1) 荷载工况分为AW0、AW3；

(2) 80、100、120 km/h速度等级车辆瞬时超速计算速度应分别为90、110、132 km/h；

(3) 应叠加一系或二系悬挂故障及最大允许运行侧风风压400 N/m^2，隧道内风压为0。隧道外空载车辆线路强风停放的风压应按各地区实际线路条件确定。

车站计算站台长度范围内附加车辆限界计算工况应符合以下规定：

(1) 荷载工况应分为AW0、AW3；

(2) 车站计算站台长度范围内计算速度应符合表5-5的规定；

(3) 应叠加一系或二系悬挂故障及站台区侧风风压210 N/m^2，隧道内风压应为0；

(4) 塞拉门车辆应另外增加停站开门工况。

5.1.2　车辆限界计算原则

车辆限界的计算应符合下列原则：

(1) 车辆限界的计算应以列车在平直线上，并用额定速度在整体道床的轨道上运行为基本条件。

(2) 曲线地段增加的附加因素，不应在车辆限界内考虑，应在设备限界内考虑并加宽、加高。

(3) 车辆限界的计算参数，按其概率性质应分成两大类，即随机因素和非随机因素。对非随机因素应按线性相加合成；对按高斯概率分布的随机因素应采取均方根值合成，将两大类参数相加形成车辆的偏移量。

(4) 对隧道内、高架线(或地面线)两类车辆限界均应采用统一的计算公式。计算时应根据不同的外部条件合理选用不同的计算参数。

(5) 车辆限界的偏移量计算应按车体、转向架(构架、簧下部分、踏面、轮缘)、受电弓(受流器)三部分分别计算。车站计算站台长度范围内附加车辆限界的偏移量应以车体与站台及屏蔽门存在相对位置关系的部分进行计算。

5.1.3　车辆限界计算要素

车辆运动时，将产生6种振动，即横摆、摇头、点头、侧滚、伸缩及沉浮振动，除伸缩振动对动态限界不产生作用外，其余振动都会引起车辆横向或垂向位移。引起车辆横向和垂向位移的因素有很多，有的来自车辆结构的设计，有的来自路轨方面，有的来自维护和保养方面。按影响因素的随机性分为非随机因素和随机因素。非随机因素有静挠度、车辆和轨道的可允许磨耗、轨道的弹性变形等；随机因素有悬挂系统动挠度、制造公差、强侧风作用等。按对动态限界的影响所起的作用又分为主要因素和次要因素。对这些因素的处理要分别对待，提取主要因素。对非随机因素的影响可按计算值进行累加，对随机因素的影响不能直接进行累加，要按照概率论的有关方法进行处理。

车辆限界应包括下列计算要素：

(1) 车辆的制造误差值；

(2) 车辆的维修限度；

(3) 轮对处于轨道上的最不利运行位置引起的摇头偏斜放大量；

(4) 构架相对于轮对的横向及竖向位移量；

(5) 车体相对于转向架构架的横向及竖向位移量；

(6) 车体相对于轨道线路最不利运行位置引起的摇头偏斜放大量；

(7) 车辆的空重车挠度差及竖向位移量；

(8) 因车辆制造、荷载不对称等引起的侧倾偏斜；

(9) 车辆一系悬挂及二系悬挂侧滚位移量；

(10) 轨道线路的垂向及横向几何偏差、磨耗、维修限度及弹性变形量；

(11) 悬挂故障：任意一个轴箱悬挂失效后，止挡接触承载引起的车辆偏斜；或任意一端转向架二系悬挂空气弹簧异常，由左右压差引起的车辆偏斜、过充或失气；

(12) 隧道外侧风；

(13) 曲线加宽校验补偿量。

5.1.4 某地铁车辆限界计算

为了解某地铁车辆在地铁线上运行时的车辆动态包络线，根据《地铁限界标准》(CJJ/T 96—2018)、《地铁设计规范》(GB 50157—2013)和该地铁线车辆限界要求进行车辆限界校核计算。

1. 区间动态包络线计算公式

动态包络线由计算车辆轮廓线各点坐标加横向及垂向车辆偏移量得到。计算车辆动态包络线时分别用两套公式进行计算，并选择较大值作为车辆偏移量。

1) 车体横向偏移量计算公式

$$\Delta X_{BP}=\left[\sqrt{\left(\frac{l-d}{2}\right)^2+\Delta c^2}+(\Delta q_1+\Delta q_2+\Delta q_3)+(\Delta\omega_1+\Delta\omega_2)\right]\frac{2n+a}{a}+$$
$$\Delta e+\Delta M+\Delta X'+\Delta X_{B\text{-}xgpx}+\Delta X_{Bcp} \tag{5-1}$$

式中，ΔX_{BP}——车体横向偏移量(mm)；

l——含钢轨内侧磨耗的最大轨距(mm)；

d——轮对轮缘最大磨耗量时的最小外侧距(mm)；

Δc——线路中心线横向位差值(mm)；

Δq_1——转向架轴箱轴承横向间隙(mm)；

Δq_2——车轮横向弹性变形量(mm)；

Δq_3——转向架一系弹簧横向弹性变形量(mm);

$\Delta \omega_1$——转向架中心销径向间隙及磨耗量(mm);

$\Delta \omega_2$——转向架二系弹簧相对名义中心位置的横向弹性变形量(mm);

Δe——轨道横向弹性变形量(mm);

$\Delta X_{\text{B-xgpx}}$——悬挂故障引起的车体横向偏移量(mm);

ΔX_{Bcp}——车体侧倾横向偏移量(mm);

$\Delta X'$——曲线加宽校验补偿量(mm)。

2) 车体竖向向上偏移量计算公式

$$\Delta Y_{\text{BPu}} = \sqrt{(\Delta M_{t6})^2 + (\Delta M_{t8})^2 + \left(\frac{\Delta X_{\text{Bq}}}{H_{\text{cq}}} X\right)^2} + \sqrt{\left(\Delta f_p \frac{2n+a}{a}\right)^2 + \left(\Delta f_s \frac{2n+a}{a}\right)^2 + \delta_c^2} + \Delta M_{t9} + X\left[100 \times m_z \times g(1+S_2)/k_{\Phi s}\right] - 100 \times m_z \times g(1+S_1)/k_{\Phi p} - \Delta Y_{\text{B-xgpx1}} - \sqrt{A_1^2 + A_2^2 + A_3^2 + A_4^2} \tag{5-2}$$

$$A_1 = \frac{\Delta h_{c1}}{1500}(1+S)X \tag{5-3}$$

$$A_2 = \frac{\Delta h_{c2}}{1500}(1+S)X \tag{5-4}$$

$$A_3 = (A_w \times P_w)(1+S)X\left(\frac{h_{sw} - h_{cp}}{k_{\Phi p}} + \frac{h_{sw} - h_{cs}}{k_{\Phi s}}\right) \tag{5-5}$$

$$A_4 = (m_B \times a_B)(1+S)X\left(\frac{h_{sc} - h_{cp}}{k_{\Phi p}} + \frac{h_{sc} - h_{cs}}{k_{\Phi s}}\right) \tag{5-6}$$

式中,ΔM_{t6}——车辆地板面未能补偿的高度误差值(mm);

ΔM_{t8}——车体上部或上部安装设备的高度尺寸制造安装误差值(mm);

ΔM_{t9}——车体销外 AW3 上翘量/AW0 下垂量或车体销内 AW0 上拱量(mm);

ΔX_{Bq}——车体倾斜量(mm);

H_{cq}——车体侧墙高度(mm);

X——计算点的横坐标值(mm);

Δf_p——转向架一系弹簧竖向动挠度(mm);

Δf_s——转向架二系弹簧竖向动挠度(mm);

δ_c——线路中心线竖向位差值(mm);

m_z——AW3 时荷载不对称的载客重量(kg),AW0 时荷载不对称的载客重量为 0;

S——含一、二系影响的重力倾角附加系数;

S_1——只含一系影响的重力倾角附加系数;

S_2——只含二系影响的重力倾角附加系数;

$k_{\Phi s}$——整车二系弹簧侧滚刚度(N·mm/rad);

$k_{\Phi p}$——整车一系弹簧侧滚刚度(N·mm/rad);

g——重力加速度(m/s^2);

Δh_{c1}——两条钢轨的相对高度误差值(mm);

Δh_{c2}——两条钢轨的相对高度的弹性变化量(mm);

A_w——车体受风面积(m^2);

P_w——风压(N/m^2);
h_{sc}——车体重心距轨顶平面高度(mm);
h_{cp}——转向架一系弹簧上支承面距轨顶平面高度(mm);
h_{cs}——转向架二系弹簧上支承面距轨顶平面高度(mm);
h_{sw}——车体受风面积形心距轨顶平面高度(mm);
m_B——AW0 或含 AW3 载客的车体重量(kg);
a_B——横向加速度(m/s^2);
$\Delta Y_{B\text{-}xgpx1}$——悬挂故障引起的车体竖向向上偏移量(mm)。

3) 车体竖向向下偏移量计算公式

$$\Delta Y_{BPd}=f_{01}+f'_{01}+f_1+f_{02}+f_2+\Delta M_{t9}+\delta_e+\delta_{w0}+\delta_{w1}+\sqrt{(\Delta M_{t6})^2+(\Delta M_{t7})^2+\left(\frac{\Delta X_{Bq}}{H_{cq}}X\right)^2}+\Delta Y_{B\text{-}xgpx2}+\Delta Y_{Bcpd} \tag{5-7}$$

式中,ΔY_{BPd}——车体竖向向下偏移量(mm);
ΔY_{Bcpd}——车体侧倾竖向偏移量(mm);
f_{01}——转向架一系弹簧垂向永久变形量(mm);
f'_{01}——车轮竖向弹性变形量(mm);
f_1——转向架一系弹簧空重车挠度变化量(mm);
f_{02}——转向架二系弹簧垂向永久变形量(mm);
f_2——转向架二系弹簧空重车挠度变化量(mm);
δ_e——轨道竖向弹性变形量(mm);
δ_{w0}——轨道竖向磨耗量(mm);
δ_{w1}——车轮最大镟削量或两次镟轮间不可补偿的踏面磨耗量(mm);
ΔM_{t7}——车体下部及吊挂物高度尺寸制造安装误差值(mm);
$\Delta Y_{B\text{-}xgpx2}$——悬挂故障引起的车体竖向向下偏移量(mm)。

4) 构架横向偏移量计算公式

(1) 构架横向平移与倾角产生的横向偏移方向相同。

$$\Delta X_t=\left[\sqrt{\left(\frac{l-d}{2}\right)^2+\Delta c^2}+(\Delta q_1+\Delta q_2+\Delta q_3)\right]\frac{2m+p}{p}+\Delta e+\sqrt{(\Delta M_{t10})^2+\left(\frac{\Delta d}{2}\right)^2}+100\times m_z\times g(1+S_1)\frac{|Y-h_{cp}|}{k_{\Phi p}}+\Delta X'+\Delta X_{t\text{-}xgpx}+\sqrt{B_1^2+B_2^2+B_3^2+B_4^2} \tag{5-8}$$

$$B_1=\frac{\Delta h_{c1}}{1500}Y(1+S_1) \tag{5-9}$$

$$B_2=\frac{\Delta h_{c2}}{1500}Y(1+S_1) \tag{5-10}$$

$$B_3=(A_w\times P_w)(1+S_1)(Y-h_{cp})\frac{h_{sw}-h_{cp}}{k_{\Phi p}} \tag{5-11}$$

$$B_4=(m_B\times a_B)(1+S_1)(Y-h_{cp})\frac{h_{sc}-h_{cp}}{k_{\Phi p}} \tag{5-12}$$

式中，ΔX_{t}——构架横向偏移量(mm)；

ΔM_{t10}——构架横向制造误差值或受流器横向安装误差值及受流器横向尺寸公差值(mm)；

$\Delta X_{\mathrm{t\text{-}xgpx}}$——悬挂故障引起的构架横向偏移量(mm)。

(2) 构架横向平移和倾角产生的横向偏移方向相反。

$$\Delta X_{\mathrm{t}}=\left[\sqrt{\left(\frac{l-d}{2}\right)^2+\Delta c^2}+(\Delta q_1+\Delta q_2+\Delta q_3)\right]\frac{2m+p}{p}+$$
$$\Delta e+\sqrt{(\Delta M_{\mathrm{t10}})^2+\left(\frac{\Delta d}{2}\right)^2}-100\times m_z\times g(1+S_1)\frac{|Y-h_{\mathrm{cp}}|}{k_{\Phi\mathrm{p}}}+$$
$$\Delta X'-\Delta X_{\mathrm{t\text{-}xgpx}}-\sqrt{B_1^2+B_2^2+B_3^2+B_4^2}\tag{5-13}$$

5) 构架竖向向上偏移量计算公式

(1) 竖向平移和倾角产生的竖向偏移方向相同。

$$\Delta Y_{\mathrm{tu}}=\Delta M_{\mathrm{t11}}+\Delta X'+\Delta Y_{\mathrm{t\text{-}xgpx1}}+100\times m_z\times g(1+S_1)\frac{X}{k_{\Phi\mathrm{p}}}+$$
$$\sqrt{\left(\Delta f_{\mathrm{p}}\frac{2m+p}{p}\right)^2+\delta_{\mathrm{c}}^2+C_1^2+C_2^2+C_3^2+C_4^2}\tag{5-14}$$

$$C_1=\frac{\Delta h_{\mathrm{c1}}}{1500}(1+S_1)X\tag{5-15}$$

$$C_2=\frac{\Delta h_{\mathrm{c2}}}{1500}(1+S_1)X\tag{5-16}$$

$$C_3=(A_{\mathrm{w}}\times P_{\mathrm{w}})(1+S_1)X\frac{h_{\mathrm{sw}}-h_{\mathrm{cp}}}{k_{\Phi\mathrm{p}}}\tag{5-17}$$

$$C_4=(m_{\mathrm{B}}\times a_{\mathrm{B}})(1+S_1)X\frac{h_{\mathrm{sc}}-h_{\mathrm{cp}}}{k_{\Phi\mathrm{p}}}\tag{5-18}$$

式中，ΔY_{tu}——转向架构架竖向向上偏移量(mm)；

ΔM_{t11}——转向架构架竖向向上制造误差值或受流器竖向安装误差值及受流器竖向尺寸公差值(mm)；

$\Delta Y_{\mathrm{t\text{-}xgpx1}}$——悬挂故障引起的构架竖向向上偏移量(mm)。

(2) 竖向平移与倾角产生的竖向偏移方向相反。

$$\Delta Y_{\mathrm{tu}}=\Delta M_{\mathrm{t11}}+\Delta X'-\Delta Y_{\mathrm{t\text{-}xgpx1}}-100\times m_z\times g(1+S_1)\frac{X}{k_{\Phi\mathrm{p}}}-$$
$$\sqrt{C_1^2+C_2^2+C_3^2+C_4^2}\tag{5-19}$$

6) 构架竖向向下偏移量计算公式

(1) 竖向平移与倾角产生的竖向偏移方向相同。

$$\Delta Y_{\mathrm{td}}=f'_{01}+\delta_{\mathrm{w1}}+f_{01}+f_1+\delta_{\mathrm{e}}+\delta_{\mathrm{w0}}+\Delta M_{\mathrm{t12}}+$$
$$\Delta X'+\Delta Y_{\mathrm{t\text{-}xgpx2}}+100\times m_z\times g(1+S_1)\frac{X}{k_{\Phi\mathrm{p}}}-$$
$$\sqrt{\left(\Delta f_{\mathrm{p}}\frac{2m+p}{p}\right)^2+\delta_{\mathrm{c}}^2+C_1^2+C_2^2+C_3^2+C_4^2}\tag{5-20}$$

式中，ΔY_{td}——转向架构架竖向向下偏移量(mm)；

ΔM_{t12}——转向架构架竖向向下制造误差值(mm)；

$\Delta Y_{t\text{-}xgpx2}$——悬挂故障引起的构架竖向向下偏移量(mm)。

(2) 竖向平移和倾角产生的竖向偏移方向相反。

$$\Delta Y_{td}=f'_{01}+\delta_{w1}+f_{01}+f_1+\delta_e+\delta_{w0}+\Delta M_{t12}+\Delta X'-\Delta Y_{t\text{-}xgpx2}-100\times m_z\times g(1+S_1)\frac{X}{k_{\Phi p}}+\sqrt{\left(\Delta f_p\frac{2m+p}{p}\right)^2+\delta_c^2+C_1^2+C_2^2+C_3^2+C_4^2} \tag{5-21}$$

7) 簧下部分横向偏移量计算公式

$$\Delta X_w=\sqrt{\left(\frac{l-d}{2}\right)^2+\Delta c^2}+\Delta e+\frac{Y}{1500}\sqrt{\Delta h_{c1}^2+\Delta h_{c2}^2}+\sqrt{\left(\frac{\Delta d}{2}\right)^2+(\Delta M_{t13})^2} \tag{5-22}$$

式中，ΔX_w——簧下部分横向偏移量(mm)；

ΔM_{t13}——转向架簧下部分横向制造误差值(mm)。

8) 簧下部分竖向偏移量计算公式

$$\Delta Y_{wd}=f'_{01}+\delta_{w1}+\delta_e+\delta_{w0}+\Delta M_{t14}+\sqrt{\delta_c^2+\left[\frac{\Delta h_{c1}}{1500}X\right]^2+\left[\frac{\Delta h_{c2}}{1500}X\right]^2} \tag{5-23}$$

式中，ΔY_{wd}——簧下部分竖向向下偏移量(mm)；

ΔM_{t14}——转向架簧下部分竖向制造误差值(mm)。

9) 轮缘部分竖向偏移量计算公式

$$\Delta Y_f=\delta'_{w1}+\delta_e+\delta_{w0}+\sqrt{\delta_c^2+\left(\frac{\Delta h_{c1}}{2}\right)^2+\left(\frac{\Delta h_{c2}}{2}\right)^2} \tag{5-24}$$

式中，ΔY_f——车轮轮缘部分竖向向下偏移量(mm)。

10) 踏面部分竖向偏移量计算公式

$$\Delta Y_m=\delta_e+\delta_{w0}+\sqrt{\delta_c^2+\left(\frac{\Delta h_{c1}}{2}\right)^2+\left(\frac{\Delta h_{c2}}{2}\right)^2} \tag{5-25}$$

式中，ΔY_m——车轮踏面部分竖向向下偏移量(mm)。

2. 非正常工况计算公式

非正常工况车辆动态包络线计算公式与正常区间计算公式相同，只是相关计算参数不同，如坐标、刚度、振动加速度、线路参数等。

3. 计算条件

根据要求，在正常条件下，限界计算条件如下：

(1) 车辆速度从 0 到 90 km/h；

(2) 车辆荷载为 AW0 到 AW3 工况；

(3) 车轮从全新至磨耗到限；

(4) 对正常磨损和车辆悬挂系统进行新的调整，包括设定的正常公差和潜在变化；

(5) 线路轨道的正常磨耗和偏差；

(6) 所有由于 0.1g 横向加速度引起的车辆侧向位移和角位移；

(7) 由于 9 级风力引起的车辆侧向位移和角位移(地面线路、高架线路及车站)。

在非正常条件,限界计算条件如下:

(1) 任何一个一系悬挂弹性元件的失效;

(2) 由于11级风风力引起的车辆侧向和滚动位移。

对于背风面负压,在任何情况下,还将加上20%的系数。

4. 计算工况

根据要求,限界计算工况组合如下:

1) 正常工况

正常工况1:

车辆以最大速度90 km/h运行;

风速0 km/h(隧道内直线);

车辆荷载为AW0工况。

正常工况2:

车辆以最大速度90 km/h运行;

风速0 km/h(隧道内直线);

车辆荷载为AW3工况。

正常工况3:

车辆以最大速度90 km/h运行;

风速9级(高架线或地面线直线);

车辆荷载为AW0工况。

正常工况4:

车辆以最大速度90 km/h运行;

风速9级(高架线或地面线直线);

车辆荷载为AW3工况。

2) 非正常工况

考虑最恶劣情况,一系悬挂弹性元件失效的非正常条件主要考虑车辆荷载为AW3工况;强侧风(11级风)非正常条件主要考虑车辆荷载为AW0工况即可。

非正常工况1:

任何一个一系悬挂弹性元件的失效(一系刚度值损失1/8);

车辆以最大速度90 km/h运行;

风速0 km/h(隧道内直线);

车辆荷载为AW3工况。

非正常工况2:

任何一个一系悬挂弹性元件的失效(一系刚度值损失1/8);

车辆以最大速度90 km/h运行;

风速9级(高架线或地面线直线);

车辆荷载为AW3工况。

非正常工况3:

由于11级风的风力引起的车辆侧向和滚动位移;车辆静止不动;车辆荷载为AW0。

5. 车辆限界校核结果

根据要求，车辆应能满足《地铁限界标准》(CJJ/T 96—2018)中关于城市轨道交通同类型车辆限界标准、《地铁设计规范》(GB 50157—2013)及某地铁线车辆限界的要求，故此处采用区间车辆动态包络线进行限界校核。

由于篇幅限制，仅展示正常工况 1 和非正常工况 1 的车辆限界校核结果。

(1) 正常工况 1 各部分动态偏移量计算值及全动态包络线控制点坐标值见表 5-6，此时车辆荷载 AW0，车辆速度 90 km/h，隧道内直线，风速 0 km/h。

表 5-6 车辆各控制点动态坐标值 mm

序号	部位	X	Y	ΔX	ΔY	X'	Y'
0	车体	0	3690	0	45.6	0	3735.6
1	车体	376	3690	0	43.5	376	3733.5
2	车体	516	3690	86.4	42.8	602.4	3732.8
3	空调	775	3658	75.1	36	850.1	3694
4	空调	848	3651	75	35.7	923	3686.7
5	车体	1001	3550	85	40.4	1086	3590.4
6	车体	1001	3500	84.6	40.4	1085.6	3540.4
7	车体	1256	3246	82.2	39.2	1338.2	3285.2
8	扶手	1256	2605	64.4	33.3	1320.4	2638.3
9	扶手	1304	2557	64	33.1	1368	2590.1
10	车梯	1304	1014	50.6	32.3	1354.6	1046.3
11	车梯	1323	1014	50.6	32.2	1373.6	1046.2
12	车梯	1323	444	49.5	−62.4	1372.5	381.6
13	车梯	1250	444	49.5	−62.1	1299.5	381.9
14	排障器	1250	157	64.6	−68.6	1314.6	88.4
15	排障器	890	110	65	−67.7	955	42.3
16	排障器	806	110	65	−67.5	871	42.5
17	踏面	806	0	25	−17.4	831	−17.4
18	踏面	708	0	25	−17.4	733	−17.4
19	轮缘	708	−25	24.9	−25.4	732.9	−50.4
20	轮缘	680	−25	−24.9	−25.4	655.1	−50.4
21	排障器	680	110	−65	−67.2	615	42.8
22	排障器	0	110	0	−66.6	0	43.4

表 5-6 中，X 和 Y 为控制点的静态坐标，ΔX 和 ΔY 为控制点的偏移量，X' 和 Y' 为控制点的动态坐标。

如图 5-2 所示，车辆动态包络线在该地铁线区间车辆限界内，满足要求。

经校核，站台间隙足够，理论上车辆状态处于正常的运行工况下，可不限速通过站台，故能以正常进站速度通过站台。

(2) 非正常工况 1 各部分动态偏移量计算值及全动态包络线控制点坐标值见表 5-7，此时车辆荷载 AW3，车辆速度 90 km/h，隧道内直线，风速 0 km/h，任何一个一系悬挂弹性元件失效。

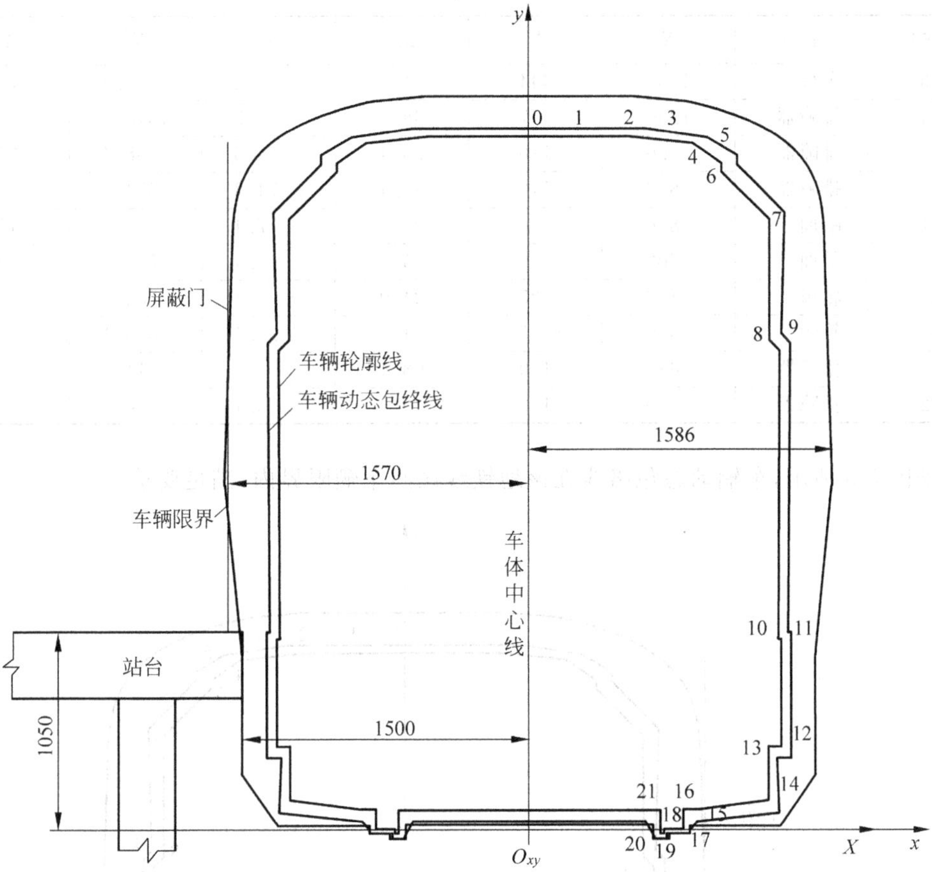

图 5-2 正常工况 1 车辆动态包络线与地铁线区间车辆限界对比

表 5-7 车辆各控制点动态坐标值 mm

车序号	部位	X	Y	ΔX	ΔY	X'	Y'
0	车体	0	3690	0	48.8	0	3738.8
1	车体	376	3690	0	46.4	376	3736.4
2	车体	516	3690	91.7	45.6	607.7	3735.6
3	空调	775	3658	79.8	38	854.8	3696
4	空调	848	3651	79.7	37.5	927.7	3688.5
5	车体	1001	3550	90.2	42.8	1091.2	3592.8
6	车体	1001	3500	89.7	42.8	1090.7	3542.8
7	车体	1256	3246	87.1	41.5	1343.1	3287.5
8	扶手	1256	2605	68.2	34.8	1324.2	2639.8
9	扶手	1304	2557	67.7	34.6	1371.7	2591.6
10	车梯	1304	1014	53	33.6	1357	1047.6
11	车梯	1323	1014	53	33.5	1376	1047.5
12	车梯	1323	444	51.9	−68.5	1374.9	375.5

续表

车序号	部位	X	Y	ΔX	ΔY	X'	Y'
13	车梯	1250	444	51.9	−68.2	1301.9	375.8
14	排障器	1250	157	68	−75.5	1318	81.5
15	排障器	890	110	68.4	−74.5	958.4	35.5
16	排障器	806	110	68.4	−74.3	874.4	35.7
17	踏面	806	0	25	−17.4	831	−17.4
18	踏面	708	0	25	−17.4	733	−17.4
19	轮缘	708	−25	24.9	−25.4	732.9	−50.4
20	轮缘	680	−25	−24.9	−25.4	655.1	−50.4
21	排障器	680	110	−68.4	−74	611.6	36
22	排障器	0	110	0	−73.4	0	36.6

如图 5-3 所示，车辆动态包络线在该地铁线区间车辆限界内，满足要求。

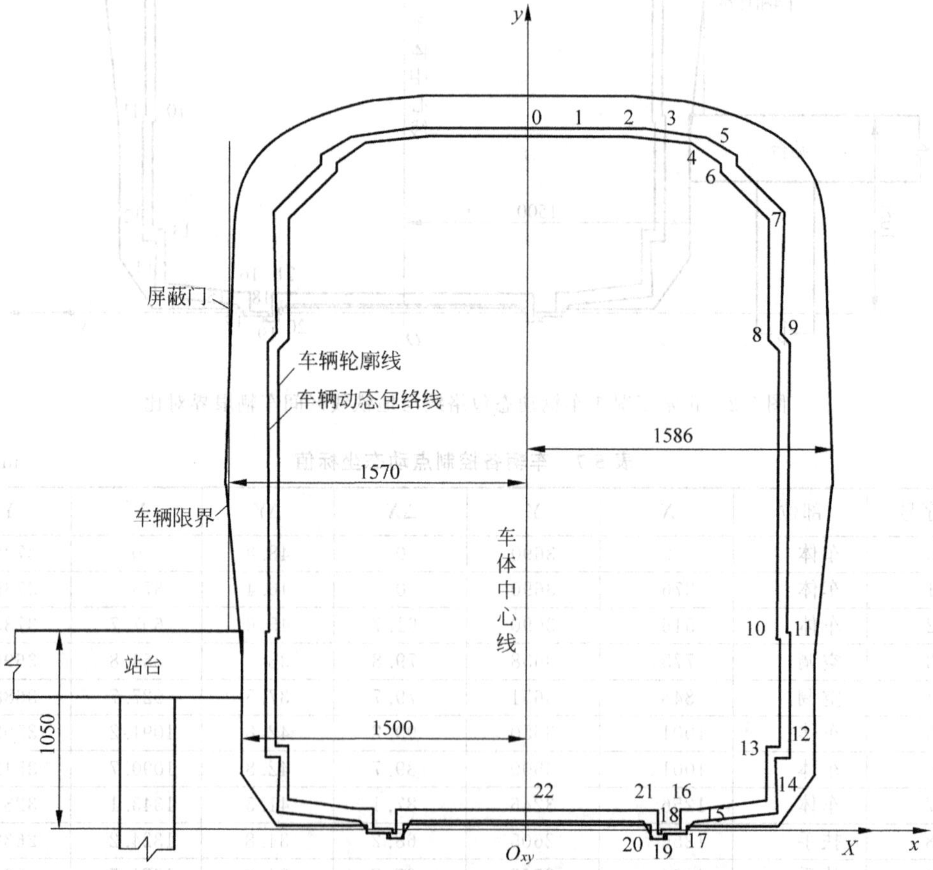

图 5-3　非正常工况 1 车辆动态包络线与地铁线区间车辆限界对比

经校核，站台间隙足够，理论上车辆状态处于正常的运行工况下可不限速通过站台，故能以正常进站速度通过站台。

5.2 设备限界

设备限界位于车辆限界之外并与车辆限界保持一定的安全间距，用于限制设备安装的控制线和车辆故障运行状态下所形成的最大动态包络线。设备限界是用以限制设备安装的控制线，包含安装误差和柔性变形量在内的任何设备限界外安装的设备，不得向内侵入。设备限界按照所处地段分为直线设备限界和曲线设备限界。

图 5-4 为地铁设备限界图，直线段设备限界坐标值见表 5-8。

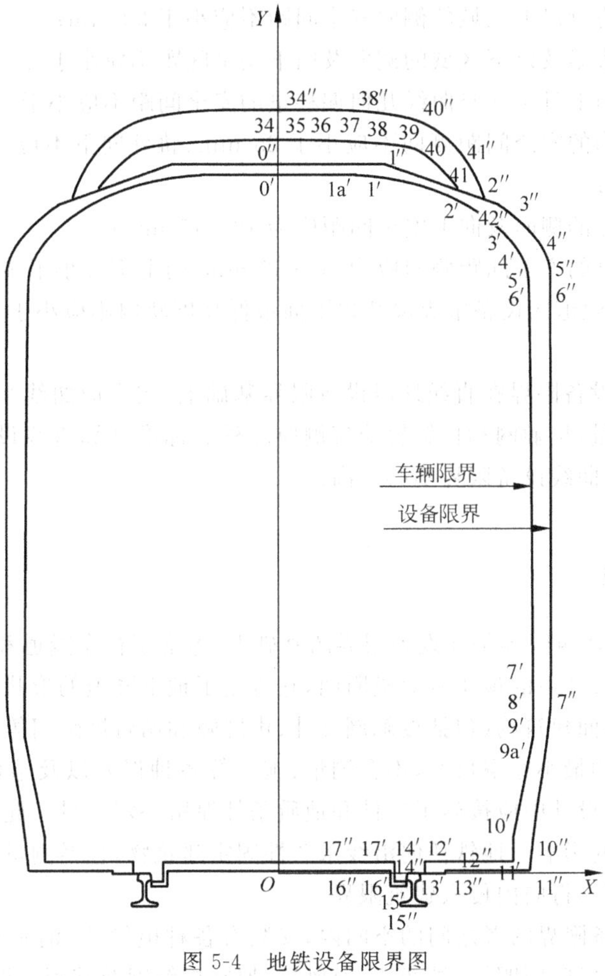

图 5-4 地铁设备限界图

表 5-8 直线段设备限界坐标值 mm

点号	0″	1″	2″	3″	4″	5″	6″	7″
X	0	590	1229	1325	1509	1524	1526	1532
Y	3906	3906	3680	3625	3431	3295	3155	909
点号	10″	11″	12″	13″	14″	15″	16″	17″
X	1413	1413	935	935	717.5	717.5	627.5	627.5
Y	113	15	15	0	0	−70	−70	15

设备限界是车辆限界的基础上再加未涉及因素，如电缆支架、消防设备、信号设备、接触网支架、广告箱、站台、站台指向标志等和安全距离的限界，设备限界外安装的任何设备均不得侵入限界，以确保车辆运行的绝对安全。

直线地段设备限界与车辆限界之间应留安全间距。除站台、屏蔽门及接触网或接触轨带电部分外，沿线安装的任何设备，包括安装误差值、测量误差值及维护周期内的变形量均不得侵入设备限界。

《地铁限界标准》(CJJ/T 96—2018)规定了车辆各部分的安全间距取值应符合下列规定：

(1) 车体底架边梁以上区域的侧向安全间距不应小于 30 mm；

(2) 车体底架边梁及以下区域的侧向及向下安全间距不应小于 20 mm；

(3) 车体顶部向上且包含竖曲线几何偏移量的安全间距不应小于 30 mm；

(4) 车下吊挂物的安全间距侧向不应小于 25 mm、轨外向下不应小于 30 mm、轨内向下不应小于 25 mm；

(5) 转向架部分的侧向及向下安全间距应为 10～15 mm；

(6) 受电弓部分的安全间距侧向应为 30～50 mm、向上不应小于 30 mm；

(7) 除轮对外，轨道区设备限界离轨顶平面最低高度轨内不应小于 20 mm，轨外不应小于 15 mm。

平面曲线地段设备限界在直线地段设备限界基础上，按平面曲线半径和静态倾斜及侧滚角计算确定加宽量，接触网和接触轨受流侧应除外。标准计算直线设备限界已经包括竖曲线偏移量，所以竖曲线设备限界不必加高。

5.3 建筑限界

如图 5-5 所示，建筑限界是在设备限界的基础上，考虑了行车隧道和高架桥等结构物内的设备和管线安装尺寸后的最小有效横断面，它规定了地下隧道的形状、尺寸、位置，地下车站、站台位置以及地面建筑物(包括接触网支柱、声屏障和站台屏蔽门等)位置。建筑限界是永久性固定建筑物的最小净空尺寸，不含测量、施工等各种误差以及结构位移、沉降和变形等因素，因此在结构设计中应按施工条件和地质条件保留一定余量。此外，较高运行速度下还需考虑空气动力的影响。地铁任何沿线永久性固定建筑物，包括测量误差、施工误差及结构永久变形在内，都不得向内侵入建筑限界。

建筑限界和设备限界两者之间的空间内，安装有各种电缆线、消防水管及消火栓、动力照明箱信号箱及信号灯、照明灯、扩音器、通风管、架空接触网及其固定设备或接触轨及其固定设备等。应根据设备和管线且包含变形预留值后所需的安装尺寸、安装误差值、测量误差值和结构施工允许误差值确定建筑限界和设备限界之间的距离。建筑限界和设备限界之间的最小间距不宜小于 200 mm。

按照线路环境，建筑限界可分为隧道内建筑限界、高架建筑限界和地面建筑限界。按照隧道工程结构断面形式，隧道内建筑限界可以分为矩形隧道建筑限界、圆形隧道建筑限界和马蹄形隧道建筑限界等。

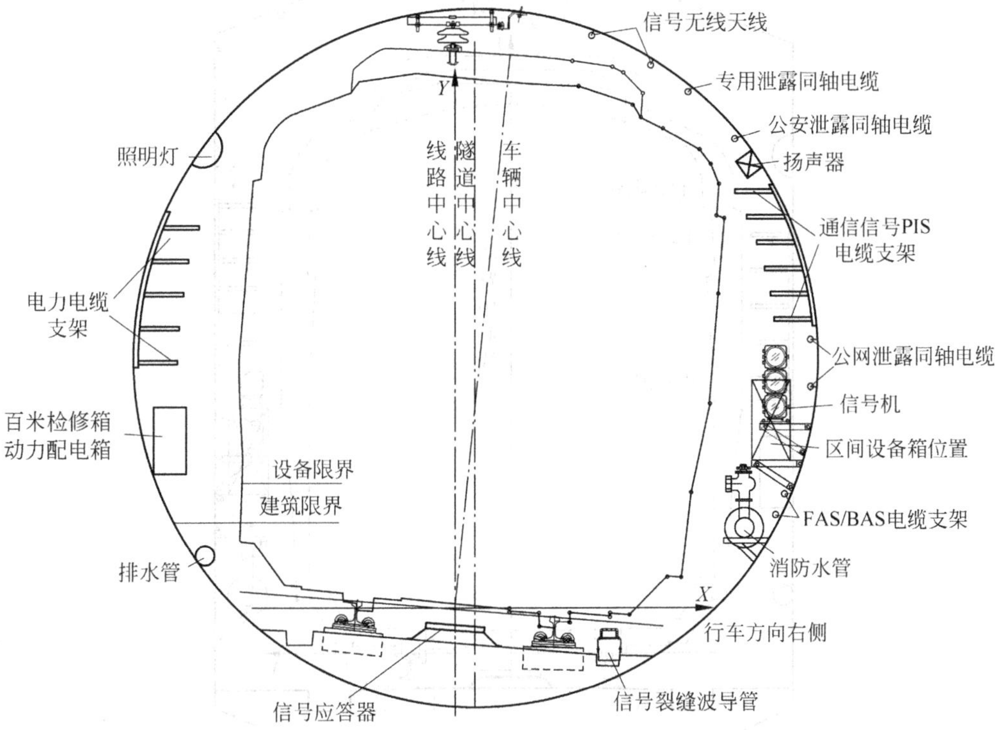

图 5-5　建筑限界

5.3.1　隧道内建筑限界

地铁区间隧道是连接两个车站的隧道，隧道结构受水文地质、施工方法、用途、沿线地形等各种因素的影响。在地铁区间隧道结构实际设计中，应明确不同形式隧道结构的适用条件，以便结合实际需求完成对隧道结构的合理设计。

现阶段，地铁区间隧道常见结构主要有三种，即明挖矩形隧道结构、盾构圆形隧道结构和矿山马蹄隧道结构，分别在采用明挖法、盾构法和矿山法修建的地铁区间隧道中得到应用。因此，根据地铁区间隧道常见结构形式隧道建筑限界可分为矩形建筑限界、圆形建筑限界和马蹄形建筑限界。

从降低建设成本出发，不同区段最高速度等级不同，采用的隧道大小根据速度不同而相应变化，因此主要根据工程单元区间所需的最小尺寸确定建筑限界。

1. 矩形隧道

矩形隧道是采用明挖法修建的地铁区间隧道，其单洞单线直线段矩形隧道限界以及曲线段矩形隧道限界如图 5-6 和图 5-7 所示。

直线段建筑限界由车辆设备限界、设备和设备安装支架尺寸、区间纵向疏散平台设置以及安全间隙共同决定。其水平方向自线路中心线至隧道侧壁距离为设备限界，加 50 mm 为最大设备宽度；垂直方向自轨面至隧道顶部为净空尺寸，A 型车 4500 mm，B 型车 4200 mm。对双线区间，当两线间无构筑物时，按两设备限界之间应有不小于 100 mm 的安全距离计算线间距。矩形隧道曲线地段建筑限界应按规定进行加宽和加高。

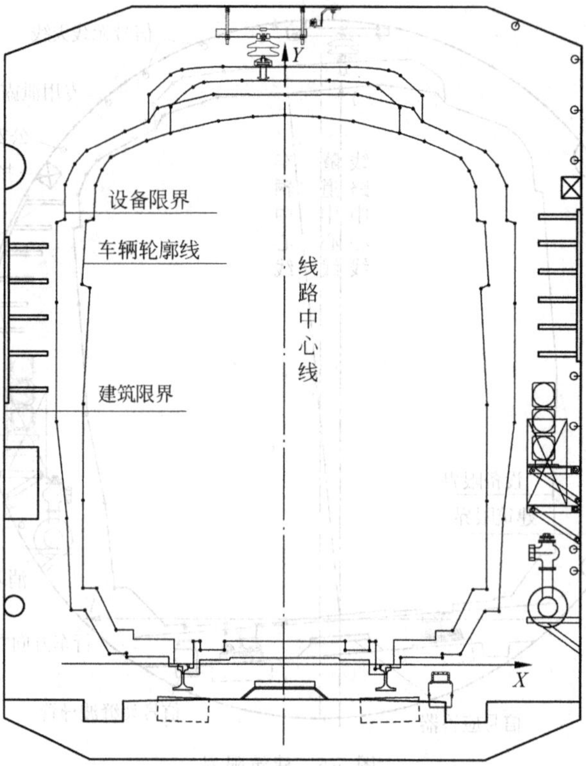

图 5-6　区间直线段矩形隧道建筑限界图

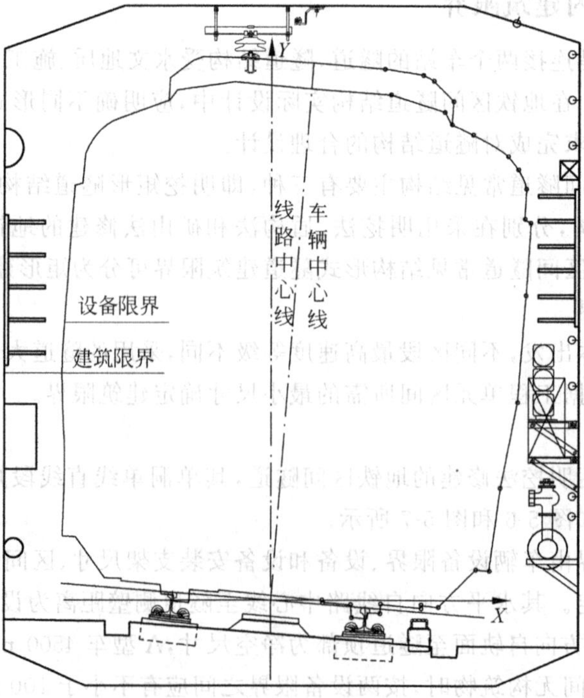

图 5-7　区间曲线段矩形隧道建筑限界图

矩形隧道建筑限界高度统一采用曲线地段最大高度，目的是便于模块化施工，降低成本，提高效率。

2. **马蹄形隧道**

马蹄形隧道是采用矿山法修建的地铁区间隧道。单线马蹄形隧道建筑限界宜按全线或工程单元区间采用矿山法施工地段的平面曲线最小半径和最大轨道超高确定，如图 5-8 和图 5-9 所示。

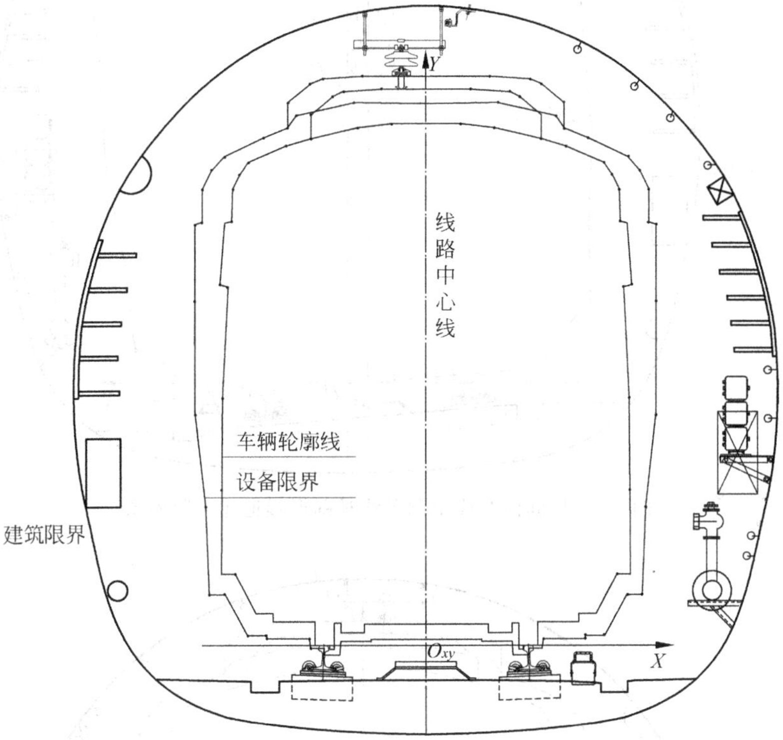

图 5-8 区间直线段单洞单线马蹄形隧道建筑限界图

马蹄形隧道宜按全线最小曲线半径确定建筑限界，也可按直线设备限界增加一种直线地段马蹄形隧道建筑限界，形成曲线和直线两种不同尺寸的马蹄形隧道建筑限界。按全线最小曲线半径确定建筑限界时，可按移动隧道中心的办法解决轨道超高带来的附加加宽量。单线马蹄形隧道建筑限界受地质条件影响，不做统一规定，应因地制宜确定最小经济断面尺寸。

3. **圆形隧道**

圆形隧道是采用盾构法修建的地铁区间隧道。单线圆形隧道建筑限界应按全线或工程单元区间盾构施工地段的平面曲线最小半径和最大轨道超高确定，如图 5-10 和图 5-11 所示。因道床结构高度不同，区间圆形隧道建筑限界直径中，普通道床地段最小应为 5200 mm，减振道床地段最小应为 5300 mm。确定隧道内径尺寸要体现经济型，应与施工设备和预制件等标准化规格相一致。辅助线的曲线半径小于正线最小曲线半径时，该地段的建筑限界应另行计算确定。竖曲线地段的建筑限界可不予加高(设备限界计算中已计入竖曲线加高量)。

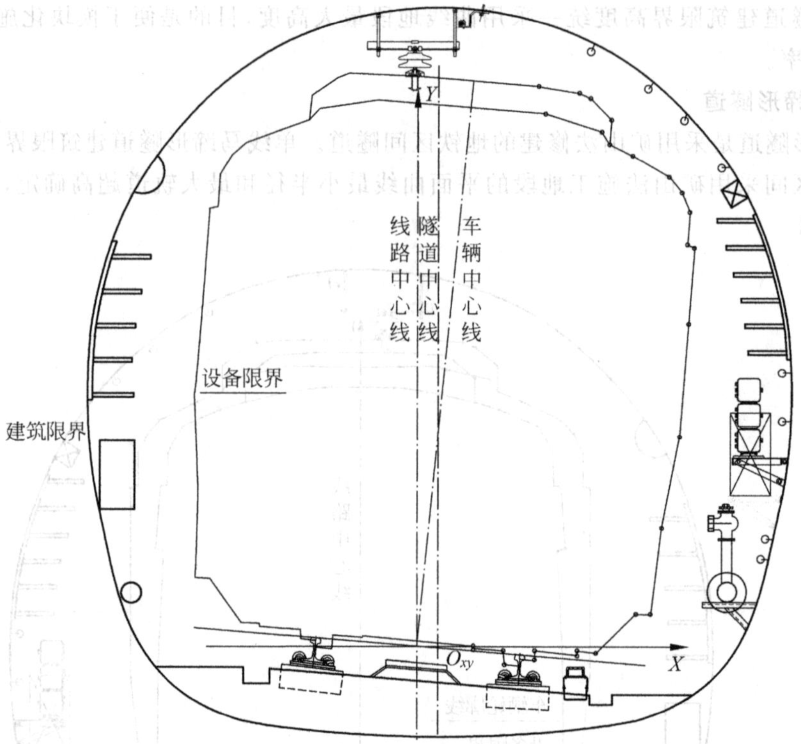

图 5-9 区间曲线段单洞单线马蹄形隧道建筑限界图

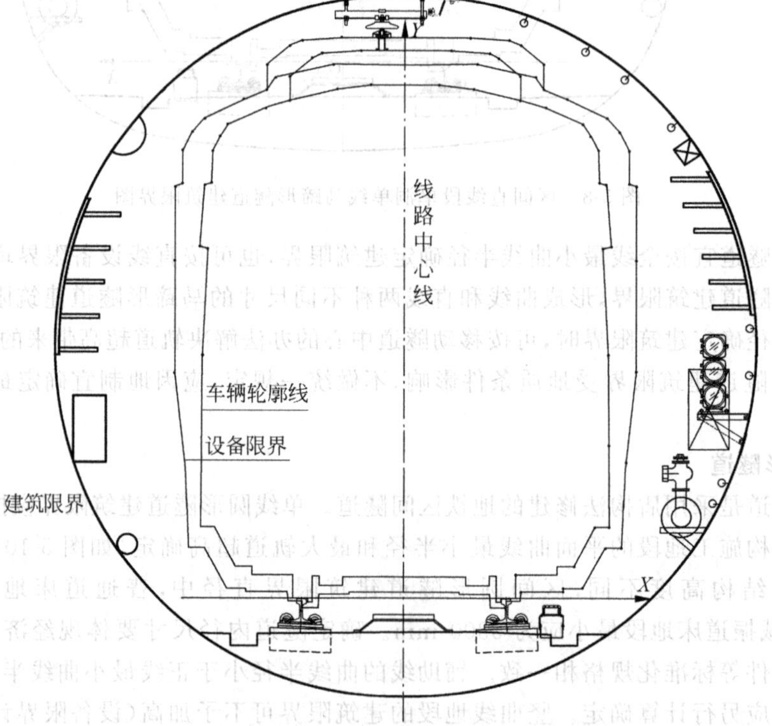

图 5-10 区间直线段圆形隧道建筑限界图

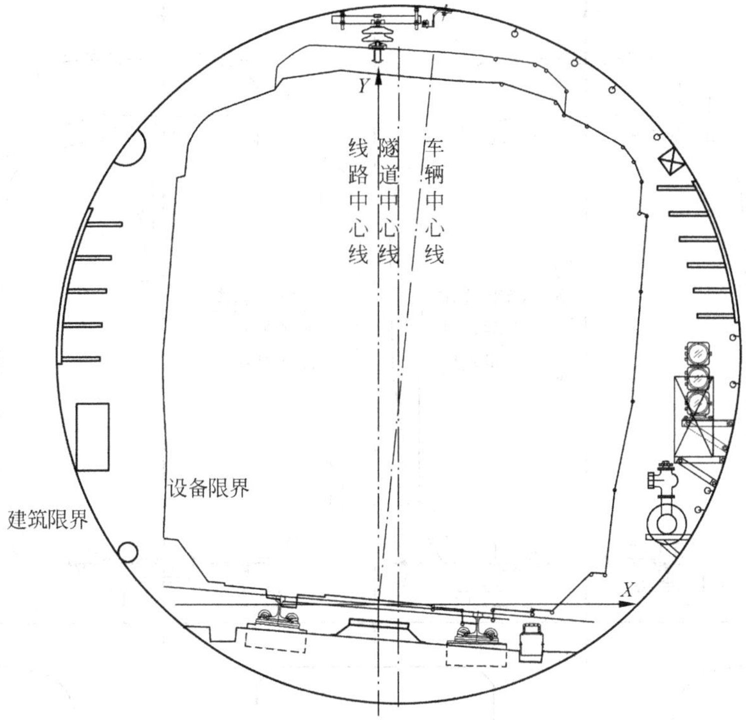

图 5-11 区间曲线段圆形隧道建筑限界图

5.3.2 高架建筑限界

根据市区交通环境需要，有时会在城市轨道交通线路上设计高架的人行通道。为保证安全，这种人行高架桥需要给城市轨道交通列车及设备留有适当的空间。这就是高架建筑限界。高架线(或地面线)建筑限界与设备限界之间的最小间隙应为 500 mm，如图 5-12 所示。

5.3.3 车站建筑限界

车站建筑限界根据线路分为直线地段车站建筑限界以及曲线地段车站建筑限界。

直线地段车站建筑限界应符合下列规定：

(1) A 型车站台面至轨顶面高度为 1030～1080 mm，B 型车站台面至轨顶面高度为 1000～1050 mm。

(2) 有效站台范围内，站台边缘与车厢地板面高度处的车辆限界之间的水平间隙不宜小于 10 mm，站台边缘与车厢地板面高度处的车辆轮廓线之间的水平间隙不应大于 100 mm。

(3) 有效站台范围外的站台边缘距设备限界的安全间隙不宜小于 50 mm，有效站台范围外可设过渡段，过渡段长度不应大于 20 m。

(4) 车站范围内有墙、柱的建筑限界：当墙、柱上悬挂设备时，应按设备限界加 400～500 mm 空隙确定；当墙、柱上不安装设备或管线时，线路中心线至墙柱的建筑限界可按设

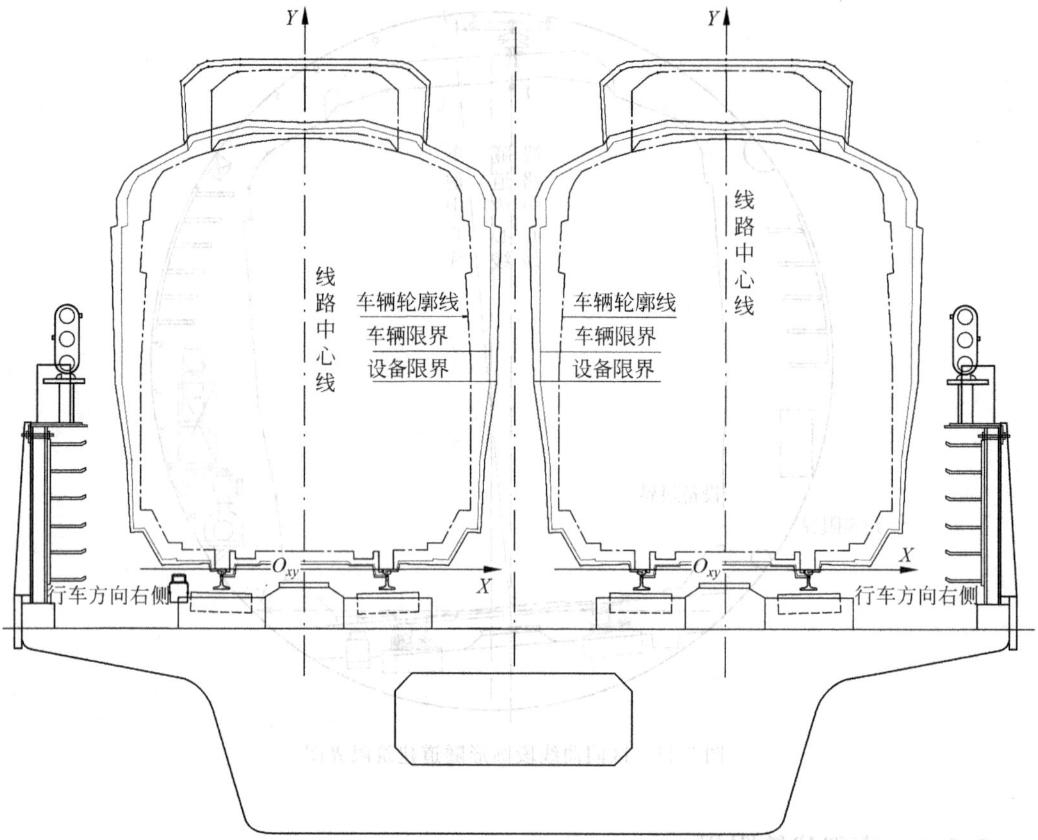

图 5-12 区间直线段高架桥建筑限界图

备限界加 200 mm 空隙确定；困难条件下不应小于 100 mm。

(5) 车站有效站台范围内的屏蔽门或栏杆与车辆限界之间的安全间隙不应小于 25 mm。

直线段地下岛式车站建筑限界图如图 5-13 所示。直线站台指计算长度范围前后站端点之外至少含有车辆定距与转向架固定轴距之和长度的直线轨道，不足会受曲线因素影响。站台面与车厢地板面高差、站台边缘距车辆轮廓横向间隙、屏蔽门距车辆轮廓横向间隙等既影响行车安全，也影响乘客乘降安全，故要求严格执行。站台边缘距车辆轮廓横向间隙的缩小有利于乘客乘降安全，采取车站计算站台长度范围内负公差控制轨距值、缩小车辆客室门槛区轮廓宽度制造误差值及提高最小轮缘外侧距下限值（轮缘磨耗优化平衡镟轮法）等措施使得车辆偏移量减小，让站台限界环境得以改善。在保证乘客乘降安全的前提下，基于系统提效的需求，必然将提高停站、进站、出站端速度。当校核车辆需要的站台边缘距离车辆轮廓横向间隙略显不足时，从经济性角度推荐采用头车前端底架边梁设置软性块以适应极端情况下的小概率接触安全。屏蔽门限界距附加车辆限界的最小安全间隙为 15 mm。

曲线站台应按直线站台车辆限界加曲线偏移量及安全留量确定，曲线站台边缘至车辆轮廓线之间的间隙不得大于 180 mm。曲线站台的半径越小，需要加宽的量越大，因而站台边缘距车辆轮廓横向间隙、屏蔽门距车辆轮廓横向间隙也随之增大，对乘客乘降安全不利。为此需要强制控制加宽量以确定曲线站台允许的最小半径。

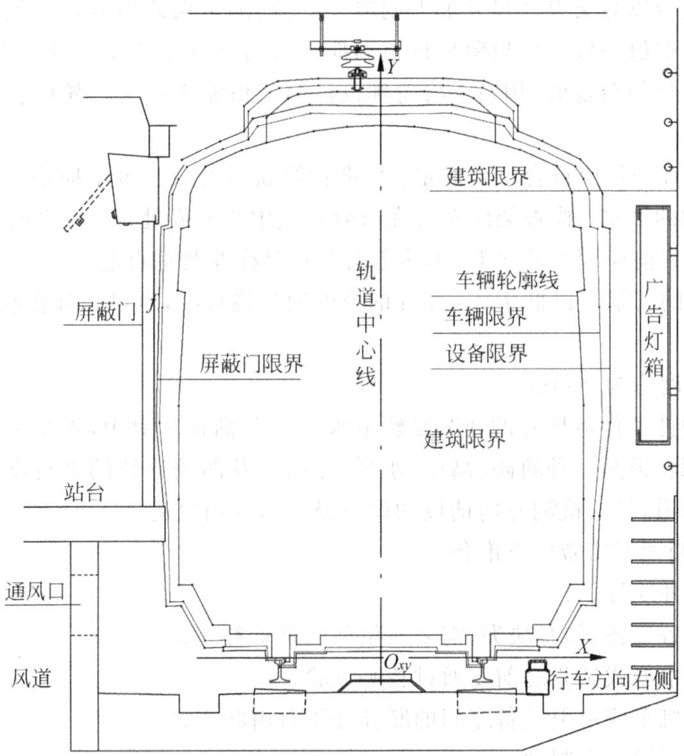

图 5-13 直线段地下岛式车站建筑限界图

5.3.4 道岔区建筑限界

道岔区的建筑限界,应根据实际选定的道岔和车辆技术参数,以及车辆通过道岔的速度,在直线地段建筑限界的基础上进行加宽。在安装风机、风管、接触网隔离开关、道岔转辙机等设备的地段,应在设备限界要求的基础上确定建筑限界,必要时应采取局部加宽、加高措施。当道岔区的电缆需从隧道顶部过轨时,建筑限界高度应考虑电缆桥架结构高度的需要进行加高。当采用接触网受电时,隧道建筑限界可不加高。

5.4 限界检查

5.4.1 车辆轮廓的检查

新造或架修、大修期间,车辆落车后要进行一系列的机械测试和调节,包含车辆限界试验。车辆限界试验的目的是检验车辆在线路上运行时与周围环境之间的限界安全性。由于车辆动态包络线的计算中考虑了很多的随机因素,这些因素是无法在检验中进行模拟的,因此无法检查车辆的动态限界,只能检查车辆的静态限界。车辆的静态限界是按照车辆的设计轮廓加上车辆制造和调节时的制造公差得出的,车辆任何部分都不能超出车辆静态限界的范围。

采用固定式轮廓检查架模板进行车辆轮廓检查。检查架模板坐标系应采用基准坐标系。模板坐标值应以名义设计尺寸加上制造公差值、测量误差值确定。制造公差取值要求与限界校核计算取值一致。如果限界校核局部结果与标准车辆限界间存在余量，模板坐标值可含不大于校核的余量值，相当于将轮廓设计名义值略微扩大。轮廓检查台位应符合下列规定。

(1) 基本检查条件应符合下列规定：标准检测轨道有效长度不应小于车辆定距加转向架固定轴距之和的2倍；检查架应布置在有效长度中心断面处；检查时轮对应对中。

(2) 车辆检查前应调整转向架、车体等的左右对称性及垂直度。

(3) 被检查的车辆应以低于3 km/h的速度通过检查架，也可在静止状态检查车辆断面外廓尺寸。

(4) 测量精度应为2 mm。

检查测量硬件条件最核心的环节是轨道水平和车辆轮对对中，否则测量不准确易引起误判。限界检测轨道是一种轨距、高度、水平、方向以及两条钢轨的平行度等几何误差趋近于零的高精度轨道，是为检测专门铺设的误差极小的专用轨道。

检查前，被测列车需做以下准备：

(1) 供气有外线提供；

(2) 车辆设备完备，如有缺失，需要质量部门负责补充；

(3) 在开始本型式试验之前要通过找平试验；

(4) 车体与机车或牵引设备之间的联挂处于自由状态；

(5) 要完全缓解所有制动。

检查按以下流程进行：

(1) 安装调整限界检查架；

(2) 将待测车辆移至测量位；

(3) 给空气弹簧充气，并等待几分钟以使车辆状态稳定；

(4) 缓慢移动车辆通过限界检查架；

(5) 移动过程中检查车辆和限界检查架的干涉情况。

轮廓检查应以各被检断面不超出限界检查架检查坐标值为合格。如局部存在超差，应分析产生的原因，是否为调整不到位或测量环节引起的。排除异常因素后，若存在超差需整改。

5.4.2 设备的限界检查

设备安装虽然是在已建好的建筑上(已经满足建筑限界要求)进行的，但地铁沿线设备品种繁多，有的单位对设备限界认识不足，安装误差大，稍有不慎就有可能侵限，故有必要对设备限界进行系统、全面的检查。

线路设备包括分布在轨道左右侧、顶部、轨道面内外所有受设备限界控制的安装设备。对于沿行车方向非点状连续分布的设备，需要实施连续检查，若离散抽检，会存在漏检，稍有不慎就有可能侵限。对加宽沿距离变化的断面，至少要检查相应的设计控制断面，尽可能以无极变化连续检查。

目前，地铁设备限界最常用的方法是断面检测法。检查测量的基准是轨道中心线，测量装置的零点需与轨道中心线重合，检查坐标值设定应以设备限界加设备变形预留值确定。

避免测量装置推行时左右晃动，产生较大的误差，引起误判。根据设备限界尺寸，根据不同的断面、半径制作一个可以伸缩的框架，固定在平板车上，作为限界检测车。将其用内燃机牵引，对全线逐段进行检测。

线路上的设备安装、改造及维护更换结束后应检查设备不得侵入设备限界。建设期间设备的限界检查应在铺轨后进行。检查范围应为车辆行驶的所有区域。检查测量应沿纵向连续进行，不应采用离散式或间断式检查方式，以免漏检。

检查测量精度应为 5 mm，站台、屏蔽门及纵向疏散平台等重点部位的检查测量精度应为 2 mm。

5.4.3 建筑的限界检查

线路结构内净空尺寸断面测量基准应采用结构中心，由若干断面结构中心形成轴线。检查值应以建筑限界加变形预留值确定。检查测量精度应为 10 mm。

复习思考题

5.1 什么是限界？

5.2 规定限界的目的是什么？

5.3 限界包含哪几个方面？

5.4 车辆限界与车辆轮廓线之间的空间需要考虑哪些因素？

5.5 建筑限界与设备限界之间的空间需要考虑哪些因素？

第6章

城市轨道交通的车站

在城市轨道交通的线路上，供列车到、发、通过及乘客正常乘降的分界点称为车站。车站是城市轨道交通运输工作的基层单位，是供乘客乘降列车的处所。大量的行车、客运设备均设在车站，车站除办理客运业务外，还办理列车到发及调车等行车作业。车站也是地铁内部各工种进行各项作业的汇合点。

城市轨道交通车站是城市轨道交通系统中最重要的组成部分，它是旅客上下车、换乘和候车的场所，需要具备良好的通风，以及舒适、清洁的环境。同时，车站也是列车到发、通过、折返、临时停车的地点，应容纳主要的技术设备和运营管理系统，从而保证城市轨道交通的安全运行。

6.1 车站的分类与站型

6.1.1 车站的分类

车站可按空间位置、站台形式、运营功能等进行分类。

1. 按车站与地面关系分类

按车站与地面的相对位置关系，车站可以分为地下车站、地面车站及高架车站，如图 6-1 所示。

地下车站一般由地面出入口、中间站厅、地下站台三个主要部分组成。其中，地面出入口是车站的门户，是客流集散的第一通道；为了不占用地面空间，地下车站的中间站厅一般设在地下一层，其主要功能是：集散客流、售检票、服务、设置管理与设备用房；地下站台设在地下二层，是供列车停靠、乘客乘降的功能层，由站台与线路、乘降设备等组成。

地面车站设在地面上，建筑风格与周围的环境相协调，其大小会受地面空间资源限制。这种车站在城市中心范围内建设得较少。

高架车站是月台等车站设施均架设于高架构造物之上、离地面有一定高空落差距离的车站。高架线路一般位于中心城外的地面上。高架车站多采用双层设计，站台层在上方，站厅层在下方，也可以利用高架桥下的站外广场。

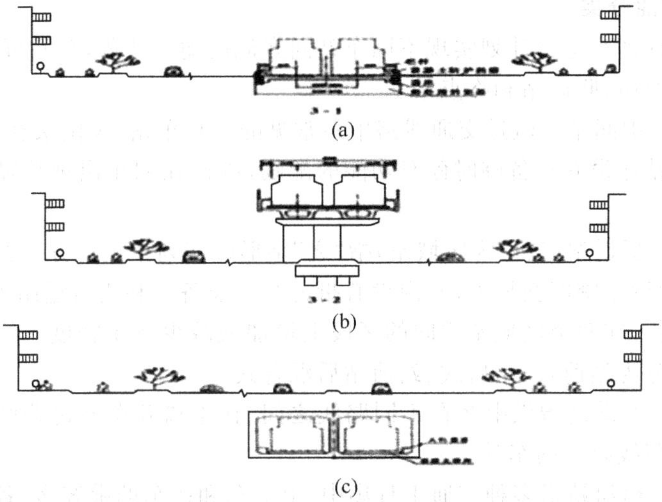

图 6-1 按车站与地面的相对位置进行分类

（a）地面车站；（b）高架车站；（c）地下车站

2. 按站台形式分类

按车站站台形式，车站可分为岛式站台车站、侧式站台车站以及混合式站台车站，如图 6-2 所示。

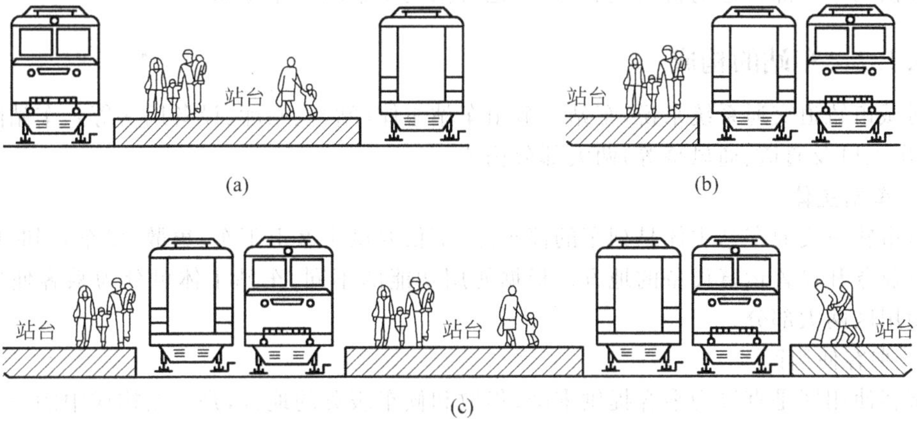

图 6-2 按站台形式进行分类

（a）岛式站台；（b）侧式站台；（c）混合式站台

岛式站台，又称为中置式站台、中央站台，位于上、下行车线路之间。岛式站台总宽度较侧式站台小，与站台相关的设备（如电动扶梯）只需购置一组，可降低投资及运营成本，较易于监控，旅客若搭错路线较易于换线返回；但具有面积受限制的缺点。

侧式站台，又称为相对式站台或对向式站台，位于上、下行车线路的两侧。侧式站台的上行与下行乘客分别在各自的站台上、下车，不会发生混合，改建容易；但其利用率较岛式站台低，不可调剂客流，车站管理分散，站台空间不及岛式站台宽阔。

混合式站台，是岛式站台和侧式站台的集中体现，可根据实际情况更好地利用车站站台。现在的大型车站一般都为混合式站台。

3. **按运营功能分类**

为了按特定的列车运行计划实现不同车站间客流的输送任务，车站可以分为中间站、折返站、换乘站、枢纽站、联运站和终点站。

(1) 中间站。中间站是轨道交通线路中最常见的一种车站，仅供乘客上下车使用，功能单一。少数中间站还设有具备临时停车功能的配线，以便在列车出现故障时进行及时的行车调整。

(2) 折返站。折返站(又称为区域站)指"之"字形改变列车运行方向并可会让列车的车站，设在两种不同行车密度交界处，站内设有折返线及设备。利用折返站可根据客流量大小合理组织列车运行，在两个区域站之间的区段上增加或减少行车密度。根据折返线与车站的相对位置可以分为站前式、站后式、站前站后混合式。

(3) 换乘站。换乘站指供乘客在不同路线之间，在不离开车站付费区及不另行购买车票的情况下进行跨线乘车的车站。

(4) 枢纽站。枢纽站指多种交通工具集中，上下车和换车的乘客多，各条线路的站点比较集中，用来实现交通方式转换的车站。枢纽站的布置应注意旅客、行人和车辆的安全，尽量使换车乘客不穿越行车道且步行距离最短。

(5) 联运站。联运站内设有两种不同性质的列车线路进行联运及客流换乘。联运站具有中间站及换乘站的双重功能。

(6) 终点站。终点站是设置在线路两端的车站，对列车而言，终点站也是起点站。终点站可提供列车全部折返的折返线和设备，也可供列车临时停车检修。

6.1.2 车站的构成

对城市轨道交通系统来说，车站一般由车站主体(站台、站厅、设备用房等)、车站附属建筑物(出入口及通道、通风亭等)两大部分构成。

1. **车站主体**

城市轨道交通车站主体是列车的停车点，不仅要供乘客上下车、集散、候车，同时也是办理运营业务和设置运营设备的地方。根据使用功能的不同，车站主体可分为乘客使用区和车站使用区两大部分。

1) 乘客使用区

乘客使用区是直接为乘客提供乘降、集散和候车服务的地方，是车站构成中的一个重要组成部分，其设计代表着一个城市的风格与特色。

乘客使用区根据服务环节可划分为多种功能区域，比如出入口区、售票区、检票区、信息服务区、楼梯区、乘降区等。其中，售票区、检票区、信息服务区、乘降区等提供票务、信息和乘车等客运服务的区域称为服务区域，出入口区、楼梯区等连接不同厅层和服务区域的区域称为连接区域。

乘客使用区根据乘车权限可划分为付费区和非付费区。站厅层检票闸机以内部分和站台层属于付费区，站厅层检票闸机以外及出入口和通道层属于非付费区。非付费区与出入口及通道相连，以检票闸机为界限，乘客在该区域无乘车权限。在该区域内会设置售票区、查询区、银行、公用电话等公共设施。

2) 车站使用区

车站使用区主要供车站工作人员使用，直接或间接为列车运行和乘客提供服务，一般分别设在站厅层和站台层的两端，包括运营管理用房、设备用房和辅助用房三部分。运营管理用房主要包括站长室、行车值班室、会议室、公安安全室、清扫员室等，用于保证车站正常运营和营业秩序。设备用房主要包括环控室、变电所、信号室、泵房、票务室及附属用房等，这些用房与乘客无直接关系，一般设在离乘客较远的地方。辅助用房主要包括卫生间、储藏室、茶水间和会议室等，是为了保障车站内部工作人员正常工作、生活所设置的地方。

2. 车站附属建筑物

车站附属建筑物所涉及的地面站房、出入口以及通风亭均需结合所在地区城市规划，其地面部分的立面设计要做到简洁、大方，与周围环境相协调。出入口及通道是供乘客进、出车站的建筑设施，出入口的数量应根据车站情况并按照车站远期预测客流量计算确定，一般不宜少于 4 个。通风亭是地铁车站及区间隧道与外界进行空气交换的端口，是地铁通风空调系统不可缺少的部分。作为地铁线路和车站的地上附属建筑，每一个区间段或车站附近都需设 3～8 个通风亭。

6.1.3 车站的站型

针对不同的过轨线路走向，相应的过轨车站站型布置方案也有所不同。常见的车站站型包括直线型车站、Y 型车站、交织型车站，如图 6-3 所示。

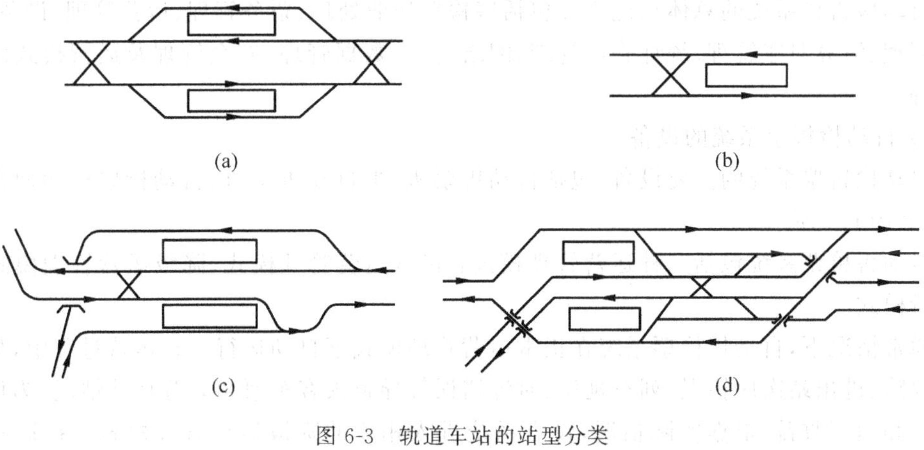

图 6-3 轨道车站的站型分类

(a) 直线型过轨站四线式站台；(b) 直线型过轨站双线式站台；(c) Y 型过轨站；(d) 交织型过轨站

直线型车站的布置，通常为对称的双岛四线式站台，适用于过轨作业量较大的情况，过轨作业通过最外侧的配线完成，折返线位于岛式站台之间，保证过轨作业不受折返作业的干扰。直线型车站的另一种常见布置形式，为一岛双线式站台，过轨作业受到折返作业的影响，适用于过轨作业及折返作业量较少的情况。

Y 型车站的布置，为正线中穿的双岛式站台，过轨汇合点位于站后，适用于本线通过作业量较大且过轨两条线路的双方向客流均较为均衡的情况。

交织型车站为正线外包的双岛式站台，由于多个方向的列车进路交织，应尽量避免平面交叉，多采用立体疏解，站线配置较为复杂，可根据实际情况增设渡线并加以调整。

6.2 车站的设备与应用

6.2.1 机电设备

车站的机电设备包括自动售检票系统、电梯系统、屏蔽门系统、给排水系统、通风空调系统等,设备繁多、复杂,涉及很多专业,管理与维修也较为复杂。

1. 自动售检票系统

自动售检票系统(automatic fare collection, AFC),是基于计算机技术、网络技术、现代通信技术、自动控制技术、大型数据技术、机电一体化技术、模式识别技术、传感技术、精密机械技术等多项新技术于一体的大型系统。在城市轨道交通系统中,自动售检票系统以其高度的智能化设计,扮演着售票员、检票员、会计、统计、审计等角色,通过数据收集和控制系统实现了票务管理的高度自动化。

1) 自动检售票系统的功能

自动检售票系统可以精确记录乘客乘车的起、终点,准确掌握客流时空分布规律,实时统计各线路及各车站的客流量,为地铁运营组织提供基础数据,应对客流变化,及时调整运力,缓解拥挤。它不但是地铁运营面向乘客的窗口,也是运营收入的现金流,它的性能的好坏直接影响到城市公共交通系统的形象,影响到城市畅通工程的顺利实施。

自动检售票系统的总体功能主要包括售检票作业处理、票务管理、运营管理、设备管理、财务管理、清算对账管理、统计查询管理、网络管理、数据管理、安全管理及运营模式的监控管理等。

2) 自动检售票系统的设备

自动检售票系统的主要设备,包括自动售票机、半自动售票机、自动检票机和便携式检票机,如图 6-4 所示。

自动售检票系统包括三种运营管理模式:正常运营管理模式、降级运营管理模式和紧急放行模式。

通常情况下,自动售检票系统在正常运营管理模式下自动运行。在运营过程中,如出现列车故障、进出站次序错误、列车延误、时钟错误等导致乘客车票超时等特殊情况,为保证客运安全和运营收益,根据实际情况,设定系统进入相应的降级运行管理模式。在运营过程中,当车站或列车发生火灾、爆炸等危及乘客和工作人员安全的紧急情况,需要乘客紧急撤离车站时,应启用紧急放行模式。

2. 电梯系统

城市轨道交通地铁每个车站均设有自动扶梯和电梯乘降设施,可将地面上需乘坐地铁的乘客送入车站站台处或将乘坐地铁下车的乘客送至地面,是地铁车站大运载、无障碍、快捷、舒适便利的主要运输工具,同时对客流及时疏散起到了至关重要的作用。

电梯系统由自动扶梯、液压梯和楼梯升降机组成,分别如图 6-5 所示。

自动扶梯,是带有循环运动梯路向上或向下倾斜,运输乘客的固定电力驱动设备。按驱动装置位置,可分为端部驱动自动扶梯与中间驱动自动扶梯两种。

液压梯,是用于多层建筑结构车站的固定式升降运输设备,它有一个轿厢,沿着垂直或

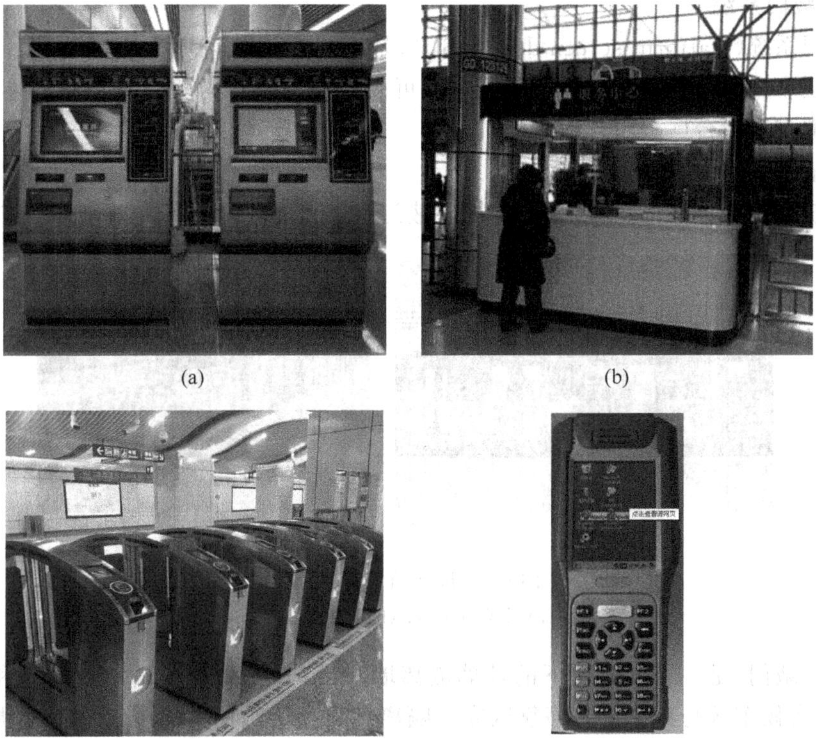

(a) (b) (c) (d)

图 6-4 自动售检票系统的主要设备

(a) 自动售票机；(b) 半自动售票机；(c) 自动检票机；(d) 便携式检票机

(a) (b) (c)

图 6-5 地铁车站内常见的电梯类型

(a) 自动扶梯；(b) 液压梯；(c) 楼梯升降机

倾斜角度小于15°的导轨在各楼层间运行，是输送人员或货物的垂直提升设备。

楼梯升降机，是一种较新颖的设备，安装在车站站台到站厅、地面到站厅步行楼梯侧，提供给坐轮椅的乘客上下楼梯使用，目前国内地铁站常用的是轮椅平台式楼梯升降机。

在电梯系统中，自动扶梯具有较大的优势，具有输送客运量较大，人流均匀，能连续运送人员的优势，并且可以逆转，能向上和向下运转，有效提高设备利用率，同时，当停电或重要零件损坏需要停用时，可作为普通扶梯使用。

3. 屏蔽门系统

屏蔽门系统(platform screen door,PSD),是安装在城市轨道交通车站站台边缘,将轨道与站台候车区隔离,设有与列车门相对应,可多级控制开启与关闭滑动门的连续屏障,称为城市轨道交通站台屏蔽门,简称屏蔽门。

1) 屏蔽门系统的分类

城市轨道交通屏蔽门系统,包括全高屏蔽门和半高屏蔽门两种类型,如图 6-6 所示。

(a)

(b)

图 6-6 屏蔽门系统的分类

(a) 全高屏蔽门;(b) 半高屏蔽门

全高屏蔽门,是一道自上而下的玻璃隔离墙和活动门,沿着车站站台边缘和两端头设置,能把站台候车区与列车进站停靠区完全隔离。全高屏蔽门适合安装在有空调系统的站台,一般为地下站台,是最常用的一种。

半高屏蔽门,是一道上不封顶的玻璃隔离墙和活动门或不锈钢篱笆门,主要起隔离作用,提高站台候车乘客的安全性,通常适合没有安装空调系统的站台,一般为地面站台或高架站台。半高屏蔽门的高度要求不小于 1.2 m,通常高度为 1.2~1.4 m。

2) 屏蔽门系统的作用

屏蔽门作为站台公共区域与轨道列车之间的可控通道,能够在列车进站时配合列车车门动作打开和关闭,为乘客提供上、下车的通道。其主要作用包括以下几点:

(1) 防止乘客或物品因车站客流拥挤或其他原因落入轨道,杜绝因此引发的事故、延迟运营与额外成本,保证列车的正常运营,为城市轨道交通实现无人驾驶创造条件。

(2) 减少列车噪声及活塞风对站台候车乘客的影响,改善乘客候车环境。

(3) 更好地管理乘客,避免非工作人员进入隧道。

(4) 减少站台区与轨道区之间气流的交换,降低空调系统的运营能耗。

(5) 对车站整体空间布置进行简化,减少设备容量、数量、土建工程量等投资建设成本,产生良好的社会效益和经济效益。

4. 给排水系统

给排水系统是地铁车站内生产、生活、消防救援的重要保障,能够及时有效地将车站运转产生的生活污水、生产废水、雨水等排入市政管网,保证车站的正常运营。

1) 给排水系统的构成

城市轨道交通给排水系统主要包括给水系统、排水系统和消防水系统。

给水系统,用于满足车站和车辆段、控制中心、主变电站、集中冷站等附属建筑内工作人员的生活用水、厕所冲洗用水、通风空调系统的循环冷却、冷冻补充用水的水量、水压和水质的要求。

排水系统，用于及时排除车站和车辆段、控制中心、主变电站等附属建筑内工作人员的生活污水、厕所冲洗水；及时排除地下区间的结构渗透水、冲洗水及消防废水；及时排除地下区间隧道出洞口敞开段、地下车站出入口、敞开式通风亭、高架车站及区间的雨水。

消防水系统，用于满足车站和车辆段、控制中心、主变电站等附属建筑及地下区间的消火栓用水的水量、水质和水压的要求；同时满足自动喷水灭火系统用水的水量、水质和水压的要求。

2）给排水系统的设计原则

必须满足生产、生活和消防用水对水量、水压和水质的要求，并应坚持综合利用、节能用水的原则。

水源应优先采用城市自来水，当沿线无城市自来水时，应和当地规划等部门协商，采用其他可靠的供水水源。

除生活污水及粪便污水应单独排放外，结构渗漏水、冲洗水及消防废水和雨水等可以按合流排放。生活及粪便污水的排放，必须符合当地和国家现行排水标准的规定。

5. 通风空调系统

通风空调系统，即城市轨道交通的内部空气环境控制系统，简称环控系统，采用通风和空调系统进行控制。通风空调系统应保证城市轨道交通内部空气环境的空气质量、温度、湿度、气流组织、气流速度和噪声等均能满足人员的生理及心理条件要求和设备正常运转的需要。

1）通风空调系统的组成

通风空调系统分为通风系统和空调系统。按控制区域分，由隧道通风系统和车站通风空调系统两部分组成，如图 6-7 所示。其中，隧道通风系统又分为区间隧道通风系统和车站隧道通风系统；车站通风空调系统又分为车站公共区域通风空调系统、车站设备管理用房通风空调系统和空调水系统。

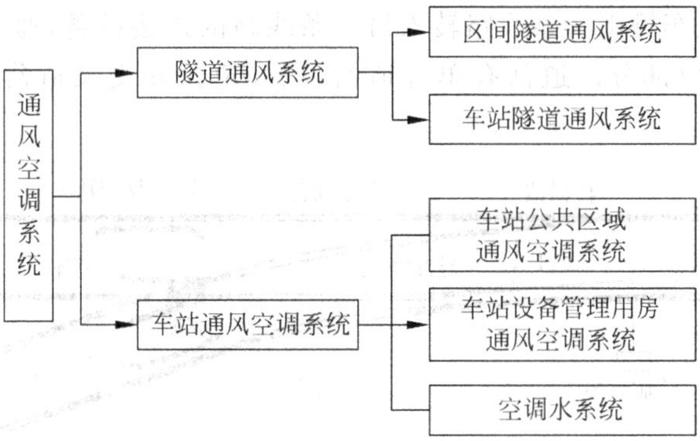

图 6-7　通风空调系统的组成

2）通风空调系统的功能

正常运行时为乘客提供舒适的乘车环境，为城市轨道交通工作人员提供舒适的工作环境，为系统设备提供良好的运行环境。

阻塞运行时能保证阻塞列车空调器正常运行，为疏散乘客提供足够新风，并引导乘客安全疏散。

当列车在区间隧道发生火灾事故或车站内发生火灾事故时，应具备防灾排烟通风功能。

6.2.2 行车设备

1. 线路

车站线路包括正线、配线、折返线、联络线和停车线等。

正线，是列车在站内到发、通过及停留的线路。

配线，是供列车待避、越行的线路，为了降低工程投资，轨道交通车站一般不设置配线。

折返线，是供列车折返的线路，折返线的布置应尽可能保证线路最大通过能力的实现。

联络线，是在不同线路间建立连接的线路，可分为国铁联络线和路网联络线。设置目的：为列车转线提供通道，满足路网车辆资源共享的需要；供检修车或工程车转线使用；两线间的联络线可实现不同线路的跨线运营需要；同线联络线主要用于车辆及其他大型设备的运输，必要时也可作为车辆转线之用；在紧急情况下，还可以作为救援通道。

停车线，是临时停放列车的线路，停车线的设置应兼顾运营功能需要与车站造价控制。

地下车站的线路通常采用"高站位、低区间"设计。列车在进站前上坡缓行、出站后下坡加速。这种凸形纵断面设计对行车安全、节约电能、减少加减速时间、降低乘客出入站升降高度、降低造价和缩短工期都是有利的，如图 6-8 所示。同时，地下车站的线路坡度，考虑排水因素与防止列车溜逸，一般设计为 2‰。地面车站与高架车站的线路一般设置在平道上。

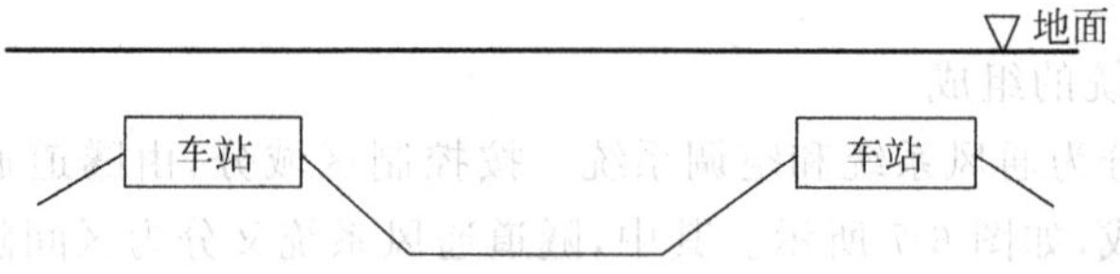

图 6-8 高站位低区间示意图

2. 道岔与渡线

道岔，是使列车、车辆由一条线路转入另一条线路的连接设备，通常设置在车站上和车辆段内，是轨道的组成部分。道岔有单开道岔、双开道岔和交叉道岔等类型，单开道岔如图 6-9 所示。

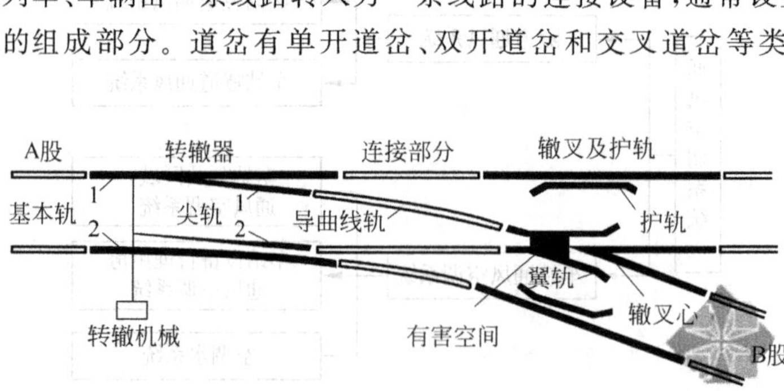

图 6-9 单开道岔示意图

渡线，是指用以连接两条平行钢轨的一段铁轨，使平驶于某线路的列车可以换轨至另外一条线路。渡线有单渡线和交叉渡线两种，如图 6-10 所示。设置渡线的主要目的：在线路上设置临时折返点，方便列车在非正常运营时的调度组织，夜间工程车和检修车等的转线作业。

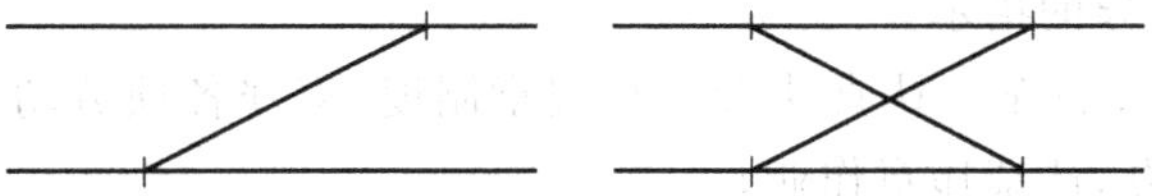

图 6-10 渡线示意图

(a) 单渡线；(b) 交叉渡线

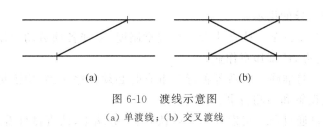

渡线的布局应在满足运营组织要求的基础上结合全线折返站和停车线分布以及线路条件选定。

渡线设置位置的合理性可通过渡线布置均匀度和与车站位置吻合度两个指标来反映。渡线布置均匀度是指渡线布置间距的均匀程度(包括具有渡线功能的临时停车线和折返线),合理的渡线布置应当比较均匀地分布在线路上,以提高线路整体的运营灵活性；与车站位置吻合度是指渡线与车站位置的贴近程度。渡线一般布置在车站附近,便于提高效率、运营管理及应急抢修。

一般来说,在轨道交通线路沿线每隔 3～5 个车站的站端应加设车辆停车线或渡线。

3. 信号与通信设备

为保证行车作业安全和提高行车作业效率,车站设置信号、联锁和通信设备。

信号设备：车站信号设备通常有出站信号机、发车表示器、防护信号机和阻挡信号机等。

车站联锁设备：车站联锁设备在道岔、信号机、进路之间建立起一种相互制约的联锁关系,是保证列车站内运行或折返作业安全的设备。联锁设备设置在有道岔的车站,包括电气集中联锁设备和微机联锁设备两种类型。

在采用列车自动控制(ATC)系统的情况下,车站还设置与 ATC 系统有关的设备,如车站 ATS 设备等。

通信设备：用于车站行车作业的通信设备主要有站间行车电话、集中电话和无线调度电话等。

6.3 车站的运作与管理

在日常运营生产活动中,车站的日常工作主要由行车作业和客运服务作业两部分组成。车站的行车作业包括组织列车到达、出发、折返等。车站的客运服务作业包括售票、检票、乘客乘降组织及换乘作业等。

6.3.1 行车作业

1. 行车作业的基本要求

车站行车作业包括行车接发作业、列车折返作业等。车站行车作业应按照列车运行图要求,不间断地接发列车与折返列车,确保行车安全与乘客安全。对车站行车作业的基本要求如下：

(1) 执行命令听从指挥。严格执行单一指挥制,车站行车作业由车站值班员统一指挥。列车在车站时,列车司机应在车站值班员指挥下进行工作。车站值班员应认真执行行车调度员的命令和上级领导的指示。

(2) 遵章守纪按图行车。认真执行行车规章制度，遵守各项劳动纪律。办理作业正确及时，严防错办和忘办，严禁违章作业。

(3) 作业联系及时准确。联系各种行车事宜时必须程序正确、用语规范、内容完整、简明清楚，严防误听、误解和臆测行事。

(4) 接发列车目迎目送。接发列车严肃认真、姿势端正，认真做好看、听、闻，确保列车安全运行。

(5) 行车报表填写齐全。行车报表包括各种行车凭证、行车日志和各种登记簿。应按规定内容、格式认真填写各种行车报表，保持报表完整、整洁。

2. 接发车作业

车站接发车作业的主要内容是办理闭塞、准备进路和接送列车等。其中办理闭塞与准备进路这两项作业，正常情况下由控制中心办理，非正常情况下由车站办理。

正常情况下，采用自动闭塞时，区间闭塞是自动办理，接发列车作业由控制中心办理。此时，车站值班员通过行车控制台监视列车进路排列、信号显示、列车到发和通过情况，以及列车运行状态是否正常等。当采用行车指挥自动化时，控制中心 ATS 根据列车运行图及列车运行实际情况，通过车站联锁设备自动排列进路，实时控制列车接发作业。若控制中心 ATS 自动功能故障时，列车进路由行车调度员人工排列。当采用调度集中时，由行车调度员通过进路控制终端控制管辖线路上的信号机、道岔，人工排列列车进路、办理列车接发作业。

非正常情况下，控制权下放到车站时，接发列车作业由车站办理。

在启用区间闭塞设备时，行车闭塞法为双区间闭塞法；在停用自动闭塞设备时，行车闭塞法为电话闭塞法。上述两种情形下，区间闭塞由车站值班员办理。

在区间闭塞由车站值班员办理的情况下，列车进路也由车站值班员排列。此外，如果仅是控制中心 ATS 的自动排列进路功能故障，列车仍可按自动闭塞法行车，此时将控制权下放给集中站，由车站值班员在联锁工作站上排列进路，办理列车接发作业。

1) 列车进路与联锁

列车在车站上到达、出发或通过所需占用的一段线路称为列车进路。列车进路的排列通常涉及道岔位置的转换，列车进路的防护则由设置在进路入口处的信号机担当。为了确保列车进路安全，在道岔和信号机之间以及信号机和信号机之间建立的相互制约关系称为联锁。联锁设备是实现联锁关系的技术设备。

2) 列车进路办理

电气集中联锁。在采用电气集中联锁设备时，列车进路办理在行车控制台上进行。在行车控制台上按下拟建立进路的始、终端按钮，只要该进路区段无车辆占用以及无敌对进路存在，与进路有关的所有道岔即会自动转换到规定位置并锁闭，即进路排列完成。

微机联锁。在采用微机联锁设备时，列车进路办理在操作员工作站上进行。当列车驶入进路，防护信号机关闭，随着列车的运行，进路可逐段解锁。

3. 列车折返作业

1) 列车折返方式

根据车站折返线的布置，列车折返方式主要有站后折返、站前折返和混合折返三种。

站后折返：站后布置的折返线如图 6-11 所示，图 6-11(a)是列车在终点站站后折返时的尽端线折返设备；图 6-11(b)是列车在中间站站后折返时的单渡线折返设备；图 6-11(c)是列车在终点站站后折返时的环形线折返设备。

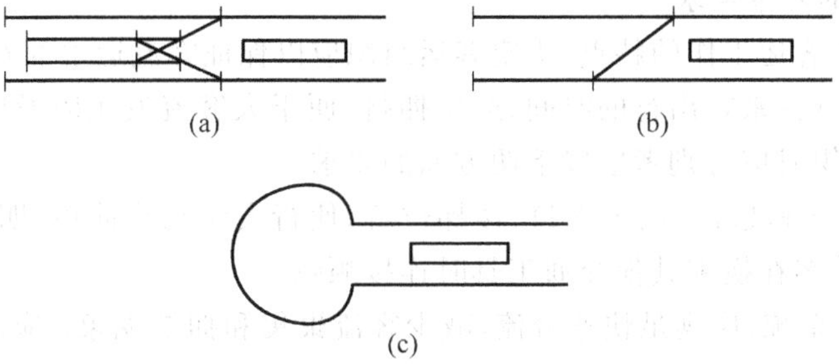

图 6-11 站后折返

(a) 尽端线折返；(b) 单渡线折返；(c) 环形线折返

站前折返：站前布置的折返线如图 6-12 所示。图 6-12(a)是列车在终点站站前折返时的交叉渡线折返设备；图 6-12(b)是列车在中间站站前折返时的单渡线折返设备。

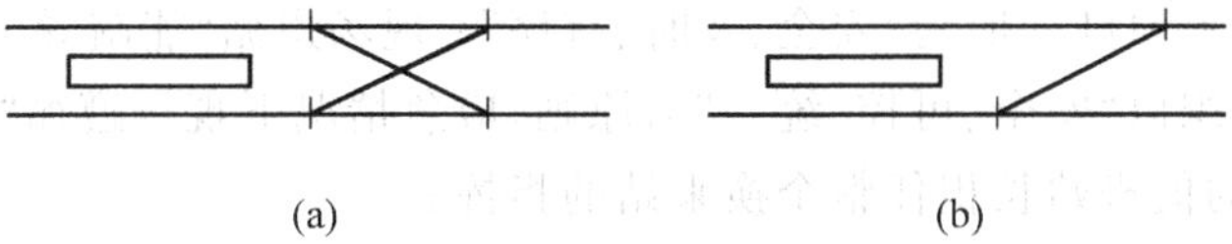

图 6-12 站前折返

(a) 交叉渡线折返；(b) 单渡线折返

此外，采用混合折返方式的目的是提高列车折返能力与线路通过能力。混合折返兼有站后折返与站前折返的特点。

2) 折返作业组织

中央控制：列车在进行折返作业前，应清客、关车门。列车折返进路由中央 ATS 自动排列或行车调度员人工排列。在车站有数条折返进路的情况下，应在折返作业办法中规定优先采用的列车折返模式，明确列车折返优先经由的折返线或渡线。在办理列车折返作业时，如要变更列车折返模式，在折返列车尚未起动时，可在通知折返列车司机后，变更列车折返模式。

在自动排列折返进路时，折返列车凭发车表示器的稳定白灯显示进入折返线或折返停车位置。在人工排列折返调车进路时，折返列车凭调车信号显示进入折返线或折返停车位置。列车停妥后，司机应立即办理列车换向作业，然后凭防护信号机的准许越过显示进入车站出发正线。

在列车自动驾驶时，列车进出折返线的速度按接收到的 ATP 速度码自动控制；在列车人工驾驶时，列车进出折返线的速度根据有关规定，由司机人工控制。

车站控制：车站控制时的折返作业组织，除列车折返进路由车站值班员人工排列，其余与中央控制时相同。原则上，车站值班员按作业办法中规定的优先模式排列折返进路，如要变更列车折返模式，必须得到行车调度员的同意。

6.3.2 客运服务

轨道交通车站作为运输乘客的载体，客运服务是最基本的业务，也是最重要的业务之一。城市轨道交通主要通过合理的客运组织来完成其大容量的客运服务，即通过合理布置客运有关设备、设施，以及对客流采取有效的分流或引导措施来组织客流运送的过程。

1. 客运服务的基本要求

城市轨道交通客运工作的特点，决定客运组织应以保证客流运送的安全、保证客流运送过程的顺畅、尽量减少乘客出行的时间、避免拥挤、便于大客流发生时及时疏散为目的。为此，在进行客运组织时应特别考虑以下两方面的要求。

(1) 合理安排售检票设备、出入口、楼梯位置，使行人流动线简单、明确，尽量减少客流交叉、对流，保证乘客在换乘其他交通工具时连接顺畅。

(2) 完善诱导系统，应满足快速分流，减少客流聚集和拥挤现象；应满足换乘客流的方便性、安全性、舒适性等一些基本要求，如适宜的换乘步行距离、恶劣天气下的保护、为残障人士专门设计的无障碍通道、良好的照明、开阔的视野及突发事件应急预案等。

2. 日常客运组织

轨道交通车站要根据本车站的客流特点及设备设施的设置情况，制定日常的客流组织方案，确保客流顺畅，尽量使进、出站客流不交叉，车站设备和设施得到充分利用。进行客运组织时要坚持的基本原则一般为“安全、及时、有序”；现场遵循“能疏导，不控制”的原则。

换乘站客运组织以“安全、可控、统一”为原则，应急情况下现场遵循“谁故障，谁为主”的原则，即故障线路的值班站长担任整个换乘站的指挥者。

换乘站客流控制遵循“由下至上，由内至外”和“先控制进站，再控制换乘”的原则。一般来说，首先要确保站台安全性，确保换乘顺畅；实现设施、导向、广播、告示、人员服务标准一体化。当站台客流量达到容量临界点时，车站实施一级客流控制；由于运输能力不匹配或出现故障，导致一条线站台客流激增时，可在故障线路的站厅实施一级控制；如一级客流控制仍无法缓解客流压力时，则实施二级、三级客流控制。同时通知控制中心下达命令，要求列车或其他车站播放引导乘客通过其他方式或其他车站进行换乘的引导广播。

3. 突发大客流的客运组织

在节假日或社会重大活动中，轨道交通车站通常会发生一些突发性大客流，为此，车站需要提前做好客流组织的预案，制定大客流的组织方案。发生此类突发事件等时，车站应及时向运营协调中心(operation cooperation center，OCC)汇报，由 OCC 统一指挥，启动大客流应急预案，由车站根据现场情况进行客流控制，限制客流进站。

发生突发大客流时，一般采取三级客流控制措施：第一级为控制站台客流，控制点在站厅与站台的楼梯口；第二级为控制付费区客流，控制点在入闸机处；第三级为控制非付费区客流，控制点在车站出入口处。

在日常客流组织过程中，很多车站的付费区面积较小，客流缓冲能力不足，且付费区主要功能为疏导乘客到站台候车，乘客滞留时间较短，如果在控制客流过程中将付费区、站台作为独立部分考虑，容易延误客流控制时机、引发安全隐患。因此三级客流控制简化为二级客流控制措施：第一级为控制站台客流，控制点在入闸机处；第二级为控制非付费区客流，控制点在车站出入口处。

当发生突发事件时，需在第一时间按生产程序汇报。具体可根据情况报控制中心、直接上级以及 110、119 和 120 等。

由于突发大客流对车站的正常运营会造成很大的影响，所以需要对突发大客流的车站进行支援。按车站所受突发客流影响的大小,应急支援的先后次序为:事发车站、换乘站、需清客车站、大客流车站。

4. 乘客投诉处理

乘客投诉是指乘客对轨道交通运营服务质量提出不满意见,涉及规范服务、乘车环境、票款差错和列车运行等方面。按责任承担,投诉分为有责投诉和无责投诉。在有责投诉中,按事件的严重程度,投诉分为一般有责投诉和严重有责投诉。

严重有责投诉是指乘客通过各种途径对轨道交通运营服务质量进行投诉,经查实确为轨道交通方责任,并且事件的情节与后果严重、给社会造成较大的不良影响。

轨道交通应制定乘客投诉处理规定。对乘客投诉,应认真受理。车站在接到投诉(通知)后,应及时进行调查,并将调查核实情况报告主管部门。对一般投诉,原则上应在三日内处理完毕。处理投诉时应做到态度诚恳、用语文明、依章解释,并且追访乘客对投诉处理是否满意。

6.3.3　安全管理

城市轨道交通运营安全管理主要针对已经投入运营的城市轨道交通系统运营过程中所涉及的人、物、环境的行为与状态。城市轨道交通运营安全管理,主要是组织实施城市轨道交通企业的安全管理规划、指导、检查和决策,同时,又是保证城市轨道交通系统的运营处于最佳安全状态的根本环节。

1. 对人的管理

当灾害发生时,人的素质对于降低事故的损失尤为重要。人的方面是指乘客要有较强的安全防范意识,地铁运营的管理者和作业人员要有高素质的职业道德和工作水平,具体表现在对乘客的宣传教育、对地铁工作人员的培训。

1) 对乘客的宣传教育

对乘客进行宣传教育需注意以下准则。

(1) 乘客在平时乘坐地铁时要注意熟悉环境及地铁的消防设施和安全装置,严格遵守地铁安全管理守则和乘客守则,严禁携带危险物品进入地铁站。

(2) 当有人纵火制造事端或蓄意破坏地铁设施时,乘客应能挺身而出,同心协力,勇敢而坚决地予以制止。

(3) 灾害发生时,取出列车座位底下的灭火器进行灭火并积极配合地铁工作人员的指挥,采取有效自救措施,留意车上广播,在司机的指引下,沉着冷静、紧张有序地通过车头或车尾疏散门进入隧道,往邻近车站撤离。切忌在列车运行期间,有拉门、砸窗、跳车等危险行为。

2) 对地铁工作人员的培训

(1) 地铁工作人员平时要注重安全意识的培养,努力提高对易燃易爆危险物品的识别能力和自身处理各类突发事件的能力。广州地铁公司提出了"5 分钟紧急应对"的思路,即地铁各岗位员工、公安干警、在各种外部救援力量赶到地铁之前,明确分工、各尽其责,沉着冷静、忙而不乱地处理,尽可能地在 5 分钟之内控制或扑灭火灾,将灾害控制在最小范围或萌芽状态。

(2) 灾害发生时,应有条不紊紧急处理,司机尽可能将列车开到前方车站处理,这样可以依靠车站的消防力量进行救灾。遇紧急情况,列车在隧道内无法运行,需要在隧道内疏散乘客时，控制中心及司机应根据列车所在区间位置、火灾位置、风向等综合因素确定疏散方向，并迅速通知乘客，组织疏散。

2. **设备设施方面**

设备设施方面是指要保证地铁装备功能完备、性能先进，防灾抗灾能力强，车站和区间隧道建筑结构设计合理，灾害发生时便于逃生。

(1) 具备完备的监测系统、安全装置、消防设施和安全保障系统。

地铁运营也要严格贯彻"安全第一，预防为主"的方针。对于站内和车内的运营情况进行实时监测就是一项重要手段。在地铁车站内部和过道处安装摄像头，可以在调度室随时察看任何一个车站和过道的情况。在车厢内安装监控摄像头，在驾驶室安装监视器，司机可以对车厢内的情况进行观察。如果在隧道内安装了图像信号传输设备，地铁调度指挥中心就可以监控每辆车的运行情况。

目前，地铁安全装置一般包括列车报警按钮、车门紧急解锁手柄、司机室与车厢通道门的紧急拉手、列车头部紧急疏散门、车站紧急停车按钮、车站智能烟感探头、车内的紧急照明、通风系统和供电系统。地铁消防设施一般包括列车上的灭火器，站厅和站台的消火栓、灭火器、自动水喷淋装置，车站和区间隧道内的排烟装置、防淹门等。特别是在车站的出入口附近应设有与外部消防车接口的消火栓，方便外部救援力量的支援。

(2) 具备违禁物品检测设备与系统。

鉴于国外最近发生的几起地铁炸弹袭击事件和国内屡禁不止的乘客携带易燃易爆品进站事件，安全防范的重要举措就是要加大安全检查的力度。因而，很有必要像大铁路一样，在地铁进站口设安全检测仪，检测旅客行李是否带有危险品；在每个站点候车处安装探头，及时发现乘客携带的可疑物品。将目前国内流行的突击性地铁安全检查上升为日常性的行为。在一些特殊节假日的人流涌动高峰期，甚至还有必要出动防爆犬，在车站、车厢内加强乘客行李的安全检查，加大对各类危险品的查堵。

(3) 具备可靠装置防止坠轨和自杀。

车站内的坠轨和自杀事故严重影响到列车的正常运营。有鉴于此，上海、深圳、广州等地的一些线路，在地铁站台采用了屏蔽门装置。即在站台和轨道之间设置特制的玻璃墙隔离，墙上的门与车门的宽度完全对应。只有在列车进站、停稳后，墙门与车门才同时打开；乘客上下之后，墙门、车门同时关闭。无论列车进站与否，无论在候车时还是上下车时，乘客都不会也不可能掉下或是跳下站台。已正式发布实施的《上海城市轨道交通设计规范》中也有相关建议。在北京，为防止地铁跳轨事件的发生，运营部门正采取积极的应对措施，计划在地铁各站安装红外线感应器，一旦有人越过黄线，感应器就能及时响起警报。

(4) 保证应急通道设置合理且通畅。

《上海市城市轨道交通设计规范》规定，在设计新的轨道交通线路时，沿线每隔 300 m 距离将设置一条应急通道。一旦列车在隧道中发生故障，或者发生火灾等险情，乘客可以通过应急通道走到站台，从而大大加快乘客疏散速度。上海市首条应急通道将在轨道交通 7 号线中建设。地铁通风亭除起到保障车站通风顺畅外，还是紧急情况下的安全逃离及消防通道。

《北京市地下铁道通风亭管理规定》指出，地铁通风亭周围 100 m 为其保护范围，保护范围内要保持通畅，禁止搭建任何建筑物、构筑物或堆放物品。为此，北京地铁部门会同相关单位，对遭严重围堵的 28 座地铁通风亭和 5 个出入口进行了清理。

(5) 具备安全化的附属设施。

为了给乘客在乘车过程中提供便利,地铁内布置了很多附属设施。但从国外发生的某些事故来看,这些附属设施很有可能成为恐怖分子制造灾害的渠道。对此,各国地铁管理部门纷纷采取应对措施。自"9·11"恐怖袭击后,美国纽约地铁站里的垃圾箱换成了能抵御炸弹爆炸的新型垃圾箱。

3. 安全管理制度方面

规范完备的安全管理制度是实现地铁运营安全的基础。目前从保障我国地铁安全运营的实际情况来看,急需建立地铁灾害应急处理制度、地铁设施设备日常安全维护制度、地铁紧急状况定期演练机制及国民地铁安全教育计划。

(1) 建立地铁灾害应急处理制度。

建立和完善灾害应急处理制度,从而保证"灾而无难"或"难而少恙"。在日常管理中必须充分考虑到承载突发灾难的各种需要(包括自然的和人为的、内在和外在的、可以预见和不可预见的),一旦灾难突然而至,就能启动预警机制和救灾系统,将灾难控制在最小范围内,消除在初发状态中。虽然我国北京、上海、广州等地已经建有应对地铁各种意外情况的紧急处理预案,但尚需进一步完善,并上升到制度的标准。

(2) 建立地铁设施设备日常安全维护制度。

为保持地铁系统长周期的正常运行,要求对各类设施设备及时维护保养,以减少随机故障的影响。从防灾、抗灾的角度来讲,日常安全维护制度还要确保地铁站内设备的完备性、灭火装置的充分性及可用性。根据有关分析,韩国地铁纵火案本不该这么严重。因通风孔形同虚设加之站内缺少必要的夜间照明装置,大大降低了乘客的逃生机会并阻碍了救援人员工作的开展。

(3) 建立地铁紧急状况定期演练机制。

我国从未放松对紧急情况的预防,北京、上海、广州、香港等地的地铁管理部门,多次会同消防及相关部门进行实战演练,提高了处理紧急事故的能力。就在莫斯科爆炸案发生的前半个月,北京地铁就曾在建国门站进行了名为"列车发生爆炸迫停隧道内的应急先期处置"的演习。应尽快将这种演练提升为经常性的定期演练机制。

(4) 开展国民地铁安全教育活动。

安全教育是安全管理中的一项重要工作。在安全教育方面,俄罗斯除了在中学开设安全和逃生课程之外,紧急救援部也在有计划地向居民宣传安全防范和自救的知识。就我国现状而言,亟待加快对乘客进行地铁安全教育工作的步伐。深入宣传"地铁安全,人人有责"的观点,努力提高乘客的安全防范意识和自救知识的水平。

复习思考题

6.1 车站如何分类?

6.2 简述车站的构成。

6.3 车站设备包括哪些,并做详细说明。

6.4 车站的日常工作由哪两部分组成,并做详细说明。

6.5 城市轨道交通运营安全管理的内容有哪些?

第7章

车 辆 段

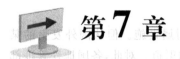

车辆段是车辆停放、检修的基地。按照《地铁设计规范》(GB 50157—2003)的规定，地铁车辆段根据功能可分为检修车辆段(简称车辆段)和运用停车场(简称停车场)。车辆段根据其检修作业范围可分为架(厂)修段和定修段，独立设置的停车场应隶属于相关车辆段。

7.1 车辆段组成

7.1.1 车辆段构成

车辆段主要由以下几部分构成。

(1) 停车场地：确保能够停放管辖线路的回段车辆。

(2) 检修车间：分为定修库、架修库等。

(3) 运用车间：车间下辖乘务队、运转值班室、信号楼、乘务员备乘休息室、内燃轨道车班等。

(4) 设备维修车间：负责段内的动力设施维修。

(5) 车辆清洗设备：包括车辆清洗库及其放置的自动清洗设备等。

(6) 维修管理单位：为供电、通信信号、工务和站场建筑服务的维修管理单位。

(7) 办公楼与其他服务设施：如培训场地、食堂、会议厅等。

车辆段布置如图7-1所示。

图7-1 车辆段

7.1.2　车辆段规模

车辆段的规模主要取决于停车库和检修库两大部分的能力，再辅以其他的场、库。停车库和检修库的需要能力取决于城市轨道交通线初、近、远期不同年限的配属数量(包括运用车、在修车、备用车)。车辆段的基本规模一般都比较大，用地面积 20 万～30 万 m^2，库房面积 7 万～10 万 m^2，各种轨道的长度 8～10 km。

7.1.3　车辆段作业内容

车辆段的日常作业范围包括以下内容。

(1) 列车停放、编组和日常检查，一般故障处理、清扫洗刷及定期消毒等日常维护保养。

(2) 沿线存车线上在线列车的日常检查和一般故障处理。

(3) 车辆的定修、架(厂)修等定期修理。

(4) 车辆的临时性故障检修。

(5) 段内设备、机具的维修和调车机车、工程车等设备的整备及维修。

(6) 根据运营管理模式要求，必要时负责配属列车的乘务作业。

7.2　城市轨道车辆的检修方式与制度

7.2.1　城市轨道车辆的检修方式

车辆经过一段时间运营后，各构件均会产生磨耗、变形或损坏，为了保证车辆运行质量良好，延长使用寿命，除了乘务员加强日常检查和保养、维护外，还需要定期进行检修。我国城市轨道交通车辆的检修采用车辆部件互换修为主的检修方式，包含现车维修方式和部件互换修方式。

1. 现车维修方式

在城市轨道交通发展初期，车辆配属量较少，车辆检修量较小，车辆的检修往往采用现车维修的工艺方式，如图 7-2 所示，这种方式除少量待修和报废的零件从备品库领取新品

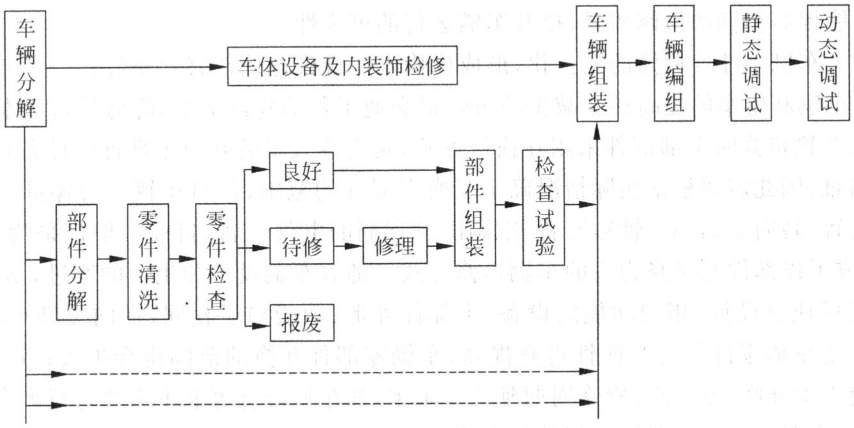

图 7-2　现车维修方式的车辆检修工艺过程

外，其他零部件均待修竣后再安装在车辆上。这种检修方式不需要储备过多的备用零部件，但是由于零部件检修时间较长，有时车辆需要等待零部件修竣才能组装、编组、调试，因此车辆的检修停运时间长，有时还会导致检修质量得不到可靠保证。

2. 部件互换修方式

采用部件互换修的车辆检修方式，是在车辆定期检修时将待修车辆上分解下来的零件或车辆临修需要从车辆上拆卸下来的零部件修竣后，可安装在同车型的任何车辆上。而在车辆检修的组装步骤时所需的零部件来源于部件中心提供的互换零部件。采用部件互换修车辆检修方式的工艺过程如图 7-3 所示。

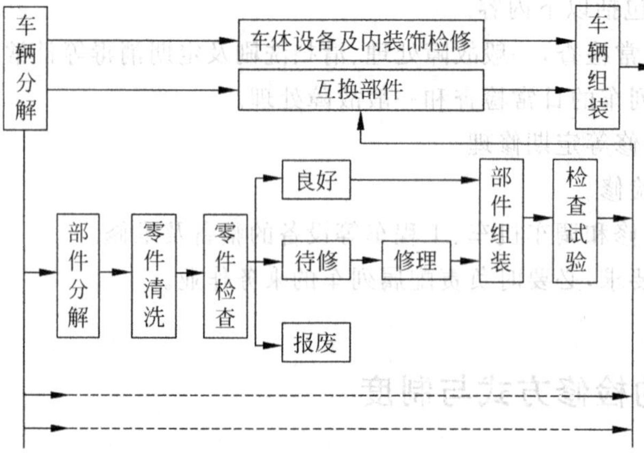

图 7-3　部件互换修方式的车辆检修工艺过程

采用部件互换修的车辆检修方式需要必要的车辆零部件的储备周转量，列车的检修分成了独立的两大部分：车辆检修和零部件检修。车辆检修实质上就是(列车解编)→车辆分解→车体设备和内装饰检修车辆组装(列车编组)→调试的过程，不受零部件检修时间的影响。

采用部件互换修为主的车辆检修方式的优点是：

(1) 可以大大缩短车辆的检修停运时间，提高车辆的利用率。

(2) 为合理组织生产创造有利条件，从而有效地提高劳动生产率。

(3) 能提高车辆的检修质量，提升车辆运行的可靠性。

(4) 为车辆零部件检修的专业化，形成检修生产规模化创造有利条件。

(5) 车辆利用率的提高还会减少城市轨道交通工程的建设成本，降低运营成本。

如果车辆检修时全部部件采用互换修方式，则需要大量的互换零部件的储备量，目前仍有一定困难，因此需要根据实际情况确定互换零部件的范围，但对车辆主要零部件，例如车钩缓冲装置、转向架、轮对、轴箱装置、空调以及车辆的电气设备，目前一般都采用了互换修方式，形成了以部件互换修为主的车辆检修方式。随着车辆设计和生产的改进，车辆越来越多地采用模块化设计，相同功能的设备、零部件外形、功能趋于相同，在同类型车辆可以互换、通用，使车辆零部件的互换性得到提高，车辆零部件互换的范围也会扩大；并且车辆的设计正趋于少维修、免维修，检修周期延长。未来，列车检修有可能不需要进行列车解编、车辆分解，将出现一种新的车辆零部件互换检修模式——由列车编组换件修模式代替传统的车辆检修模式(分解→检修→组装→编组)。

7.2.2　城市轨道车辆检修制度

世界各国对城市轨道交通车辆所采用的检修制度，因为自身经验和思维的不同，有很大的差异，但大致上可以分为两种基本类型：一种是将车辆维修划分成若干个周期，按周期制订不同的维修规程，然后按规程进行有计划的预防性维修；另一种是不断观测和记录车辆在运用中的技术状态，按照车辆各种零部件的状态和表征这些状态的参数确定检修时间和内容，然后进行必要的维护和修理。这两种基本类型检修分别称为计划修和状态修。

1. 计划修

计划修是指对车辆进行有计划的检修。检修是按照一定规程进行的。这种规程是按不同车种或车型，分别根据各种车辆零部件的损伤速度和使用极限制订出来的。它规定了车辆检修的具体时间周期、检修范围、检修内容和检修标准。计划修的目的是在掌握了车辆损伤规律的基础上，在零部件尚未达到失效之前就加以修复或更换，因此是一种预防性的检修，而且防重于治，防治结合。按计划定期进行检修，可以防止和减少车辆故障，延长使用寿命，确保城市轨道交通的安全运营。

2. 状态修

状态修是指按车辆的现状而进行必要的检修。对车辆检修的实施是根据日常检查以及经常性监测与测试车辆零部件技术状态，按技术状态的表征参数而随时进行的预防性修理。因此，实施状态修能避免计划修的检修频繁、在修时间长等缺点，从而显著地提高车辆的利用率和降低车辆的维修成本。

目前，我国城市轨道交通企业一般采用的车辆检修制度是预防性的定期计划检修。定期计划检修分为定修、架修和大修等多级。为保证车辆的安全运营并消除各种先期故障，定期计划检修还包括日常维修。日常维修有日检、周检(双周检)、月检(双月检)和临修(掉线修和不掉线修)多种。

1) 日常维修

日常维修的基本任务是确保运营车辆具有良好的技术状态，尽量做到能及时发现并清除潜在故障，防止运营事故，保证行车安全。

日常维修一般在停车场的检修库(停车库内的检修线)进行。一般停车场的检修部门负责对每天的同库运营列车进行日检，发现故障立即维修处理。每天凌晨出车前，司机也必须对列车进行出库(出乘)检查，只有完好的车辆才允许投入运营。

对运营中的车辆，如果发现故障，若能在运营线路的折返线或其他停车线上临时修复的，则及时就地维修；修理工作量较大的，则须将列车从运营中退出，送入检修库的临修线进行修理(一般称之为掉线修理)。

列车的日常维修一般分为日检、周检(双周检)和月检(双月检)等。城市轨道交通企业及其车辆不同，检查维修周期也不同。即使是同一个企业，由于车辆制造厂家的不同，车辆特性和设计上的差异，也会制订出不同的检查维修周期。一般停车场(库)都没有检修库，而是分别设有日检线、月(周)检线和临修线若干条。列车日常维修的主要任务在于保证列车的安全运行，对车辆的所有不良状况必须进行修复，如停车场修理条件不够，则需转入车辆修理工厂做临时修理。

2）定修

定修周期较短，每年或每10万km进行一次，着重于经常性的检修，作业范围小，要求也较低。

3）架修

架修是在经过多次（一般5次）定修或运行50万km以后进行的高级修程，检修范围大，质量要求高。架修有的在车辆段内进行，如北京地铁；有的在车辆修理厂内进行，如上海地铁。架修的任务是维护车辆的基本性能，保证安全舒适地运送乘客。架修时对车辆进行全面检查，着重于分解检查车辆的转向架、车钩缓冲装置和制动装置等部件；按规定更换磨损过限的零件，排除车辆零部件的各种故障、修复损伤，提高车辆的使用效率。

4）大修

大修要求更高，其周期也较长，大约每10年或每运行100万km进行一次。大修是指在车辆修理厂内进行的定期检修，其目的在于全面恢复车辆的基本性能，使车辆修理后的技术状态接近于新造车的水平，主要部件应保证运用到下一个大修期不发生较大的故障。大修时对车辆进行全面检查和彻底修理，并对车辆进行必要的现代化技术改造，以提高车辆的质量。车辆的定期检修划分为不同的修程和检修周期，主要是根据车辆在运用中的技术状态，实际上是由车辆零部件的损伤和失效规律所决定的。各修程既有分工，又有互相配合，才能保证车辆始终处于良好的技术状态。

随着城市轨道交通车辆的设计、生产技术向“低维修、高性能”方向发展，人们对车辆的维修方式和车辆维修资源的合理配置进行了深入研究，并逐步对传统的车辆检修制度进行改革，以使车辆的维修工作更经济合理、更高效。

预防性计划是将列车集中进行全面检查。如果利用列车运行停运窗口时间将检查内容分散在几个时段及不同场合进行，就可以使检修工作分散而均匀，这就是均衡修方式。均衡修就是利用列车在非运营时间和非高峰时间进行较小修程的计划性维修以及通过驻站维修和轮值维修，从而确保车辆的技术状态良好以及城市轨道交通的正常运营。

7.2.3 车辆段修程维修

城市轨道车辆检修制度是车辆安全、可靠运行的基本而重要的保证，也是确定城市轨道交通车辆的检修体制以及保证车辆检修工作顺利进行的基础。城市轨道交通车辆检修制度对车辆修程的类型和等级、实施修程的车辆运行里程或时间、完成修程的车辆停运时间做出了具体规定。

城市轨道交通车辆采用定期预防性维修，修程及其检修周期的依据是车辆及其设备、零部件产生磨损和发生故障的规律。产生磨损和发生故障的规律又和车辆的技术水平、运行条件、检修技术密切相关。

随着车辆设计和生产的模块化、集成化程度逐步提高，车辆的设备、部件和零件具有良好的互换性，这就使车辆在运行可靠性得到提高的同时也大大减少了车辆的检修量，并为采用部件互换修方式提供了有利条件，可以大大缩短车辆检修的停运时间。与此同时，车辆部件朝着少维修、免维修方向发展，也延长了它们的维修周期。

采用计算机控制和故障诊断技术以及对车辆一些部件进行在线自动测试技术的应用，又使对车辆一些部件的检修逐步朝着状态修的目标发展。各运营单位都对车辆零件的磨损、车辆设备和部件的故障进行记录、统计、分析，在总结车辆运行、检修实践经验的基础上，对车辆的修程及其检修周期、检修停运时间不断地进行优化。通过对检修制度进行改革，确定新的修程并逐步向均衡计划检修方式过渡。

车辆修程主要是根据预防性维修的原则，从走行公里与行程时间上考虑，对车辆的各部件进行修理的一种检修制度。按照《地铁设计规范》(GB 50157—2003)，车辆的修程大致可以分为列检、月检、定修、架修、厂修，如表7-1所示。

表7-1 各种修程维修周期表

类 别	检修种类	检修周期		检修时间
		里程	时间	
日常维修	列检	—	每日或双日	2 h
	双周检	—	15天	0.5天
	月检	—	30天	2天
定期修理	定修	12.5万～15万 km	1～1.5年	8～16天
	架修	50万～60万 km	5～6年	24～28天
	厂修	100万～120万 km	10～12年	36～40天

各种修程的主要检修内容和范围如下：

1）列检

对受流设备、控制装置、各种电气装置、转向架、制动装置、车钩缓冲装置、空调、车体、车门、车灯、蓄电池箱等主要部件进行外观检查；对危及行车安全的故障进行重点修理。

2）双周检

主要对易损件和磨耗件进行检查，对部分部件进行清洁、润滑。

3）月检

对受流设备、牵引电机、控制装置、各种电气装置、转向架、制动装置、车钩缓冲装置、空调、车体、车门、车灯、蓄电池箱等主要部件的技术状态和作用进行检查和必要的试验，对危及行车安全的故障进行全面修理。

4）定修

主要是预防性的修理，需架车。卸下受流设备、牵引电机、控制装置、转向架、制动装置、蓄电池等部件，对它们的技术状态和作用进行检查和修理，并进行必要的试验，对计量仪器、仪表进行校验，对其余主要部件的技术状态和作用进行相应的检查和修理，修竣车需要静调和试车。

5）架修

主要目标是检测和修理大型部件，需架车。卸下受流设备、牵引电机、控制装置、各种电气装置、转向架、传动装置、轮对、轴承、制动装置、车钩缓冲装置、空调、车门、蓄电池等部件，对它们进行分解、检查和修理，并进行必要的试验；对计量仪器、仪表进行校验，对车体及其剩余部件的技术状态和作用进行相应的检查和修理，车体要重新油漆标记，组装后进行静试和试车。

6）厂修

全面恢复性修理，需架车、车辆解体。对转向架构架和车体进行整形，对所有部件全部进行分解、检查和修理，完全恢复它们的性能，车体重新油漆标记，修竣车需要静调和试车。

随着车辆制造技术和运用管理方式的不断发展，车辆检修修程也将根据实际情况发展和变化。比如，在目前的修程制度下，将列车集中进行全面检查，车辆一到各种修程，特别是厂修、架修，不论车辆实际质量状况如何，都需要将检修修程的内容进行全部作业，在一定程度上造成了车辆、材料和人工的浪费。因此，目前有些运营线路车辆的修程结合实际情况，产生了一些变化。例如，北京地铁4号线车辆修程规定如表7-2所示。

表7-2 北京地铁4号线修程维修周期表

检修修程	检修周期/万km	停休时间/天
B列检	0.5	0.5
A列检	1.5	1
架修	40	14
厂修	160	45

北京地铁4号线各种修程的主要检修内容和范围如下。

1）A列检

对关系到安全的车上重点部位进行检查，并负责车辆临时小故障的修复。详细内容如下：检查车底架结构及设备，检查车钩，检查牵引电机，检查受流设备，检查空压机及空气管路，更换空调系统滤尘网罩，检查紧急制动器，检查灭火器，检查空调系统功能，检查紧急通风功能，检查乘客报警和通信功能，检查司机室、客室照明和各种开关、雨刷器、指示灯等，检查主逆变器和辅助电源系统的故障记录，测试车门转换等。

2）B列检

对车辆重点项目进行检修、测试及小零件的更换，并负责临时小故障的修复。详细内容如下：检查/更换易磨损的元件，如闸瓦、受流设备接触块、接地碳刷、空压机滤清器、照明灯管、灯泡等；设备加油，如空气压缩机、车钩锁销、电机轴承、齿轮箱等；制动功能测试，牵引系统功能测试，辅助电源系统功能测试，蓄电池维护，空压机测试，紧急门操作检查，清洁牵引电机滤尘网罩等。

3）架修

每3年，车门控制继电器、车门传动装置、无线点通信及广播装置、空气压缩机、气动装置的调节器、空调机组、受流设备、蓄电池、接触器、齿轮箱、转向架等进行分解、检查、修理；每6年，一般电控继电器、控制的电子印刷版、限压阀、制动系统阀、电子单元的电池、电容电感等进行检修；每12年，气动装置、空调控制装置、车间通道的机械装置、电磁阀及制动管路、车钩、空气管路、牵引电机等进行检修；每20年，气囊、中心枢轴等进行检修。

4）厂修

车辆翻新工作，主要是车辆的外观和内装的更新，增加或提高车辆的一些功能和设施，随着轨道车辆及相关专业技术的发展，更新现有车辆的设备等。

7.3 车辆段检修与维护设备

7.3.1 城市轨道车辆检修基地的功能

检修基地以车辆运用、检修为主，但考虑到城市轨道交通系统管理的需要，方便组织城市轨道交通各专业的维修工作，可以将工务、通信、信号、机电设备等专业的维修与车辆检修基地一并考虑，这样有利于协调各专业接口，对各专业维修工作进行有效的协调管理，可以合理规划、统一使用场地和设备，节约土地和投资。同时也有利于实现计算机网络和现代化管理。车辆检修基地根据功能和规模的大小可划分为停车场、车辆段。

1. 停车场

停车场是车辆停放的场所，承担的任务有：车辆的停放、洗刷、清扫以及车辆列检。一条地铁线为了每天列车始发和收乘方便，往往在其一尽端设置一个车辆段，另一尽端设置一个停车场。每条城市轨道交通线路按其线路长度和配属车辆的多少，设置停车场或根据需要再增加设置辅助停车场，辅助停车场仅设置停车、列检设施，只承担车辆的停放、清洁、列检工作。停车场配备车辆运用、整备和日常检查维修及配套设施，主要有停车列检库、不落轮镟床库、调机库、临修库和车辆自动洗刷库及出入段线、洗车线、试车线、各种车库线，以及牵出线、存车线、走行线等各种辅助线路；主要设备有调机车(内燃机)、不落轮镟床、自动洗车机和车辆救援设备，以及为车辆重大临修服务的架车机、起重机等。

2. 车辆段

车辆段除具有停车场的功能，还是对城市轨道交通车辆进行较大修程的场所。车辆段主要拥有以下功能：

(1) 承担所属线路的车辆停放、清洁、列检工作。

(2) 承担所在线路车辆的定修(年检)及以下车辆检查维修和临修工作。

(3) 承担所属线路和由多条联络线互相沟通的线路的车辆架修、大修工作。

(4) 承担车辆部件的检测、修理工作，满足车辆各修程对互换部件的需求。其维修能力的设置也可使其成为城市轨道交通网络的车辆部件维修点，为其他车辆段服务。

车辆段要在停车场的基础上增加车辆架修、大修的设施设备，车辆主要采用部件互换修的检修方式。同时，根据工艺要求，要具备车辆零部件的检修能力，车辆段配备的车辆检修设施主要有架修库、大修库、静调库和部件检修间，以及油漆间、机加工间、熔焊间和必要的辅助间等。车辆架修、大修的主要设备有架车机、移车台或车体吊装设备、公铁两用牵引车、转向架、车钩、电机等各种部件的试验和修理设备、车辆油漆设备、列车静态调试和动态调试设备。承担列车转向任务的车辆段还设置了列车的回转线。车辆段内无物资总库时还要设置材料库，并配备必要的运输和起重设备。

车辆段主要划分为检修区和运营区，所有的检修工作均集中在检修区进行，运营区主要负责段属车辆的停放、列检和乘务工作。车辆段一般还兼有综合检修基地的功能，是保障线路各系统正常运行的保障基地和管理部门。在停车场一般设置有各系统的维修工区，属综合检修基地管辖。

7.3.2 检修基地的选址、布置原则和建设规模

1. 选址原则

检修基地位置的选定要从技术需要、经济合理和环境可能等诸多因素综合考虑。选址的主要原则是：

(1) 要有一定的场地面积，相邻单位和居民要少，尽量减少拆迁费用，同时在保证基地用地布置需要的同时，尽可能减少对周围环境的影响。

(2) 能布置通畅的道路与外界道路相通，便于各种运输车辆的进出；并且临近铁路，与铁路有较好的联系，便于地铁列车、调车机车、工程列车、货物列车与铁路之间的接泊和转运。

(3) 设置于城市轨道交通网络的较佳点，便于列车的出车和收车，减少列车空走距离，做到方便、可靠、迅速、经济，达到节能、高效的目的。

(4) 根据城市轨道交通网络规划，留有远期发展的余地。

(5) 避开工程地质、水文地质不良(如滑坡、活断层、流沙、高地下水位、永冻土层等)地段，降低建设造价和保证工程的质量。

(6) 场地标高具有良好的自然排水条件。尽量避开受洪水影响的地形，当无法避开时应有切实可行的防洪措施。

(7) 有利于电力、通信等线路和供水、排水等管路的引入。

(8) 维修基地的纵轴尽可能与本地区的主导风向一致或成较小角度。

(9) 对于用地困难的城市，可以因地制宜。采用半地下、双层、三层等结构，上部可用于办公或进行综合开发使用，以减少占地面积。

2. 布置原则

检修基地的总体布置应首先满足停车功能和检修功能，还要根据占地的形状和地形，因地制宜，综合考虑。一般来讲，细长的占地形状便于布置，有利于节约用地，可以将检修区和停车区分别集中布置，便于管理，减少干扰。车辆段(大修段)承担停车和包括架修、大修等较高级修程的各级修程检修任务时，一般停车库和检修库串联(纵列式)布置(见图 7-4)。停车场承担列车停车和日检、双周检、双月检、定修(年检)等较低级修程的检修任务时，一般停车库和检修库并列(横列式)布置(见图 7-5)，这样既便于工作时互相联系，又减少占地面积。

图 7-4 停车库和检修库的纵列式布置

图 7-5 停车库和检修库的横列式布置

对车辆各级修程的检修工作都集中在检修区。这样便于检修的集中管理，对车辆检修的大型设备辅助车间、设备和备品、备件库及工具间也可以协调统一使用，提高它们的使用率和工作效率。

停车库尽可能布置成贯通式，列车由停车库两端进出，可以大大提高车场道岔咽喉区的列车通过能力，这种布置方式一般还设置连通两端的联络线，对列车的灵活调度、运用，缩短出、入库时间具有明显的作用。

检修基地的总体布置还要遵循以下基本原则：

(1) 根据车辆运行组织、车辆检修规程使作业流程顺畅、安全、便利，减少各工序流程间的冗余时间及车辆空走和运输距离。

(2) 基地内道路尽量避免与生产运输的道路交叉。需要交叉时,交叉角应在45°～90°,交叉道口不应有明显影响车辆司机瞭望视线的障碍物,必要时可以设置人工监护或自动道口栏杆及报警装置,以保证列车与人身安全;道口应采用混凝土硬化地面,平整顺畅。

(3) 基地的布置根据设施的不同功能分区布局,一般分为车辆运用区、车辆检修区、行政管理和后勤服务区,各功能区域尽可能集中设置,这样便于设备的统一使用,减少生产运输路程。可以集中考虑水、电、通信等各种线路、管道设施的布置,对废水、废液、废气和噪声等进行统一处理,有利于建立消防、安全保卫系统,并且方便职工的就餐、就医、上下班交通等生活需要。

(4) 在满足功能的前提下,尽量减少用地面积,提高土地使用率,并要为长远发展留有余地。

(5) 建筑物的纵轴尽可能与主导风向一致或成较小夹角,主要建筑物尽量不要处于南方西晒、北方寒风袭击的不利朝向。

(6) 基地的布置与建设还要和城市的生态环境、文化环境、建筑特色相协调。

3. 建设规模

检修基地的规模主要取决于配属的地铁列车数和列车的检修模式,同时考虑其他专业设备的检修规模。配属列车包括运用列车、检修列车和备用列车。

(1) 运用列车数:运用列车数取决于运行线路的长度、列车的旅行速度、行车间隔和折返时间。

(2) 备用列车数:备用列车数是作为车辆临时发生故障时投入使用的储备列车数量。

(3) 检修列车数:检修列车数取决于运用车辆数、检修周期及检修的停库时间。

7.3.3　车辆运用、检修库房和车间及其主要设备

1. 停车列检库及其附属车间

停车库兼有停车、整备、清扫、日常检查、司机出乘等多种功能,为实现这些功能,停车库除设有停车线外,还设有运用车间、运转值班室、司机待班室等司机出乘用房,还设有列车以及列车车载信号检修用房。由于列车本身价格昂贵,在地铁运行中占据着重要地位,因此停车库都设置有自动防灾报警设备,和整个消防系统联系在一起。架空接触网或接触轨应进库,接触轨应加防护装置,每条库线两端和库外线之间及停车台位之间设置有隔离开关,可以对每条停车线的接触网(接触轨)独立停、送电,每条停车线还应有接触网(接触轨)送电的信号显示和列车出、入库的音响报警装置。停车线兼作车辆列检线时,应有检查地沟。

地铁车辆除了由自动洗刷机洗刷外,对自动洗刷不到的部件进行人工辅助洗刷,还要每日对列车室进行清扫、洗刷和定期消毒。这些工作在清扫库进行,清扫库一般毗邻停车库,库内应设置上、下水及洗刷平台。在停车库两端应有一段平直硬化地面,作为消防、运输通道,通道应该设置可动防护栏杆,平时封锁,仅在必要的特殊情况下才使用。

2. 检修库及其辅助车间

检修库及其辅助车间的平面布置主要取决于车辆的配属量、车辆的修程、检修方式及其工艺流程,同时要综合考虑自然地形条件、工件运输线路以及安全、防火和环保要求等因素。

1) 双周、双月检库

双周、双月检都要在库内对列车的走行部、车体及车顶设备进行检查,为便于作业和保

证安全，线路采用架空形式，除线路中间设置了地沟外，在检修线两侧设有三层立体检修场地，底层地坪低于库内地坪（若以轨面标高为±0.00 m，其地坪标高约为−1.0 m），可以对走行部以及车体下布置的电气箱、制动单元、蓄电池进行检查，中间为标高+1.1 m的左右平台，可对车体、车门进行检查作业，车顶平台标高+3.5 m，主要对车辆顶部的受电弓、空调设备进行检修，车顶平台设有安全栏杆。双周、双月检库立体检修平台示意图如图7-6所示。

双周、双月检库根据作业的要求可设有悬臂吊，可以对需要进行拆、装作业的受电弓和空调设备进行吊装。还配置了液压升降车、蓄电池等电气箱搬运车等运输车辆。为了对车辆进行双周、双月检、定修（年检），还应设置受电弓、空调装置、车载信号试验设备等辅助工间以及备品工具间。

2）定修库

定修库和周检、月检一样，线路采用架空形式，线路中间设置检修地沟，线路两侧设置3层检修场地。车库设有2 t起重机。车辆的定修和临修有时也可以在一个车库进行，合并为定修、临修库，这时必须根据列车编组在库内设置架车机组，在列车解钩后可以同步架起一个单元的车辆。车库内设有10 t起重机，其起重量可吊装车辆的大部件。其辅助工间应和其他检修库统一考虑。

3）架修、大修库

架修、大修的布置应根据车辆检修工艺流程确定。对车辆设备和零部件的检修方式以互换修为主；作业流程根据实践情况，一般采用流水作业和定位修相结合的方式。采用部件互换修可以减少列车的停库时间，并且可以合理地安排计划，做到均衡生产，避免因某一部件检修周期长，影响整个列车的检修进度。联合检修厂房内设置有车辆的待修、修竣部件和部件的存放场地。

架修、大修库内的主要设备有地下式架车机、移车台、工艺转向架、桥式起重机、公铁两用牵引车、必要的运输工具、工作平台等。如图7-7所示为地下式架车机。

图7-6 双周、双月检库立体检修平台

图7-7 地下式架车机

4）辅助检修车间

地铁车辆是一种涉及多种专业、极其复杂的设备，在对车辆进行架修、大修时，都先要架车、分解，再对部件进行检修。这些检修工作都是在辅助检修车间进行的。这些辅助检修车间根据列车架修、大修的工艺流程，大部分布置在检修主库的周围。

（1）转向架、轮对间。

转向架、轮对间通过轨道和转向架转盘架、大修库相连接。主要由转向架检修区、轮对检修区和轮对等零件、部件的存放区组成。

在转向架检修区对转向架进行分解,分解后的零件、部件送到相应检修位置进行检修,恢复技术状态,然后进行组装。转向架检修区的主要设备有转向架冲洗机、转向架回转台、构架试验台、转向架综合试验台、地下式转向架托台以及减振器试验台、一系悬挂弹簧试验台等。

轮对间主要对轮对以及轴箱、轴承进行检修。主要设备有从轴颈上组装和拆卸轴承的感应加热器、组装车轮的轮对压装机、加工车轮内孔的立式车床、加工轴颈的轴颈磨床和加工轮对踏面的轮对车床等大型设备。还有对轴箱轴承进行清洗和检查以及分解轴箱的感应加热器等设备。由于轮对的车轴承受循环应力,其破坏形式是疲劳破坏,应定期对它进行探伤,故还要配置超声波及磁粉探伤设备。由于对轴承的检修工作专业性强,需要大量的设备和占地,但是每年的工作量很小,所以一般都将轴承检修工作委托给社会专业单位承担。有条件的地方,也可以将探伤工作委托给社会专业单位承担。转向架、轮对间要适应互换修方式,应有足够的转向架、轮对及其他零部件的存放场地,还应配备相应的起重设备。

(2) 电机间。

电机间是对车辆牵引电机、空气压缩机电机以及其他车辆设备(如制动电阻冷却风机等)的动力电机进行检修的辅助车间。需要配备电机分解、检测、组装、试验的设备和必要的起重、运输设备。

主要设备有牵引电机试验台、其他电机试验台,采用直流电机的还有点焊机、动平衡试验机等。牵引电机试验台如图 7-8 所示。

图 7-8　牵引电机试验台

电机大修作业的专业性强,检修量少,并且需要绕线、浸漆、烘干等设备。一般都委托专业工厂进行。

(3) 电器间、电子间。

电器间承担对车辆电气组件的检修作业,对列车的主控制器、主逆变器、辅助逆变器、各类高速开关、直流接触器等各种电器进行试验、检修、检验,装备有综合电气试验台、辅助逆变器试验台、高速开关试验台、主接触器试验台、速度传感器试验台等各类试验台,以及供电气测试的各种仪器仪表。

电子间主要对列车牵引、制动、空调等计算机控制系统的各类电子控制板进行检修作业,由于电子间的检修、测试对象都是精密的电子元件,因此电子间要求采取无尘、防静电、控制环境温度和湿度等措施,是一个对环境要求很高的车间。

辅助车间还有车门、制动、车钩、受电弓、空调检修间,相应的配备有车门试验台、制动试验台、阀类试验台、车钩试验台、受电弓试验台、空调试验台以及必要的检修设备。上述辅助车间一般都布置在架修、大修主库的周围,可以使检修工序、流程合理紧凑简洁,减少运输路程,提高工作效率。

7.4　其他库房及车间

检修基地内有些库房及车间由于环境保护和劳动保护要求、检修的特殊要求等因素,要单独设置。

7.4.1 不落轮镟床库

1. 概述

不落轮镟床用于电动列车在整列编组不解体(包括各类铁路机车、轨道车、其他铁路车辆以及单个带轴箱轮对)的情况下对因转向架在运行中有时会出现的车轮轮缘和踏面的擦伤、剥离、磨耗进行修理加工和各种数据的测量,及时镟削,恢复车轮的形状。

不落轮镟床有数控型和液压仿型两种形式,目前国内生产的多为数控型。不落轮镟床的最大特点是安装在标准轨下,为地下式。需要轮对切削修理的车辆不用进行任何分解,直接驶上该机床与地面固定轨相连的活动道轨,就能进行轮对的切削加工。

不落轮镟床需要在温度、湿度得到控制的环境中使用,为减少投资,在库内要为镟床单独设置隔离的环境空间。不落轮镟床库及其前后一辆车辆范围的线路为平直线路。作业线的长度要满足列车所有车辆轮对镟削的要求,列车出入库和轮对的就位一般由专门的牵引设备承担。

2. 不落轮镟床的特点

(1) 该机床多采用西门子公司专门设计的全数字化 840 型数控系统,将 CNC 和驱动控制集成在一起,可完成 CNC 连续轨迹控制及内部集成式 PLC 控制。测量和切削精度高。

(2) 采用变频技术进行驱动电动机的调速,切削速度平稳、可调。

(3) 通过更换机床两侧加压爪的形式,可对不同类型的转向架轴箱进行定位加压,能使各种形式的转向架(列车)正确定位并对其车轮进行加工切削。

(4) 通过预置在计算机内的各种轮缘曲线(仿型机床用模板),实现标准轮缘和经济型轮缘的多种形式切削。

3. 功能

(1) 车轮轮缘的镟削加工;

(2) 护轨自动对中装置;

(3) 车轮轮缘形状的测量;

(4) 车轮直径的测量;

(5) 各种车轮轮缘形状曲线的编程;

(6) 切削加工量(切削厚度)的自动计算;

(7) 机床故障检测和查询;

(8) 各种数据打印和记录存储功能;

(9) 具有压下保持装置、提高轮轴负重;

(10) 机床切削时的自动断屑功能;

(11) 机床切削时的防滑功能,在切削打滑(或卡死)时能自动退刀和停机;

(12) 铁屑破碎时自动密封输送至地面排屑功能(注:也有采用立柱悬臂吊加小车运送铁屑形式的);

(13) 完善的防误操作系统;

(14) 故障的自动诊断和报警显示功能。

4. 技术参数

(1) 轨距:1435 mm;

（2）轮对内侧距：1356 mm；

（3）轮对轴长范围：1620～2500 mm；

（4）轮对直径加工范围(踏面直径)：ϕ600～1300 mm；常用加工范围：ϕ770～840 mm；

（5）轮箍宽度：120～145 mm；标准宽度：127 mm/(135＋1) mm；

（6）最大轴负重：25 0000 N；车辆轴负重：85 000～100 000 N；

（7）电机转速：无级调速；前期产品：4 级变速；

（8）主轴转速范围：21～62.5 r/min；

（9）进给量范围：0.5～2 r/min；

（10）刀架快速移动速度：2 m/min；

（11）机床生产率：8～10 轮对/班；

（12）电气接地线：≥75 mm。

7.4.2　列车自动洗刷机

列车洗刷库建在洗刷线的中部，库内设有自动洗刷机，可对列车端部和侧面进行化学洗涤剂和清水洗刷。在洗刷过程中，列车的行进可利用自身动力，也可用专设的小车带动，分为喷淋水、喷化学洗涤剂、刷洗等多道工序，在寒带地区还应有车体干燥工序。列车自动洗刷机如图 7-9 所示。

图 7-9　列车自动洗刷机

1. 概述

列车自动洗刷机用于对运行后的列车车体进行清洗。通过自动洗刷机端部和两侧不同形式的清洗毛刷组，将水和清洗剂喷射在车体上，用清洗毛刷对列车的前后端部、两侧车体侧面、车门、窗玻璃进行滚刷。清洗方式有清水洗和化学洗两种。整个清洗过程自动进行，配有水处理循环回用系统、软水系统、牵引系统（选配项目）等设备。

列车车体自动洗刷机的清洗方式有户外型（室外型、露天型）、室内型。

按列车清洗时的牵引方式可分为两种：

（1）侧刷固定型。列车以低于 3 km/h 的速度自行（或被牵引），洗刷机清洗毛刷组对列车的前后端部、两侧车体侧面、车门、窗玻璃进行清洗。

（2）侧刷自走型。列车不动，洗刷机清洗毛刷组沿着固定行走轨道移动，对列车的前后端部、两侧车体侧面、车门、窗玻璃进行清洗。

2. 特点

1）清洗刷组

一组总成，由预湿喷管、车头和车尾刷、侧面清洗刷、侧面漂洗刷及初洗管、总洗管和车窗冲洗管等组成。按程序进行车头、车尾、车体两侧、车窗、车体连接折棚清洗。

按清洗部位的不同可分成：

（1）端头（车头尾）清洗装置。

该装置为独立的清洗单元，由喷液管（化学试剂）、清洗管、清洗旋转滚刷、滚刷上下角度调整装置、机架前后驱动装置等组成。能自动定位，并沿辅助轨前后移动，对列车（固定不动）车头、车尾进行清洗，安装于清洗架上的清洗旋转滚刷能上下、变角地移动。清洗刷与水平的夹角在$-90^{\circ}\sim+90^{\circ}$可调。清洗刷清洗时与车体表面的接触压力与旋转速度和机床的运动速成正比，保持恒压，以达到最佳的清洗效果。

（2）车体侧面清洗装置。

车体侧刷固定，对车体的两侧面、车门、窗玻璃进行清洗。有些侧刷采用特殊设计和程序控制，同时也能对不同形式的列车车头、车尾进行清洗。

2）水洗/化学清洗自由选择

根据列车车体的清洁程度，选择设备是采用清水清洗还是化学清洗。在化学清洗时，根据车体、车窗的不同部位分别喷射不同的清洗剂（车体清洗剂、车窗清洗剂），以取得最佳清洗效果。

3）自动/人工两种清洗模式

自动清洗模式下，列车按程序进行自动清洗。人工清洗模式下，可任意操作设备中一个清洗装置对列车进行清洗。

4）水循环系统

由预湿喷管、清洗管、过洗管、窗洗管等部分组成完整的一个清水清洗系统（水循环系统）。

5）水处理系统

水处理系统由集水槽、回用水池、沉淀池、过滤网、循环水池和排污管（废水处理管）组成，污水进行处理后循环回用。

6）安全保护系统

安全保护系统具有完整、功能齐全、安全可靠等特征。

（1）保温防冰排水装置，用于冬季气温低于零度以下时，开启水管排放阀，自动排干管内剩水。并用压缩空气吹干管子内壁，防止清水结冰胀裂水管。

（2）自动故障检测，故障显示采用叠式方法处理。

（3）全方位状态检测和保护功能。主要有：

① 所有水箱、水池的液位检测；

② 化学清洗剂储量箱液位检测；

③ 列车位置红外线检测；

④ 清洗毛刷位置检测；

⑤ 压缩空气压力检测；

⑥ 各类状态声光警示；

⑦ 紧急按钮；

⑧ 与供电接触网有联锁；

⑨ 各类水泵、电机过载保护显示。

3. 技术参数

（1）轨距：1435 mm；

（2）车厢宽度：3000 mm；

（3）清洗时列车运行速度（清水清洗）：3 km/h；

(4) 清洗时列车运行速度(化学洗涤剂清洗): 3 km/h;

(5) 工作时间: 全天候连续工作;

(6) 供水水源: 城市地方水;

(7) 供电电压: AC 220 V/380 V;

(8) 供气(压缩空气)压力: 6×10^5 Pa;

(9) 供气(压缩空气)量: 250 m^3/h;

(10) 每班清洗列车数(8 h): 24 列;

(11) 每列车总耗水量(新鲜水): >400 L/h;

(12) 洗涤剂种类: 建议中性;

(13) 环境保护污水排放指标: 符合城市排放标准;

(14) 装机功率: 约 60 000 W。

7.4.3 地面式架车机

1. 概述

地面式架车机能同步提升 N 节不解钩的列车单元组,以便对列车车体下部的机械、电气部件进行维修、保养和更换,设备具有使用方便、操作灵活等特点。总操作控制台能控制整套机组的升降,也能设定架车机组提升的组合数量,4 台架车机(一节车)为一组、可分别选定一组(一节车)、二组(二节车)和三组(三节车)同步提升。

地面式架车机可分为固定式和移动式两种。图 7-10 所示为地面固定式架车机,图 7-11 所示为移动式架车机。

图 7-10 地面固定式架车机

图 7-11 移动式架车机

地面移动式架车机又可分为有轨式和无轨式。有轨移动式架车机单台机座下有套完整的液压装置和移动轮,由液压系统控制移动轮的伸缩,移动轮伸出后,整台机架在辅助轨上移动,随意定位。定位后,液压系统释压,移动轮复位不承载任何荷载,而由机座承载。无轨移动式架车机则不需要辅助轨,靠架车机自身带有的万向轮移动定位。

2. 特点

(1) 架车机组任意组合。

(2) 同步提升误差小: 架车机联动时,单台之间的误差范围为 −4～4 mm。

(3) 安全保护装置完整齐全:

① 每台架车机均设有紧停按钮，联动时，按下任何一台架车机上的紧停按钮，均能让所有联动机组停止工作。

② 安全螺母保护装置：每个架车机配有安全螺母，一旦升降螺母失效，安全螺母启用承载，保证提升臂不下垂。

(4) 电气保护装置齐全：每个架车机有6组限位开关和螺母松动磨损检测开关。

(5) 负载过流保护。

(6) 故障显示：通过操作控制的指示能显示故障的信息。

3. 主要技术参数

(1) 轨距：1435 mm；

(2) 提升高度：700～2200 mm；

(3) 有效提升高度：1500 mm；

(4) 提升速度：400 mm/min；

(5) 每套提升能力：132 t；

(6) 每套同步误差：±4 mm；

(7) 单机功率：3000 W；

(8) 提升臂水平最大伸出值：1000 m。

7.4.4 地下式架车机组

1. 概述

地下式架车机组由两个独立的车体架车机和转向架架车机组成一套架车系统，能同步架起 N 节列车单元。设备复原时，架车机组的最高平面与地面轨道同一水平。检修作业中，车体架车机和转向架架车机配合使用。不但能提升起列车，还能轻易地落下车辆中任意一个转向架或轮对，并从车下轨道中推出，使用极为方便。三套提升机构的提升高度可随意控制且联锁。配合铲车、液压升降台等专用设备，能对车体下的所有部件进行拆卸维修，如转向架拆装，牵引电机的拆装，齿轮箱的拆装，换轮中的保险杆的拆装，以及空压机总成、电阻箱、垂直减振器、车钩、ATC机架等的拆装。图7-12所示为地下式架车机。

图 7-12 地下式架车机

总操作控制台能设定架车机组提升的组合数量，4台架车机(一节车)为一组、可分选定一组(一节车)、二组(二节车)和三组(三节车)的同步提升。

2. 应用

地下式架车机能独立地对车体、转向架进行提升，两套提升机构高度随意控制，并且相互联锁保护。对列车车体下部的部件、零件的修理更换特别方便，配合铲车、液压升降台等专门设备，能对车体下的所有部件进行维修，如转向架的拆装(包括转向架的中心销、牵引插杆、横向减振器、抗拆滚扭杆等的拆装)，牵引电机的拆装(600 kN 的中心螺母，联轴节等的拆装)，齿轮箱的拆装，换轮中的保险杆的拆装以及空压机总成、电阻箱、垂直减振器、车钩、ATC 机架及单个轮对的拆装，故地下式架车机是列车检修工作中必不可少的重要设备。

3. 特点

1）功能强、落架方便

两套提升装置能单独进行转向架和车体的升降，配合使用时功能极强，落转向架极为方便。

2）安装形式巧妙

安装形式为地下式，设计巧妙、安全，复位时与地面同一标高，无障碍物，平时场地能作其他检修用途。

3）安全保护装置完整齐全

（1）托架防护盖板。架车机托架和车体托架提升后，原托架位置上均能承载 200 kg 的防护钢板自行升至与地面相平，防止人或其他物品的下坠，避免造成人身伤亡事故或机械故障。

（2）托架下降中途安全距离自停功能。在将举升后的车体下降时，当下降到安全警示位置，一般为转向架的托架平面距地面 400 mm 时，该设备自动停止下降。让现场工作人员确认车体下无任何人和物品等情况后，再次启动设备下降。

（3）两侧安全操作功能。操作台一侧为主操作，另一侧的视线死角（车体挡住视线）用操作盒（安全监护操作），当上升或下降时，两侧均能紧急停止，启动时，则需两侧均确认。

（4）电气保护装置齐全。每组架车机有 6 组限位开关、负载开关、螺母磨损或断裂限位开关等，确保架车机的安全可靠。任何一个安全装置动作，系统主电流将被断开。

（5）车轮锁死防滑装置。一旦架车机离开地面，托架表面防滑装置将启用（选配）。

（6）安全螺母。每个升降部件均配有安全螺母，一旦升降螺母失效，安全螺母开始承载。

4）同步误差小

同步误差为±6 mm（上升速度为 600 mm/min）。

5）负载感应装置

负载感应装置在无负载情况下提升时，以编程的模式操作，直到安装在所有托架的负载传感器动作后，需对这种模式再次确认，才能按编组的方式继续运行，有效地保证了提升的安全可靠性。

6）故障显示功能

通过设备上的显示装置，能提供设备故障的信息。

4. 主要参数

（1）轨距：1435 mm；

（2）转向架托架垂直提升高度：0～1600 mm；

（3）车体托架垂直提升高度：0～2400 mm；

（4）提升速度：405 mm/min；

（5）每台转向架的提升能力：≥210 kN；

（6）每个托架的支撑力：≥110 kN；

（7）相邻架车机组的高度偏差：±6 mm；

（8）全套架车机内的高度偏差：±12 mm；

(9) 每套车体(4 台)托架的 4 个支撑点的高度偏差：±4 mm；

(10) 每台架车机电机功率：2×4000 W；

(11) 每台车体参数：

提升速度：600 mm/min；

电机功率：1100 W。

7.4.5 轮对压装机

1. 概述

轮对压装机(见图 7-13)用于车轮和车轴在设定压力下装配成轮对(压轮)和将轮对分解成车轮和车轴(退轮)。压装时轮对内测距自动定位。配有各种直径的止挡块,可对不同直径的车轴进行加工,压力曲线自动记录。

图 7-13 轮对压装机

压装形式有一次压(退)一个轮子和一次两端同时压(退)轮子。

2. 特点

(1) 具备轮对的(包括制动盘、大齿轮)拆、装两种功能。

(2) 轮对内测距压装距离自动定位。

(3) 显示压力位移曲线合格范围标准曲线图,并与实际工作曲线相对应地自动显示在屏上,判定轮对压装是否合格。

(4) 具有自动和手动两种控制方式。

(5) 压装过程自动记录。能自动连续显示、记录压装过程中的压力曲线,自动记录储存数据,打印曲线。

(6) 起重装置。该装置具有双速起吊功能,起吊和定位方便。

(7) 各式止挡块。配有各式止挡块,可方便地进行轮对的压装和拆卸。

(8) 可自动上料。

3. 主要参数

(1) 标准压装基准值：1358 mm；

(2) 压力：0～5000 kN；

(3) 压头行程：600 mm；

(4) 压头最大推进速度：19 mm/s；

(5) 压头最大返回速度：65 mm/s；

(6) 水平工件间距：800～3200 mm；

(7) 工作托架：1.5 mm；

(8) 压装长度精度：(1358+1)mm；

(9) 定位精度：≤0.2 mm；

(10) 内测距精度：≤0.5 mm；

(11) 生产能力：每天(8 h)10～12 对。

7.4.6 转向架清洗机

1. 概述

转向架清洗机用于列车走行部件转向架的清洗。该设备采用全封闭形式，内设控制系统、蒸汽加热系统等。转向架从列车上分解拆下后，因高油污和积尘，需对它进行清洗。转向架由该设备上的传送机构送入全封闭清洗房内，启动设备程序后，由清洗喷管喷出被加热到 20℃以上的清洗水和漂洗液，对转向架进行自动清洗。在规定的时间内完成设定的清洗动作，然后对转向架进行通风干燥，最后将清洗完的转向架送出清洗房，完成清洗工作。

2. 特点

(1) 完整的清洗工艺。

高压清洗、漂洗，干燥工艺完整连续自动，并且能根据被清洗转向架上油污的程度单独设定冲洗、漂洗、干燥的工作时间。

(2) 水温控制。

具有蒸汽加热、清水、漂洗水的功能。加热温度可调。常用水温为 20℃，即可达到清洗效果。

(3) 污水处理系统。

污水处理系统能对清洗、漂洗后的污水进行处理回用。过滤装置滤去污水中的油污和杂质后回放到碱水箱重新使用。

(4) 清洗水嘴移动喷射。

清洗水嘴移动喷射布置于上下左右四面的水嘴排上，在进行清洗和漂洗时能左右移动，动态清洗。

(5) 干燥装置完好。

清洗室和水箱采用不锈钢材料焊接而成，顶部装有两台离心式冷凝风机，用于排放水蒸气，通风干燥。

3. 主要技术参数

(1) 轨距：1450 mm；

(2) 耗水量(循环水量)：200 L；

(3) 水压：2×10^5 Pa；

(4) 压缩空气：6×10^5 Pa；

(5) 蒸汽(干饱和蒸汽)：6×10^5 Pa；

(6) 蒸汽进口温度：152℃；

(7) 蒸汽最大耗量：1700 kg/h；

(8) 冷凝水最大回用量(80～90℃)：1700 L；

(9) 通风量：$2\times9500\ m^3/h$；

(10) 温度调节形式：自动/手动。

7.4.7 转向架升降台

1. 概述

转向架升降台用于提升转向架于不同高度，便于对它进行维修和更换附件。图 7-14 所

图 7-14 转向架升降台

示为转向架升降台。

转向架升降台是采用变速箱带动提升丝杠机构进行升降,安全可靠。通常该设备安装于转向架检修线上,复原时,提升托架与地面轨道同一水平,使转向架可方便地推入提升托架位并进行提升检修。

2. 特点

(1) 完全同步。两侧提升托架采用同一电机双头机械连接方式,驱动时绝对同步。

(2) 检修空间大。托架提升后,只有 4 根提升杠暴露,检修空间大,操作无障碍。

(3) 安全可靠。机械螺杆传动式提升机构能自锁。托架提升后,原托架处有弹簧钢板填充,保证地面无间隙,能有效保证检修人员的安全。

(4) 电气保护装置齐全。具有 6 个限位开关(工作限位、极限限位、螺母松动检测开关、螺母磨损检测开关等)形成位置保护、电机过流保护和负载过流保护。

3. 主要技术参数

(1) 轨距:1435 mm;

(2) 提升能力:10 000 kg;

(3) 提升高度:1600 mm;

(4) 提升速度:700 mm/min;

(5) 电机功率:24 000 W;

(6) 电压:AC 380 V;

(7) 控制电压:DC 220 V。

7.4.8 转向架试验台

1. 概述

转向架试验台主要用于地铁车辆转向架的静态变形测试。

通过试验台特别的液压装置加载后,被测转向架的各种数据经传感器、放大器、AD 转换输入计算机,算出转向架的静态自重、加载前后转向架的交叉度和平行度,完成对转向架的静态变形测试,以便对转向架质量进行检测和判别。对加载压力进行设定,可测出不同负载的变形。转向架试验台由液压加载系统、传感器检测系统、计算机系统和引道轨等组成,该设备应配备恒温恒湿设施。

2. 功能

(1) 能称出动车转向架或拖车转向架的静态自重;

(2) 能测量加载前后转向架的几何尺寸(平行度和交叉度);

(3) 能称出每对轴的轮重;

(4) 测量结果可自动记录、存储、打印、查看。

3. 特点

(1) 一人操作;

(2) 操作简便,计算机界面直观;

(3) 安全保护系统完善、可靠，防滑固定限位、液压驱动锁定、系统紧停、加载点动等安全措施齐全；

(4) 测量精度高；

(5) 自动交替加载；

(6) 非机械式轴向定位。

4. 技术参数

(1) 液压缸：2只；

(2) 液压系统最大加载力：≤200 kN；

(3) 液压缸横向移动范围(距中心)：400～1000 mm；

(4) 负载测量有效范围：200 kN；

(5) 允许的轮子负载：100 kN；

(6) 允许的轴负载：170 kN；

(7) 被测转向架轴距范围：±50 mm；

(8) 位移分辨率：0.01；

(9) 荷载分辨率：0.1 kN；

(10) 环境温度：10～45℃；

(11) 空气湿度：60%～80%；

(12) 电源：AC 380 V/220 V/6 A。

7.5 中心仓库

中心仓库承担城市轨道交通全线各专业所需机电设备、机具、工具、材料、备品备件的供应工作。主要工作环节有采购、入库、仓储、发放。仓库中应有仓储起重、运输等设备和设施，还应附有露天存放场和材料专用轨道线。还要设置专门的环控库房，存放对环境要求高的精度配件。

对于易燃易爆物品要单独设立危险品仓库，危险品仓库应单独设置在对周围建筑影响最小的位置，并与外界隔离，根据易爆、易燃物品的性质要分不同房间存放，建筑物的通风、消防等要符合有关规定。有时为了减少与邻近建筑物之间的防火距离，易燃品库也可是半地下式或地下式的建筑。

城市轨道交通设备配件种类繁多(仅车辆配件就有数千种)，价值昂贵。仓库对物流的管理涉及社会流通领域和城市轨道交通内部生产流域。它既是各专业检修生产工艺的组成部分，与检修生产密不可分，要保证供应；又有着非常强的“成本中心”的作用，对材料、备件的消耗管理和物流本身对资源的占用和消耗都和检修成本有着直接关系。

随着现代物流技术、计算机信息管理技术和电子商务的发展，使中心仓库采用自动化立体仓库仓储技术、建设“城市轨道交通自动化综合物流系统”成为可能。

自动化立体仓库主要由货物存储系统、货物存取和运输系统、控制和管理三大系统组成，还有与之配套的供电系统、消防报警系统、网络通信系统等。

除此之外，根据需要还有调机(内燃机车)库、消防间，污水处理站、配电站、变电站、机加工中心、汽车库等库房，车间也需要单独设置。

7.6 检修基地的主要线路

1）停车线

停车线应为平直线路，一般设停车库，停放车辆同时兼作检修线，分为尽端式和贯通式，贯通式便于列车灵活调度，因此尽可能采用贯通式。一般尽端式每线停放两列列车，贯通式可停放 2～3 列列车。

2）出、入段线

供车辆出、入停车场或车辆段的线路，除特殊条件限制外都要设置为双线，并避免切割正线，根据行车和信号要求留有必要的段（场）线路与运营正线的转换长度。

3）牵出线

牵出线应适应段（场）内调车的需要，牵出线的长度和数量根据列车的编组长度和调车作业的方式和工作量确定。

4）静调线

静调线设在静调库内，在列车检修完毕到试车线试车之前，要在静调库内对列车进行静态调试，检查列车各部分的技术状态，对各种电气设备和控制回路的逻辑动作和整定值进行测试和调整。静调线全长设置地沟，地沟内设置照明光带。静调线为平直线路，静调库内还要设置车间牵引电力电源和有关的测试设备。车辆段在车辆检修后进行车辆的尺寸检查作业，其中要对车辆的水平度进行检查，需要轨道高差精度等标准较高的线路（称为零轨），宜设在静调线。

5）试车线

试车线供定修、架修、大修后的列车在验收前进行动态调试。试车线的长度应满足远期列车在最高运行速度下，性能试验、列车编组、行车安全距离的要求。一般为平直线路，线路中间要设置不小于一单元列车长度的检查坑，供列车临时检查用。为进行列车车载信号装置的试验，试车线还应设置信号的地面装置，试车线旁应设置试车工作间，内设信号控制和试车必需的有关设备、设施和仪器。试车线应采取隔离措施。

6）洗车线

洗车线供列车停运时洗刷车辆用，中部设有洗车库。洗车线一般为贯通式，尽量和停车线相近，这样可以减少列车行走时间，并减少对车场咽喉地区通过能力的压力。洗车库前后要设置不小于一列车长度的直线段，以保证列车顺利进出洗车库。

7）检修线

检修线为平直线路，布置在检修、定修、架修、大修库内。架修、大修线的线间距要根据架修作业需要，还要综合考虑架车机等检修设备以及检修平台等的布置，检修移动设备、备件运输车辆移位，以及检修人员作业需要的空间确定。检修线中要有一条对平直度要求较高的线路，用于对车体地板高度的精确测量。

8）临修线

列车发生临时故障和破损时，要在临修线上完成对车辆的临修工作，临修线的长度以能停放一列车为准，并考虑列车解编的需要。

以上是保证列车运行和检修的主要线路，除此之外，维修基地内还必须按需要设置临时存车线、检修前对列车清洗的吹扫线、材料装卸专用线、内燃调机车和特种车辆(如轨道车、触网架线试验车、磨轨车、隧道冲洗车等)停车线、联络线和与铁路连通的地铁专用线等。

复习思考题

7.1　停车场主要承担什么任务?

7.2　车辆段主要拥有哪些功能?

7.3　车辆段的布置形式有哪些?

7.4　列表说明各检修库及其辅助车间的检修作业与配套设备。

7.5　车辆段主要有哪些线路?各自的功能是什么?

第8章

城市轨道交通的环境影响

8.1 环境影响的内容

城市轨道交通项目对周围自然环境和社会环境造成的影响是多方面的。在项目建设期,对其沿线及一定区域内的环境造成的负面影响最大,产生的环境污染主要包括噪声、振动、水、空气、固体废弃物等,严重影响沿线居民的生活质量和工作环境。在项目运营期,由于降低了总体的环境排放,因而多数情况下对周围环境的影响是积极的,但也同样存在一定的负面影响,例如会对轨道沿线居民产生振动和噪声等危害。此外,高架部分轨道还会影响城市景观;地下车站则容易造成空气污染物不易扩散等情况,不能一概而论。

8.1.1 环境影响的主要因素

1. 噪声

在建设期间,打桩、挖掘、运输等机械设备的运行会产生噪声污染,其中以打桩作业机械的噪声污染最为严重,正常作业情况下会达到100 dB(A)甚至更高。多种噪声源产生的噪声叠加起来会产生更为强烈的噪声污染。

2. 振动

工程设备施工会产生振动,会对周边居民的健康及周围建筑物形成不利影响。特别是打桩机周围80～100 m范围内,会导致地表震感强烈,使人们感到非常不适,从而影响一些工作和生活环境。

3. 污水

施工过程中会产生大量污水,如果处理不当,会对城市地表水造成污染。此外,一些作业过程还会用到高浓度的化学浆液,有可能连同污水一同渗入地下,污染地下含水层,并改变城市地下水的水质,造成重大的负面影响。

4. 扬尘和废气

空气污染主要表现为扬尘污染和废气污染。水泥、土石方等建筑材料如管理不当会随风扬起,产生大量粉尘,降低空气质量。此外,施工机械在运行过程中排出的废气也会对空气造成污染。

5. **固体废弃物**

施工过程中会产生废土、废石等建设垃圾，如果得不到正确处理会造成固体废弃物污染，同时也会引起水污染和空气污染等连锁反应。

8.1.2　环境影响的主要对象

1. **建筑物、精密仪器和设备**

运营过程中，列车车轮与钢轨之间会产生规律性振动，经过轨枕、道床，传递至隧道桥梁基础，再传递给地面，从而对周围区域产生振动。这种振动不仅会影响邻近建筑物的结构安全，还会对地铁沿线民宅、学校、医院、实验室等场所产生不良影响，如造成电子显微镜、电子天平、外科手术器具等精密仪器和设备产生读数不准、精度下降、寿命缩短等问题。

2. **沿线居民**

城市轨道噪声不仅降低了车上乘客的舒适度，还会影响线路附近民众的生活、工作和学习。研究已经表明，由于城市轨道项目的噪音导致的投诉等活动至少在部分程度抑制了城市交通系统的可持续发展性。主要影响区域包括居民区、居民楼、学校、医院、疗养院等敏感区域，频繁度主要由城市轨道交通的运行时间段(通常为 5:00—23:00)内列车的发车频率决定。

3. **空气**

虽然轨道交通的单位能耗仅相当于城市公路公交的 57.8%，但是城市轨道交通同样会对空气质量产生影响，主要体现在 3 个方面：①城市轨道交通站点多选在交通要道和闹市区，马路上汽车排放的废气、餐饮业排出的油烟气被吸入车站的机会极大，二氧化硫、氮氧化物、粉尘甚至苯丙芘等有害物质则可能进入地下车站；②建筑材料和装修材料如石材、油漆、涂料、板材、石棉等会挥发出甲醛、甲苯等有害物质，而地下轨道交通作为相对密闭的特殊环境，自然通风不足，不利于空气污染物稀释与排出；③在大型城市轨道交通换乘站点由于存在大量机动车流，它们的尾气排放会使得空气质量下降，周边空气质量也会随着人流的增加而有所恶化。

4. **城市景观**

城市轨道交通特别是高架部分轨道交通会对城市景观产生较大影响。主要影响包括：①破坏自然景观。高架线路若是经过类似水岸、湿地或者公园等地方，会使得周围的自然景观失去宜人的舒适感；②影响视觉。以一定间隔连续排列的垂直线条的桥柱会使人产生崇高、紧张和积极的感受，并对视线起到一定的阻隔效果；③影响城市尺度。高架线路会使得周围建筑物在高度和体量上有所突破，从而加重城市总体负荷。

8.1.3　城市轨道交通环境影响评价

根据各城市轨道交通建设过程，确定轨道交通环境影响评价工作可以分为四个阶段：准备阶段、分析阶段、评价阶段、报告阶段。

根据城市轨道交通建设的特点，环境影响评价工作主要包括：线路选择评价、建设期影响评价、运营期影响评价。其中：①线路选择评价的重点是轨道交通线路沿线周围城市布局及地面(下)的设施、建筑物的具体分布。②建设期影响评价主要内容包括建设期生产、施工人员生活污水排放、各类施工机械作业产生的噪声、振动以及弃土弃渣的二次扬尘及其对沿线周边区域造成的环境影响。③运营期影响评价主要评价内容包括线路及周围的空气、地下水，对运营期轨道交通车辆运营产生的振动及噪声（超声波）的影响进行预测，预测车站工作人员的生活污水、停车场及机动车辆产生的油污和地下线路的铺设对地下水的影响。

1. 施工期环境影响

建设期的环境影响主要表现为：噪声污染，生态环境的破坏，弃土弃渣的二次扬尘，施工机械的污染物排放及生活垃圾，地面沉降及变形等。

1）噪声对环境的影响

施工期噪声源主要为动力式施工机械产生的噪声，现场挖掘、装载、运输等施工机械设备同时进行作业时，施工场地边界处昼间噪声等效声级为69.0～73.0 dB(A)。在施工的同时，当道路交通流较大时，更多的噪声来源于道路上机动车发动机及鸣笛的噪声。

在某人行过街天桥上测量道路交通噪声，发现噪声主要来源是机动车动力噪声、轮胎噪声以及机动车鸣笛声，而轨道交通建设噪声影响较小，可以忽略不计。

2）水环境影响

地表水：施工期产生的废水主要来自施工作业开挖、钻孔、连续墙维护结构和盾构施工产生的泥浆水，施工机械及运输车辆的冲洗水，施工人员产生的生活污水，下雨时冲刷浮土、建筑泥沙等产生的地表径流污水等。

地下水：工程设计中对地下段采取了地下排水疏导及防渗漏措施，安全施工不会造成区域性水资源的流失。当工程沿线附近有完善的城市排水系统时，施工期污废水经初步处理后排入城市下水系统，不会对水环境产生污染。

3）大气环境影响

施工期的主要大气污染源为：一类是土方挖掘、构筑物临时建筑的拆除、土方回填及运输车辆行驶时的道路扬尘，堆放的原材料在路面风干、混凝土浇筑车辆大量进出施工场地导致的道路扬尘；另一类是施工机械和重型运输车辆运行过程中所排放的燃油废气。建筑施工过程中造成的扬尘不仅会使空气中粉尘浓度大幅度增加，降低大气质量，而且因粉尘中含有大量重金属，不但会影响周围植物生长，同时也会影响沿线居民的身体健康。

4）地面、土体沉降及变形的影响

地下轨道交通线路的开挖施工，在一定程度上会扰动地下岩土体，使其失去原有的平衡状态，甚至造成地面一定的沉降，进而对地面建筑物造成损害。

2. 运营期环境影响

城市轨道交通运营期的一切环境影响均来源于机车车辆与站点。

1）噪声对环境的影响

根据地铁车辆噪声发生源的不同，可以将地铁车辆噪声分为轮轨噪声、空调机组噪声、牵引电机噪声、空气动力噪声和电弧噪声等。地铁列车大量采用固定式车窗和密封性能好的车门，空气传播声较小。滚动噪声以及车外噪声的二次固体声占车内噪声的大部分。制定地铁噪声控制方案的主要思路为：减振—隔振—隔声—吸声。一般采取的降噪措施包括以下几方面：改进噪声声源，减轻车体机械振动，控制传播途径。

2）振动对环境的影响

车辆动力系统的振动通过车轮与轨道结构的动态相互作用，引起轨道结构的振动，这些振动通过地基又传递给周围的建筑物；车轮和钢轨长期相互作用都会产生磨耗，轮子可能失圆或产生扁疤，钢轨可能会产生波浪形磨耗，状态不良的轮轨相互作用会使振动加剧。

3）水环境影响

①地表水：运营期污水的主要性质为生活污水和少量检修废水、洗车废水。所排污水主要为生活污水及公共设施擦洗污水，污水性质单一，主要为生活污水。根据工程设计，生活污水经化粪池处理后排入市政污水管道，各项指标均符合标准要求。②地下水：建成投入运营后，新增污水经处理达标后，排入市政污水管网或地表水体。在污水产生及运输过程中，因跑冒滴漏等环节而渗入地下的污水量较小，且厕所、化粪池等设施均采取了防渗漏措施，一般不会对区域内地下水的质量产生明显影响。

4）大气环境影响

污染来源及有害物质包括：①外环境的交通污染：可吸入颗粒物、CO、CO_2、NO_x 和 O_3 等；②车站建筑、装修材料和列车装饰材料：甲醛、苯系物等；③乘客及工作人员活动：可吸入颗粒物、CO_2、NH_3、细菌、病毒等；车站、地下建筑物和隧道内部：老鼠、蚊虫、蟑螂等害虫及其携带的病菌和代谢物等。地铁空气中含有大量超细金属粉尘颗粒，同时列车钢轮与钢轨之间的高温摩擦使空气中有大量细微金属粉尘。这些粉尘能够穿透肺部组织的表层，进入血管，甚至能够进入大脑、肝脏和肾脏，对健康造成极大威胁。

8.2 环境振动

8.2.1 交通环境振动的定义

在日常生活中，人们常会遭受来自周围环境的各类振动对工作及生活的影响，比如各类施工设备以及工业设备运转振动的影响。最近几十年，随着我国交通事业的迅猛发展，城市轨道交通、铁路交通、道路交通等各类交通车辆运行振动所带来的环境振动影响也越来越突出。相比施工设备以及固定位置工业设备振动的影响，交通车辆运行所带来的影响涉及的范围更加广泛，而且有着明显的特殊性质，比如振动的幅频特性与车辆运行速度相关。本节从交通车辆振动对环境影响的角度，给出交通环境振动的一般强度、频率与传播特征的相关界定。

交通环境振动是指由地面、地下、高架线路有轨或无轨交通运载车辆所产生并传播至地表环境的具有与车辆运行状态相关的持续性小幅振动。交通环境振动对于暴露于其中的建筑结构以及建筑物内的艺术作品、振动敏感设备、人或动物等可能产生不利影响。长期暴露于这种交通环境振动中，可能致使结构薄弱部位的耐久性降低、壁画或雕塑等艺术品损伤、振动敏感设备无法正常工作。振动以及振动诱发建筑结构产生的二次噪声还会使人们的工作、生活质量下降，甚至影响身心健康。这种振动的影响频率范围一般在200 Hz以内，显著频率在20～80 Hz，经地层衰减后，通常地表振动速度响应峰值不超过1 mm/s或最大振级不超过85 dB(A)（地面交通车辆距离行车道30 m以内区域除外）。这种交通环境振动的响应强度，随距行车道横向距离的增加呈“起伏式”衰减，其显著频率的振动影响范围为土质地层条件下在行车道两侧100 m以内，而较低频率的振动影响可达200 m以上。

8.2.2 轨道交通环境振动的影响

随着城市轨道交通路网的加密，轨道线路走向或埋深设计愈加难以绕避环境振动敏感点。仅以北京为例，近十余年形成的密集的轨道交通网络在高峰时段同时有490列编组车辆在地下运行。再叠加日益增加的路面交通量，使得北京市区距离行车道100 m以内区域的环境振动水平在短期内提高了近20 dB(A)，对邻近线路人员的工作生活质量、振动敏感设备的正常使用和古建筑的保护正在产生直接影响。北京地铁3号线、6号线、8号线、16号线等多条线路为确保古建筑不发生损伤或振动以及振动敏感设备的正常使用而被迫改线。广州、西安等古老城市，为了绕避环境振动敏感点而被迫调整路网的案例也比比皆是，这种情况直接影响或降低了快速轨道交通的路网效率。与此同时，为满足城市环境对交通振动控制的需要，在地铁线路上大量采用不同等级的轨道减振措施(分中等、高等和特殊等级三种)，且采取减振措施的铺轨里程不断上升，北京、上海、广州、深圳等城市轨道交通线路中，减振措施线路占全线比例大多在40%以上，个别线路超过50%。

不同种类轨道减振措施的大量使用，一方面带来了投资压力；另一方面也降低了轨道结构的刚度平顺性，甚至引起了较大规模的钢轨异常波磨等轨道病害，大大增加了轨道结构与车辆的维护工作量与成本，对行车安全造成了隐患。此外，由于缺乏对交通环境振动承受限值标准体系的基础性研究，评估体制与交通建造工程不协调，法制不健全，以及预测方法研究、成果应用转化缺失评价监管等各种不确定性因素的综合结果，导致很多新线开通运行后，存在居民对振动噪声的投诉现象。同时，伴随着车辆基地的商业房地产开发，控制交通振动环境影响是其建筑品质的关键要素之一。因此，交通环境振动的预测评估及控制问题，目前已经成为制约我国城市轨道交通规划与建设的瓶颈因素之一。

8.2.3 轨道交通环境振动的主要影响因素

交通环境振动是由轨道交通与地面或高架的非轨道交通共同引发的，但是其中轨道交通占主要影响，尤其是由个别线路的影响正在发展成为整个交通路网的区域性问题，因此研究交通环境振动的重点是它对轨道交通的影响程度。

轨道交通网区域环境振动的影响是一个十分复杂的系统问题，总体上看，主要影响因素如下：

1) 轨道结构

轨道既是引起列车振动的主要振源之一，也是承担和传递振动的第一子结构。因此轨道的结构型式、材料组成及其相应的动力特性极大地影响着轨道交通环境振动的特性。轨道结构型式的动力特性随着轨道单元的质量、刚度和阻尼的不同而改变。改变轨道的动力特性意味着直接改变了振源的频率组成及振动强度。通过对轨道结构动力特性的合理优化，可设计出不同的减振轨道产品，相反，不合理的设计会恶化轮轨相互作用关系。

2) 车辆结构

车辆结构包括车辆的类型、轴重、轴距、悬挂特性等。车辆的轴重影响着振动准静态低频分量的能量集度，而列车各轮轴间的相对位置关系则直接影响着振源的频率特性。如图8-1所示，除扣件间距外，其余4种特征距离构成不同行车车速下引发的4种通过频率。

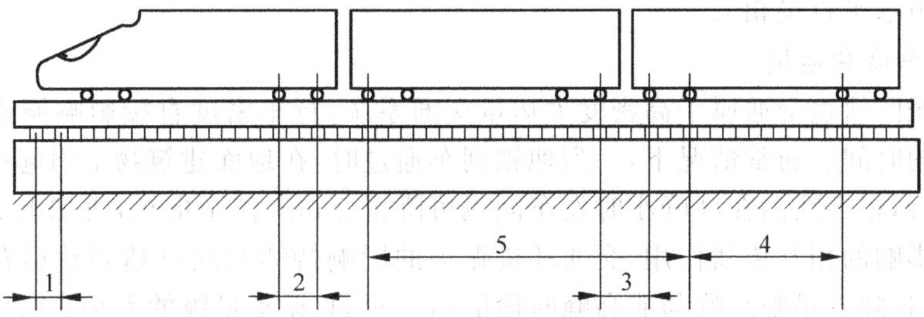

图 8-1 车辆与轨道特征距离

1—扣件间距；2—转向架内轴距；3—转向架间轴距；4—车辆内轴距；5—车辆间轴距

3）行车速度

当列车匀速运行时，行车车速 v，特征距离 L 与特征频率 f 满足如下关系：

$$f=v/L \tag{8-1}$$

通常轨道交通由轨道和车辆特征距离引发的特征频率主要在 40 Hz 以下的低频段。另外，对于城市轨道交通来说，其站间距相对较小，约 30％的线路上列车运行处于变速行驶状态。而且列车在进出站时的频繁加速与减速，比城际列车的加速度要高出许多。研究表明：当通过速度相同时，变速移动荷载作用下轨道结构的动力响应超过匀速荷载通过时的响应，即列车频繁的加减速是交通环境振动影响研究中不容忽视的一个问题。

4）车辆-轨道相互作用

列车运行引起的振动通常可分为准静态激励和动态激励两部分。准静态激励与轴重的静态成分相关，其频率相对较低；动态激励与车辆-轨道动力相互作用相关，其频率相对较高。轨道不平顺、车轮圆顺度是造成动态激励的主要诱因。特征波长、行车速度与频率也满足式(8-1)的关系。钢轨波磨是一种钢轨顶面纵向规律性起伏不平的现象，会引起振动噪声增加，轮轨关系恶化等危害，钢轨波磨其特征波长为 100 mm 以下短波波长为主。以北京地铁 6 号线为例，波磨波长集中在 40～100 mm，如图 8-2 所示。

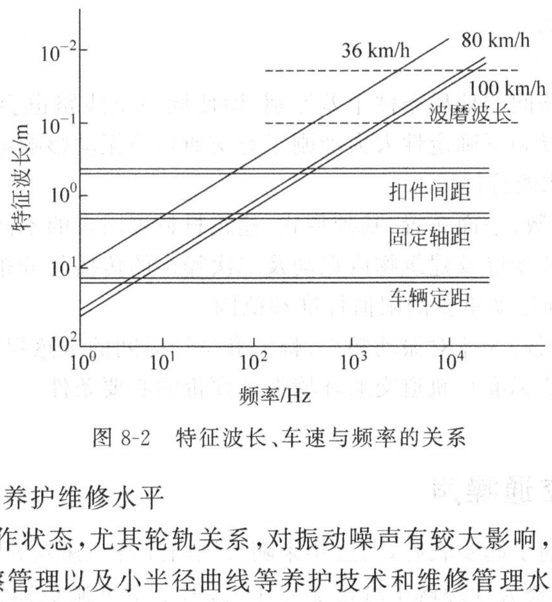

图 8-2 特征波长、车速与频率的关系

5）轨道和车辆的养护维修水平

车辆和线路的工作状态，尤其轮轨关系，对振动噪声有较大影响，钢轨和车轮打磨、扣件维修、轮轨接触面摩擦管理以及小半径曲线等养护技术和维修管理水平，与轨道交通环境振动影响及噪声水平直接相关。

6）行车密度和运量

城市及城际轨道交通属于高密度大运量交通系统，行车密度直接影响城市轨道交通振动作用持续的时间。通常情况下，一列地铁列车通过时，在地面建筑物上引起振动的持续时间为10～15 s，很多线路在高峰小时发车间隔可降至2 min甚至更短，再加上交汇运行和相邻线路振动影响的相互传播作用，交通环境振动的影响持续时间可达到总运营工作时间的80%以上，而且随着早晚高峰与非高峰时段的运量不同，振动量级的大小也有明显变化。

7）线路条件

线路条件包括曲线半径、坡度、道岔、线间距等。大量实测结果表明，列车在曲线上运行时，地表的横向振动分量明显增加。一般城市轨道交通线路的曲线长度可达整个线路长度的80%以上，计算分析表明：曲线轨道的振动响应大于直线轨道的振动响应，且响应频谱更为丰富。

8）桥梁、隧道结构类型

不同型式或跨度的桥梁结构以及不同型式的隧道结构会引起地表环境振动特性的差异。以隧道结构为例，研究表明：圆形隧道的尺寸改变会影响垂直于隧道径向波的传播。当隧道尺寸明显小于土中波长时，尺寸效应并不明显；随着隧道尺寸的增大，不同隧道模态的贡献会引起较高频率的差异。而隧道截面形状则会引起地表近场振动的差异，在远场这种差异较小。

9）振动敏感点距线路中心的距离

总体上交通环境振动随离开振源距离的增大而衰减，但具体到某一频率分量则表现为起伏式衰减，即这类振动的衰减并非一致单调，频率越低这种衰减的起伏越明显。与地面线列车环境振动问题相比，地下线路的埋置会造成土体中体波与面波的复杂叠加效应。研究表明，当距离线路中心线的水平距离与隧道埋深量大体相当时，会出现一个较为明显的振动放大区。因此，受隧道埋深、建筑物基础、地下管线等因素影响，随振动敏感点距线路中心距离的增加，地表总的振动衰减也可能出现局部放大现象，这都会增加对振动进行预测评价的难度和影响预测精度。

10）地质条件

各地轨道交通线路间的地质条件千差万别，即使同一条线路也会穿越各种不同的地质区域。地质条件的差异和不确定性大大加剧了对交通环境振动影响进行预测的技术难度。

11）房屋建筑结构的特性

建筑物体量、楼层数、平面布置、基础型式、建筑材料等因素的不同会直接影响建筑物周边地表环境振动场的改变以及建筑物内振动及二次噪声的传播与分布。

12）受振体对交通振动承受的限值标准和范围

建筑结构、仪器设备、人体对振动频率、幅值和持续时间的敏感程度、承受能力都有很大差异。确定合理的限值标准是轨道交通环境振动评价的必要条件。

8.3 城市轨道交通噪声

我国城市轨道交通虽起步较晚，但近年来随着国内经济高速发展，我国城市轨道交通建设已步入繁荣发展期，极大地缓解了城市交通压力，但也不可避免地给城市带来噪声污染。

研究者开始注重轨道交通与城市环境的协调发展，将控制轨道交通噪声作为改善乘客舒适性和保护城市环境的重要课题。本节主要介绍城市轨道交通噪声声源的特性和分类、噪声的危害，并详细介绍了轨道交通噪声环境影响的评价范围与评价标准。

8.3.1　城市轨道交通噪声的特点

与其他类型交通噪声相比，城市轨道交通噪声具有一定的特点，可以总结概括为以下几个方面：

（1）轨道交通噪声源为流动污染。列车噪声是随着车辆的运行而传播的，噪声持续时间较短。

（2）轨道交通噪声传播面较广。列车运行噪声较大，再加上许多路段都采用高架桥设计，使列车噪声源位置提高，更容易向外传播。

（3）轨道交通噪声具有暂时性和间歇性。轨道列车行驶速度较快，因此铁道周边受其噪声一次性影响时间较短。例如，列车总长度为 200 m，行驶速度为 100 km/h 时，它经过某点的时间只有 7 s 左右。

8.3.2　城市轨道交通噪声的分类

按产生声源的特点将城市轨道交通噪声分为轮轨噪声、集电系统噪声、空气动力学噪声、非动力噪声、牵引动力系统噪声、列车运营车体噪声、桥梁结构噪声等，轨道交通噪声声源示意图如图 8-3 所示。

1）轮轨噪声

列车运营时，车轮和轨道接触部位将产生相互摩擦，从而向周边辐射声波，即为轮轨噪声。影响较为严重的情况有：当列车在轨道半径较小的曲线及进入道岔行驶时发出高频刺耳声；列车行驶时在经过钢轨间的接头时发出撞击声。

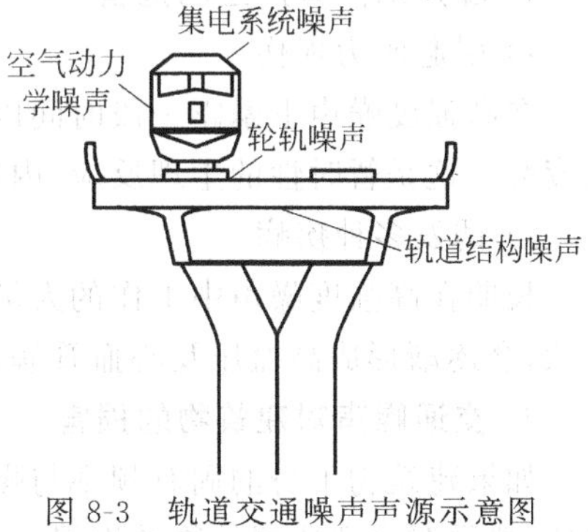

图 8-3　轨道交通噪声声源示意图

2）集电系统噪声

集电系统噪声主要由电弧噪声、受电弓系统气动噪声和受电弓滑动噪声组成。电弧噪声是受电弓与导线之间发生脱离，产生离线现象而发出的电火花声。由于受线路、车辆结构等多方面因素的影响，在车辆运行时，容易产生因受电弓脱离导线而产生的电火花声。

3）空气动力学噪声

空气动力学噪声主要产生于车体结构表面，是列车运行时对空气的扰动而产生的，气流勃滞性在车辆表面引起附面层压力变化，激发表面振动，从而产生噪声，它与车辆的外观轮廓和车速有关。空气动力学噪声主要来源于车辆顶部的空调装置和通风装置。

4）车辆非动力噪声

车辆非动力噪声主要是由列车制动系统、空压机、列车车门、内部通风空调系统等辅助系统产生的噪声构成。此外还包括列车上的悬挂系统、液压减振器、通道、车钩等其他物件间相互摩擦和撞击而产生的噪声等。

5）牵引动力系统噪声

牵引动力系统噪声是列车牵引电机、压缩机、齿轮箱以及冷却风扇等牵引系统设备运转所产生的噪声。这类噪声的大小在很大程度上取决于车辆性能的优劣。

6）列车运行车体噪声

列车运行车体噪声包括机车、车辆车体因振动而辐射的结构噪声，此类噪声呈中、低频特性。

7）高架轨道结构噪声

列车通过高架桥梁时，轮轨会激发桥梁结构的各个构件产生振动，形成二次辐射噪声。这种桥梁结构振动所产生的噪声是其他普通线路中没有的，代表了桥梁噪声的特点。

城市轨道交通产生的噪声是上述几种噪声共同作用的结果，并受到列车运行状态和轨道设备等因素的影响，各种噪声所占比重各不相同。研究表明，当列车运行速度低于60 km/h时，列车牵引电机及辅助设备噪声占主要的成分；当列车以60～200 km/h速度运行时，轮轨噪声占主要成分；当列车运行速度高于200 km/h时，空气动力学噪声占主要成分。

由于我国城市轨道交通一般的运行时速在60～80 km/h，所以其噪声主要来自列车运行时的轮轨噪声。

8.3.3 城市轨道交通噪声的危害

1. 噪声对人体产生的危害

1）引起听力损伤

在高强度噪声下暴露一段时间以后，会引起暂时性听阈上浮，听力会变得迟钝，称作听觉疲劳。这是暂时性的生理反应，内部听觉器官并未受损，经休息后即可痊愈。

2）诱发多种疾病

长期在高强度噪声中工作的人员，除耳鸣外，还伴有头痛、头昏、精神不振、消化障碍等症状，会逐渐形成高血压及心血管病。

2. 交通噪声对建筑物的损害

如果建筑物本身的固有频率与噪声频率相一致，即会发生共振，会使建筑物的结构遭受损坏，严重时会造成建筑物的坍塌。

8.3.4 城市轨道交通噪声评价范围及标准

1. 评价范围

城市轨道交通噪声评价可以按照铁路交通噪声环境评价方法进行。由于城市轨道交通多数穿越城市中心，所以沿线的噪声敏感点较多。而且对于不同区段，其噪声源种类、强度、影响范围和敏感点性质、规模、建筑物布局及周围环境都存在一定的差异。例如：地下铁路交通噪声是在地下隧道长条圆柱体内传递、折射、吸附、衰减，主要是对城市地下空间环境产生影响，所以影响的范围和群体相对较小；地面式和高架式线路噪声对城市环境的影响程度和影响范围相对较大。所以轨道交通噪声的评价范围应选择地表受噪声影响较大的居民区、学校、医院、疗养院等噪声敏感点，评价范围一般为距离外轨中心线两侧200 m以内区域。

2. 评价标准

1）美国城市轨道交通噪声环境影响评价标准

美国运输部联邦公共交通管理局于 2006 年修订了《公共交通运输噪声与振动评价指南》，其中提出了一整套城市轨道交通工程噪声环境影响评价标准。该标准适用于所有城市轨道交通工程（地铁、轻轨等）及其固定设施（车辆段、停车场、车站、变电站等）。

美国城市轨道交通工程环境影响评价标准是以轨道交通工程实施前后其所在区域环境噪声级的增加值为基础，根据工程影响区域的具体土地利用类别确定标准值。该评价标准包含了绝对性标准，即考虑由交通工程自身引起的噪声值；也包括相对性标准，即考虑由于交通工程引起的环境噪声的改变量。该标准所用的噪声评价量为 Led(h)和 Ldn，Led(h)是指轨道交通噪声最大的 1 h 等效声级，Ldn 是指全天 24 h 等效声级。

美国轨道交通环境噪声评价大致分为三个阶段：噪声甄别阶段(noise screening procedure)、一般评价阶段(general assessment)和详细分析阶段(detailed analysis)。噪声甄别阶段是用来确定一定距离内由轨道交通诱发的噪声出现的可能性，主要用于项目决策阶段。一般评价阶段则用于评价噪声影响的潜能或程度，是在规划线路时对振动和噪声的评估。此阶段的大致步骤是预测噪声源的水平、估计噪声的传播特性和背景噪声、估计噪声影响的轮廓范围、提出噪声影响的详细目录等。当需要更加准确和具体的噪声、振动评估时，就要进入详细分析阶段。详细分析阶段需要更加具体的工程项目信息，例如线路选址、交通容量、单个噪声源持续时间等。与一般评价阶段相比，详细分析阶段对噪声的评估和预测更加精确。

2）我国城市轨道交通噪声评价标准

目前，我国监测、评价城市轨道交通噪声的技术依据主要参照《铁路边界噪声限值及其测量方法》(修改方案)(GB 12525—1990)、《声环境质量标准》(GB 3096—2008)，《环境影响评价技术导则　城市轨道交通》(HJ 453—2008)。既有铁路、改扩建铁路边界噪声限值(排放标准)为昼夜间均为 70 dB(A)；新建铁路噪声限值(排放标准)为昼间 70 dB(A)和夜间 60 dB(A)。《环境影响评价技术导则　城市轨道交通》中对城市轨道交通的噪声环境评价分为运营期和施工期两部分。评价工作等级根据建设项目区域声功能区划，工程运营前后噪声级变化程度，以及受影响人口数量等分为三级，分别针对不同的评价等级提出了不同的基本要求、测量方法和监测内容。如表 8-1 和表 8-2 所示。

表 8-1　声环境功能区分类

声功能区划	划分区域
0 类	指康复疗养区等特别需要安静的区域
1 类	指以居民住宅、医疗卫生、文化教育、科研设计、行政办公为主要功能，需要保持安静的区域。
2 类	指以商业金融、集市贸易为主要功能，或者居住、商业、工业混杂，需要维护住宅安静的区域。
3 类	指以工业生产、仓储物流为主要功能，需要防止工业噪声对周围环境产生严重影响的区域。
4 类	指交通干线两侧一定距离之内，需要防止交通噪声对周围环境产生严重影响的区域，包括 4a 类和 4b 类两种类型。4a 类为高速公路、一级公路、二级公路、城市快速路、城市主干路、城市次干路、城市轨道交通(地面段)、内河航道两侧区域；4b 类为铁路干线两侧区域。

表 8-2　环境质量标准噪声限值　　dB(A)

声环境功能区类别		时段	
		昼间	夜间
0 类		50	40
1 类		55	45
2 类		60	50
3 类		65	55
4 类	4a 类	70	55
	4b 类	70	60

大量的调查表明，城市轨道交通噪声严重影响沿线两侧居民正常的工作和生活，群众投诉频繁，而监测的数据往往达标，其原因是我国城市轨道交通噪声指标仍采用的是等效连续 A 声级 Leq，由于该评价量为接近车流平均密度在整个评价时段内的噪声平均值，掩盖了城市轨道噪声高强度、突发性的特点。因此，借鉴国外先进国家噪声影响评价标准，结合我国实际情况，按噪声敏感建筑的具体使用功能，考虑噪声量增加所承受的主观反应能力，制定一部适合于我国的城市轨道交通噪声评价标准，将显得十分必要。

对于噪声影响评价量的选取，我们可以根据噪声源分布的不同而选取多个评价量。例如可参考美国标准选取高峰时段小时等效声级 Leq(h)；对于夜间时段因突发噪声感觉明显，可引用最大声级 Lmax 作为评价量。两种评价量同时应用能较好地反映城市轨道交通噪声对噪声敏感点的影响特征。对于监测点位的布设，鉴于城市轨道交通地面线多为高架声源，可以在距轨道线 30 m 范围且与轨道等高的第一排敏感建筑面向轨道的一侧作为边界测点，以获得更为合理的监测数据。

8.4 振动和噪声的抑制方法

8.4.1 城市轨道交通噪声污染防治措施

城市轨道交通产生噪声的原因有诸多方面，对它的控制也应从多角度、多方面考虑。图 8-4 概况总结出针对轨道交通降噪的基本方法。

根据噪声的形成原理及其在介质中的传播特性，可以通过四个方面的改进来降低轨道交通噪声的影响：一是合理规划线路两侧建筑物布局；二是从声源角度加强控制来降低噪声影响；三是在噪声传播途径上采取措施；四是对接受者进行隔离。本章将从这四个方面分析探讨轨道交通噪声污染的防治措施。

1. 合理规划、布局

合理的规划布局是降低与防止噪声危害的一种有效而经济的途径。

1）做好区域规划

临交通干线区域宜建造噪声宽容性建筑，如购物中心、写字楼、多层停车场或街市等，以将噪声隔离。如设计得当，噪声宽容结构除能发挥其本身基本用途以外，还能为噪声敏感性建筑（如住宅及酒店等）提供有效的噪声缓冲区，以免它们遭受交通噪声的干扰。

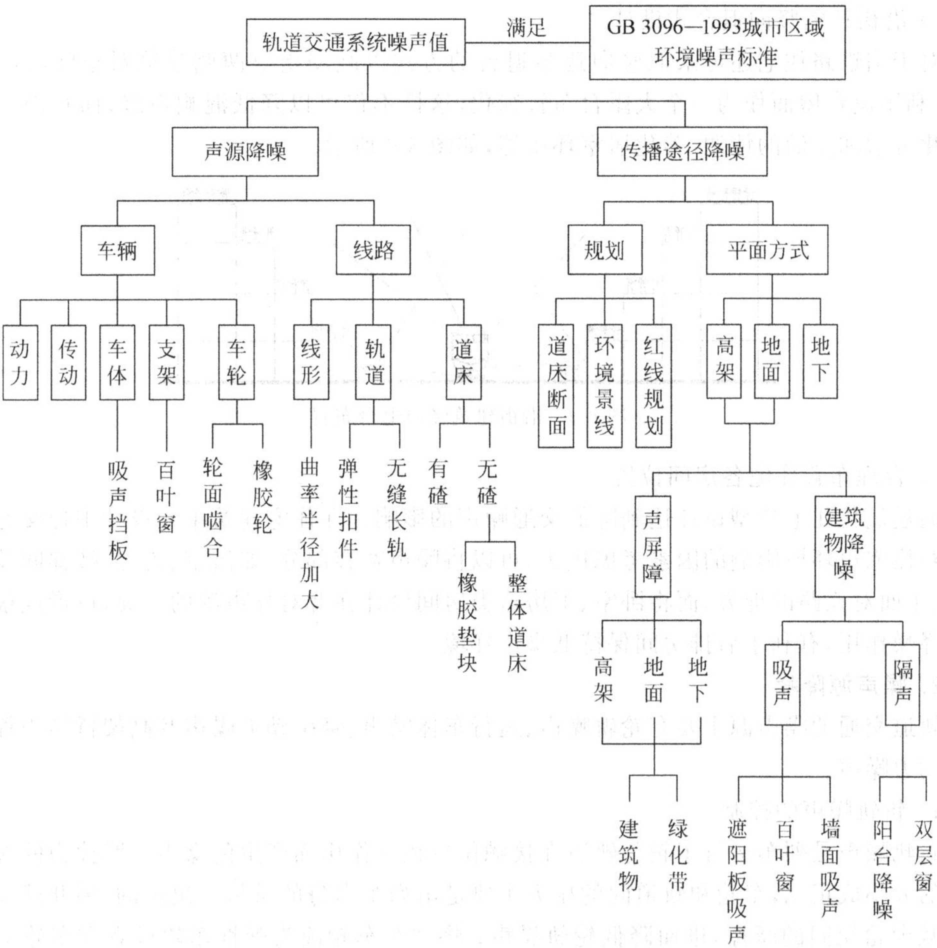

图 8-4　城市轨道交通降噪网络图

2）沿街住宅平面布局

交通干道两侧的住宅在布置时应适当加大与轨道线之间的距离，通过减弱室外空间的围合程度来达到降低混响声的干扰程度。在用地紧张的情况下，可采取沿铁路住宅交错退让铁路的布置方式，如图 8-5 所示，减少由于沿街两侧住宅相对密集布置时所带来的噪声干扰程度的增加。

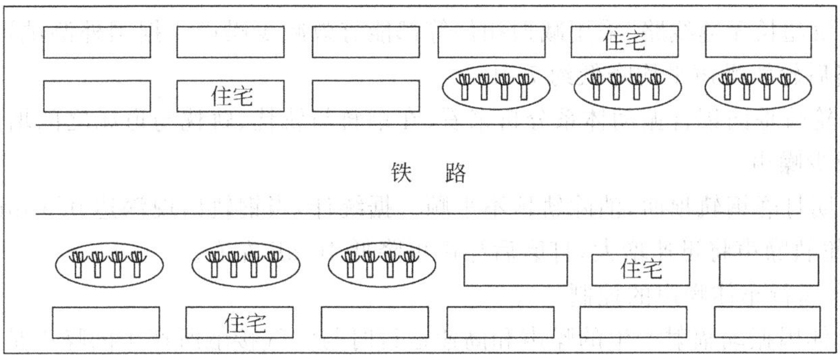

图 8-5　沿铁路住宅交错退让线路布置

3）沿街住宅竖向退台式设计

对于临铁路住宅还可采取竖向逐步退台的方式以减弱街道两侧建筑对空间的围合程度，并利用退台屋面作为一个大露台布置绿化，这样不仅可以降低混响声级，而且因为退台的绿化可增加生活的情调、美化居室环境等，如图 8-6 所示。

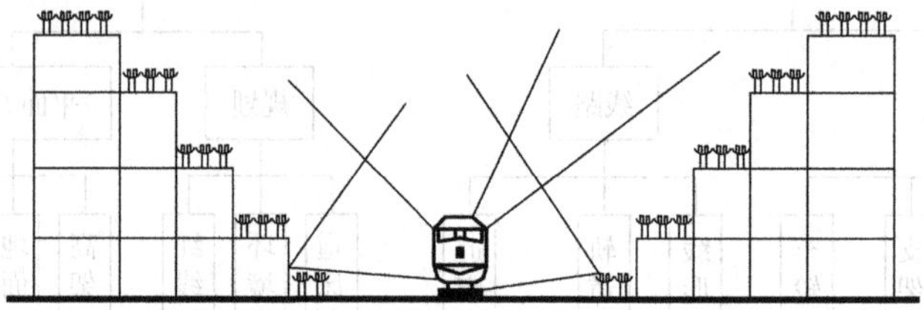

图 8-6　沿街建筑竖向退台布置

4）合理布置住宅各房间位置

通过优化住宅户型设计达到降低交通噪声的影响。在住宅建筑单元设计中把交通噪声可能对住宅声环境影响的因素考虑进去，可以将噪声宽容部分（如浴室、厨房、楼梯间及电梯井）置于面对铁路的地方，而将卧室、书房这类房间设计在背对噪声源的一面，可形成很好的隔声降噪作用，有利于后排房间保持低噪声环境。

2. 噪声源降噪

轨道交通的噪声源主要有轮轨噪声、运行车体噪声、牵引动力噪声及高架桥结构等引起的非动力噪声。

1）轮轨噪声的控制

轮轨噪声是列车运行车轮与轨道在接触位置相互作用而产生的噪声。摩擦力的大小和压力的大小成正比，车轮和轨道间的压力主要是由列车本身的重量来决定的，因此减轻自重可以减少轮轨间的摩擦，进而降低轮轨噪声；将列车车轮改为弹性车轮或者在车轮上加设橡胶件，可降低车轮产生的噪声；可以在车轮上设置隔声罩，在车辆两侧设置内侧有吸声材料的下裙边。

与普通铁路车辆不同，现代城市轨道交通车辆在减振和悬挂系统方面得到较大的改善，采用弹性与降噪车轮。因此对轮轨噪声的控制主要取决于轨道结构，具体措施如下：

(1) 应尽量避免采用小半径曲线，降低列车在转弯时因车轮与轨道间作用力增大而产生的噪声。

(2) 轨道设计采用重型减噪措施，如普通碎石道床比混凝土整体道床降噪 2～3 dB。

(3) 铺设超长无缝线路、采用减振扣件等都能有效减少噪声。据国外测试资料统计，铺设无缝线路后轮轨噪声平均降低约 7 dB。

(4) 从轮轨垂向耦合振动体系分析来看，在钢轨与轨枕、轨枕与道床之间增加弹性垫层可以有效减少噪声。

(5) 定期打磨钢轨顶面，消除轨顶不平顺。据统计，当钢轨出现深达 0.5 mm 以上的波形磨耗时，轮轨噪声将迅速增大，打磨后噪声可降低 10 dB 左右。

2）列车运行车体噪声的控制

车辆车体因振动辐射产生的噪声和高速运行时与空气接触所产生的噪声是车体噪声的主要组成部分。可通过在列车各个接合面间添加摩擦阻尼材料来降低车体结构的振动；在列车的机头部尽量采用流线化设计，列车的其他表面也应该尽量光滑，这样可减少车体高速运行时与空气接触面产生的摩擦，进而降低振动和运行车体的噪声影响。

3）牵引动力系统噪声的控制

牵引动力系统噪声主要是牵引电机、压缩机、齿轮箱以及冷却风扇产生的噪声。针对牵引系统的不同发声组件，我们通常是分别优化它们产生的噪声来达到降噪的目的。如牵引电机的设计、制作要符合相关的国际和国家标准，并适当地施以消声、阻隔等措施；在压缩机的进气口处安装具有消声功能的滤清器等装置来控制它工作时产生的噪声；加强组件的维护，定时检查齿轮箱，及时涂油润滑；在允许范围内尽量缩短冷却风扇的直径；减少集电弓的数量、给它安装外罩等。

3. 控制传播途径降噪

控制传播途径降噪就是在噪声源与接受者间通过阻隔或吸声措施，降低或者消除噪声对接受者的影响。例如：设置声屏障、修建绿色通道、安装吸声材料等措施来降低噪声的影响。

1）声屏障降噪

在交通道路两侧设置声屏障，国外已广泛应用。近年来，随着经济水平的提高与全社会环境意识的增强，声屏障技术在我国也被逐渐推广应用。在声屏障的投影地带内，其效果主要视长度和高度而定，通常会设置在铁路旁的住宅建筑一侧。根据声学传播规律，当噪声遇到声屏障后即会发生反射、透射和绕射三种现象，阻止噪声直接传播。同时声屏障本身将大部分到达表面的声能通过反射作用改变其传播路径，仅有很少部分可以绕射过声屏障，这样就能使噪声得到足够的衰减。通过声屏障对噪声的各种阻挡作用，在声屏障的背面就会形成一个受噪声影响较弱的声影区，从而达到降噪的作用。如图8-7所示，在此区域内声音有明显的减小。

（1）声屏障形状要具有多变性和适应性。

声屏障按几何形状一般可分为直立型、折板型、弯曲型、半封闭型和全封闭型。在不同区段上需要设计不同形状的声屏障来适应路段情况，以满足降噪效果的需求。经测量统计，声屏障材料吸声系数一般在0.2～0.5。

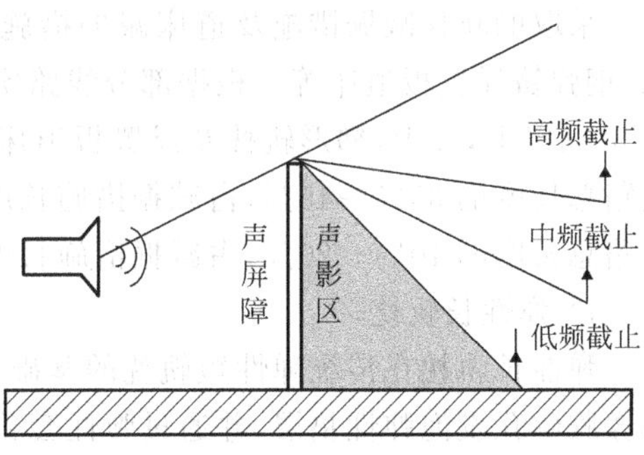

图8-7　声屏障的降噪原理示意图

（2）注重声屏障材料的选用。

随着各种新材料的诞生，声屏障的设置必须具有吸声、轻量、高强度、美化周围环境等多重作用。在选择吸声材料时，首先要确定噪声的控制是以中、高频噪声为主还是以低频噪声为主。多孔吸声材料对中、高频噪声的衰减作用比较明显。目前，多孔吸声材料主要有玻璃棉、超细玻璃棉等无机纤维和麻、毛、棕丝等有机纤维。石棉水泥板、石膏板等为代表的板状材料主要对低频噪声有较高的吸声效果。穿孔板一般吸收中频噪声，与多孔材料结合使用时可吸收高频噪声，背后留有空腔能够吸收低频噪声。

城市轨道交通系统因其车辆类型、运行速度、列车对数、运行区域等区别，对吸声材料的选择和使用也应有所不同。但满足降低噪声值的要求、达到噪声控制标准是基本前提。

2）绿化降噪

对轨道交通两侧地面进行绿色通道建设，不仅美化环境，还具有吸声降噪的效果。植物绿化降噪的原理是因为植物本身是一种多孔材料，具有一定的吸声功能，能对声波进行反射和吸收。通过研究行道树对噪声的降噪作用表明，高大密植树木的降噪作用十分明显。

我们可以考虑在轨道沿线布置多种复层种植方式（如将乔木、灌木、草地相结合），从而保证高低不同层次的植物面都可以起到降噪作用。乔灌结合密植的 10 m 宽绿化带可降噪 1～2 dB(A)；30 m 宽绿化林带可降噪 2～3 dB(A)。因此，城市建设中应尽可能在空间允许的条件下种植多种绿化带来美化环境，防治大气和噪声污染。

3）吸声材料

吸声材料是具有较强的吸收声能、降低噪声性能的材料，能凭借自身的多孔性、薄膜作用或共振作用而对入射的声能很好地吸收。利用吸声材料的特性，我们可以将其安装在列车噪声较强烈的噪声源处，例如在列车两边靠近轮轨内侧下方设置可以涂吸收材料的边裙，这样由车轮和轨道间摩擦产生的噪声就可以部分被吸收掉，从而降低轮轨噪声污染。

8.4.2 减振措施

城市轨道交通（地下段）振动主要是由运行列车轮轨间的相互作用产生，并通过结构（隧道）传递到周围的地层，进而通过土壤向四周传播，传递至地面及建筑物，引起环境振动及二次结构噪声。对于地下轨道，其影响因素主要有列车运行速度、车辆重量、隧道基础和初砌结构类型、轨道类型、采用的减振措施等。此外，列车与轨道的动力相互作用也会加大振动作用。地铁振动的影响范围在很大程度上取决于列车通过的速度及隧道埋深。列车运行速度越高，振动影响越大；隧道埋深越大，影响范围越小。

采取的轨枕减振措施及道床减振措施主要包括弹性长轨枕、梯形轨枕、橡胶浮置板道床、钢弹簧浮置板道床等。根据部分线路实际建设情况统计数据可知，采取减振措施的路段在 55%以上，其中，梯形轨枕及浮置板道床为主要减振措施。采取梯形轨枕的线路长度占线路总长度的 35%～45%，占减振措施长度的 60%～80%；铺设浮置板道床的线路长度占线路总长度的 10%～20%，占减振措施长度的 20%～36%。

1）弹性长轨枕

弹性长轨枕在传统弹性短轨枕的基础上进行设计，在轨枕底部设置刚度较低的三元乙丙橡胶微孔发泡弹性垫层，并通过弹性套靴将弹性垫层及长轨枕与道床隔离，使弹性长轨枕在列车通过时在垂直方向能被自由压缩一定的行程，从而实现减振；在水平纵向及横向基本无弹性，以确保其水平方向的稳定性。

2）梯形轨枕

梯形轨枕是由预应力混凝土制的纵梁和钢管制的横向连接杆构成，形似扶梯，故称为梯形轨枕。它减轻了轨道的荷载，将轨枕的连续弹性支撑改为弹性支墩，提高了减振降噪的性能。它主要利用轨下的纵向连续梯形构架参与振动，吸收轮轨振动能量，从而实现减振。

3）钢弹簧浮置板道床

特殊减振地段通过对轨道结构设置隔振系统来实现。目前国内及北京地铁应用最成熟的轨道特殊减振系统为钢弹簧浮置板。这种道床结构是将轨道固定在钢筋混凝土质量平台上，平台再放在由柔性弹簧组成的隔振器上。这个质量平台可以提供足够的惯性质量来抵消车辆产生的动荷载，只有静荷载和少量残余动荷载通过弹簧传到基础结构上。钢弹簧浮置板道床分为固态阻尼与液态阻尼，区别在于重量级浮置板的隔振器采用的是液体阻尼，而固态阻尼钢弹簧浮置板道床的隔振器采用的是固体阻尼。

4）橡胶垫浮置板道床

橡胶弹簧浮置板整体道床轨道系统通过橡胶弹簧浮置板隔振系统支撑在混凝土道床基地，车辆荷载作用在整体道床上，之后通过整体道床承重，所受荷载传递于橡胶弹簧浮置板隔振桶，形成了一个质量-弹簧减振系统，通过该减振系统达到减振降噪的目的。

8.5 其他环境影响

8.5.1 城市轨道交通的电磁环境影响

由于城市轨道交通是电力牵引，因此，该系统在运行时会产生电磁脉冲干扰，对线路两侧一定范围内的电磁敏感设施和居民电视的收看产生一定的影响。经研究测试分析，电气化铁道对线路两侧 20 m 以外的电视收看基本无影响，可以保证正常收看。沿线的电磁敏感设施在勘测设计阶段将根据国家有关法规、标准进行防护处理而不会受到影响。城市轨道交通由于电压等级低（为 1.5 kV，而电气化铁道为 27.5 kV）、电流强度小，产生的电磁干扰信号低于电气化铁道。所以，只要按有关法规对工程进行环境影响评价并实施有效的防护治理措施，城市轨道交通将不会对线路两侧的电磁环境产生明显影响。

1. 电磁辐射源类型

按电磁辐射对环境影响的性质，电磁辐射发生源可分为固定源、流动源。固定源主要有：①供电电源系统：110/33 kV 主变电站及专用的 33 kV 高压系统和有关设备。②牵引供电系统：混合变电所、降压变电所及区间架空馈电系统。③低压供电系统：动力和照明等供电系统。流动源是指列车在运行中，动车受电弓与架空馈电线（接触网）的摩擦和瞬间离线所产生的火花放电，以及列车使用斩波式调压调速方式，因斩波器的快速离合动作形成的电磁辐射。

2. 评价标准

执行《电磁环境控制限值》（GB 8702—2014）（2015 年 1 月 1 日起实施）中公众曝露控制限值，详见表 8-3。

表 8-3 公众曝露控制限值

频率范围	电场强度 E /(V/m)	磁场强度 H /(A/m)	磁感应强度 B /μT	等效平面波功率度 S_{eq} /(W/m^2)
8～25 Hz	8000	$4000/f$	$5000/f$	—
0.025～1.2 kHz	$200/f$	$4/f$	$5/f$	—
1.2～2.9 kHz	$200/f$	3.3	4.1	—
⋮	⋮	⋮	⋮	⋮
3～30 MHz	$67/f^{1/2}$	$0.17/f^{1/2}$	$0.21/f^{1/2}$	$12/f$

工频主要为 50 Hz 或 60 Hz，本评价以 50 Hz（0.05 kHz）工频为例，GB 8702—2014 标准中公众曝露电场强度、磁场强度、磁感应强度的控制限值分别为：$200/f$、$4/f$、$5/f$（$f=$

0.05 kHz)(f 的单位为所在行中第一栏的单位 kHz),即分别为 4000 V/m、80 A/m、100 μT(0.1 mT)。

8.5.2 城市轨道交通的生态与景观影响

1. 生态影响分析

交通运输对生态环境有重大的影响。交通设施的建设和运营扩大了人类的活动范围,增强了人类活动的强度。交通运输除了直接排放污染物以外,更重要的影响是交通设施的规划和建设从根本上改变了区域的人口和社会经济布局、结构,从而可能从根本上改变区域的生态环境。

首先由于不同城市轨道交通系统的网络结构、运输特性不同对城市人口分布的影响也不同,因此对城市结构的影响也不同。这一点可视为城市轨道交通系统生态环境影响中最为显著的因素。

根据城市规划现状与规划情况编制的轨道交通线网中各条线路的组成的几何图形一般称为路网结构形式,其形成一般要与城市道路网的结构形式相适应。但路网形式布置得当与否,直接关系路网建成后的经济效益、社会效益和服务质量。为此在设计路网时,不但要考虑各线的具体情况,更要考虑全路网的整体布局,也就是路网的结构形式是否合理。虽然世界各国城市轨道交通结构形式千差万别,各有特色,但从几何形状分,主要归纳为放射形(星形)、条带形(树状)、棋盘式(栅格网状结构)、放射网状结构、放射形环状结构、棋盘加环线形式、对角线形、其他形状、混合形。

2. 景观影响分析

景观的美取决于两方面的因素:一是构成景观的物质,即物质属性或客观存在性;二是审视景观的人的审美能力和审美情趣,即景观的社会属性或审美主观性。美是两种属性的结合。交通设施的景观影响实际上是人造景物与自然景物相互作用的问题。二者如果不和谐,则会破坏景观,尤其是破坏了自然景观的美感。

在公路铁路运营过程中还可能发生交通事故,交通事故是破坏生态环境的重要因素,受交通事故威胁最大的是沿线山林植被和水系,它们影响人类生活甚至生命安全。

8.5.3 城市轨道交通环境空气影响

1. 城市轨道交通环境空气污染原因

轨道交通环境空气质量主要由地下空间内的环境、车辆运行、乘客活动的影响及进入地下车站外部空气的质量起主导作用。车站内长期不见阳光,在阴暗潮湿的环境下容易滋生霉菌从而发散霉味。霉味成为地下车站排风亭排除异味中的主要成分之一,即使在运营初期也是如此。建筑、装修材料及设备散发的刺激性气味,建筑和装修材料、设备本身含有大量的有机化学物,尤其是新建的建筑,逐渐释放到空气中,常见的有甲醛、苯系物、有机挥发物等有机化合物。

地下车站内部粉尘浓度是由地铁沿线地面空气中的粉尘含量、内部积尘量及内部新产生的粉尘决定的。地铁内部主要是隧道、公共区及施工后的积尘和列车车轮与钢轨、车体各种元器件摩擦产生的含金属粉尘的颗粒物。

车辆受电与接触装置间的高压电火花会在空气中激发产生臭氧。

乘客和工作人员带入的尘土，呼出的二氧化碳、水蒸气，散发的热量，排出的汗液，卫生间的排气，使二氧化碳浓度、细菌总数、氡浓度偏高。

地铁线路大都建在人流、交通流密集的地区，地铁车站的出入口、新风亭、活塞风亭设置得离交通主干道较近。地面大气环境质量直接影响系统内部的空气环境质量。汽车尾气及外部环境中的其他污染物易通过出入口、新风亭、活塞风亭进入地铁车站内部，主要有可吸入颗粒物、一氧化碳、二氧化碳、氮氧化合物及臭氧。

2. 城市轨道交通污染防治措施

早期各地城市轨道交通项目由国家环保部审批，批复的各条地铁对环境空气影响评价的污染防治措施中，大都有排风亭出口处应采取过滤、除臭措施的要求。随着环评审批下放，福州市环保局审批的各条地铁也延续了上述要求。但在实际实施过程中，由于地铁车站排风口面积大，通风量大，现阶段很难采用合适的处理设备对排风亭排出气体进行过滤和除臭处理。

经过对北京、上海、广州、宁波、苏州、南昌、南京、深圳、哈尔滨等国内其他城市轨道交通排风亭排风情况进行调查，发现这些城市地铁下车站排风亭和排风口出口环境空气污染防治均未采取过滤、除臭措施，而是采取排风亭的排放口背向居民楼，控制防护距离，排风亭周边种植绿植，以及使用环保型装修材料，竣工后对隧道及站台清扫、加强通风，风道内刷抗菌涂料等措施和对策。

经调研，各地铁城市在竣工环保验收中，三苯(苯、甲苯、二甲苯)排放均满足《大气污染物综合排放标准》(GB 16297—1996)的要求；个别城市的个别线路在运营初期颗粒物浓度有超标的现象；个别城市的个别线路臭气浓度在运营初期有超标的现象，特别是在高温、高湿的环境下，排风亭异味较明显，随着时间的推移，排风亭排气异味显著减少。

目前上海、广州、南京等南方城市在地铁运营初期，潮湿季节里均有多起地下车站排风亭排气异味影响的投诉，投诉者均为排风亭周边的居民。可见空气影响评价措施中针对臭气的防治是重点。

复习思考题

8.1　影响城市轨道交通环境的主要因素有哪些？

8.2　城市轨道交通环境振动产生的主要原因包括哪些？

8.3　简述城市轨道交通减振的主要方法。

8.4　城市轨道交通噪声有什么特点？简述交通噪声对城市环境的危害。

8.5　我国城市轨道交通噪声评价有哪些标准？如何评价噪声等级。

参考文献

[1] 高亮. 轨道结构[M]. 北京：中国建筑工业出版社，2018.

[2] 安宁. 城市轨道交通工程[M]. 北京：人民交通出版社，2008.

[3] 张立. 城市轨道交通工程概论[M]. 北京：人民交通出版社，2011.

[4] 陈嵘，韦凯. 城市交通轨道工程[M]. 北京：中国铁道出版社，2018.

[5] 中华人民共和国住房和城乡建设部. GB/T 51234—2017 城市轨道交通桥梁设计规范[S]. 北京：中国建筑工业出版社，2017.

[6] 朱正玲. 国内城市轨道交通环境影响及管理现状研究[J]. 铁路通信信号工程技术，2018，15(10)：101-104.

[7] 江茂，李军. 城市轨道交通噪声分析及其控制措施[J]. 装备机械，2017(3)：44-47.

[8] 李晓林. 城市轨道交通沿线居民小区噪声控制技术研究[J]. 科技创新导报，2017(13)：17-18.

[9] 杨晓菊，李涛. 城市轨道交通项目环境管理分析[J]. 交通节能与环保，2017(2)：61-63.

[10] 刘维宁，马蒙，刘卫丰. 我国城市轨道交通环境振动影响的研究现况[J]. 中国科学，2016，46(6)：547-559.

[11] 鱼红霞，刘峰. 北京市轨道交通轨道减振措施应用研究[J]. 铁路节能环保与安全卫生，2020，10(3)：11-17.

[12] 北京市市场监督管理局. DB11/T 838—2019[S]. 地铁噪声与振动控制规范.

[13] 屈文俊，夏倩. 地铁环境下既有建筑结构的减隔振方法研究[J]. 建筑科学与工程学报，2012，29(1)：8-14.

[14] 陈洪运. 轨道交通路基段减隔振屏障的模型试验研究[J]. 铁道标准设计，2016，60(6)：177-181.

[15] 杨吉忠，颜华，蔡成标. 城市轨道交通低频减振轨道结构研究[J]. 铁道学报，2015，37(9)：90-95.

[16] 龚平. 噪声标准在铁路和轨道交通环评中的运用[J]. 铁道工程学报，2015，8：106-110.

[17] 闫旭. 城市轨道交通噪声对沿线区域的影响[J]. 中国科技信息，2020，9：55-57.

[18] 环境保护部，国家质量监督检验检疫总局. GB 8702—2014 电磁环境控制限值[S]. 北京：中国环境科学出版社，2014.

[19] 黄燕青. 广州城市轨道交通(高架段)电磁辐射环境影响分析[J]. 环境与发展，2017，9：21-22.

[20] 严隽耄，傅茂海. 车辆工程[M]. 3版. 北京：中国铁道出版社，2008.

[21] 张振淼. 城市轨道交通车辆[M]. 北京：中国铁道出版社，2007.

[22] 王伯铭. 城市轨道交通车辆总体及转向架[M]. 北京：科学出版社，2013.

[23] 柳拥军. 城市轨道车辆 [M]. 北京：科学出版社，2016.

[24] 周庆瑞，金锋. 新型城市轨道交通[M]. 北京：中国铁道出版社，2005.

[25] 贺观. 跨座式单轨交通车辆[M]. 成都：西南交通大学出版社，2016.

[26] 任利惠. 有轨电车车辆[M]. 北京：中国铁道出版社，2017.

[27] 闫海峰. 城市轨道交通设备[M]. 北京：科学出版社，2016.

[28] 国家市场监督管理总局，国家标准化管理委员会. GB 146.1—2020 标准轨距铁路限界　第1部分：机车车辆限界[S]. 北京：中国标准出版社，2020.

[29] 中华人民共和国国家质量监督检验检疫总局，中华人民共和国建设部. GB 50157—2003 地铁设计规范[S]. 北京：中国标准出版社，2003.

[30] 中华人民共和国住房和城乡建设部. CJJ/T 96—2018 地铁限界标准[S]. 北京：中国建筑工业出版社，2018.

[31] 孙艳英. 城市轨道交通线路与站场[M]. 北京：机械工业出版社，2019.
[32] 蔡海云，郑炎华. 城市轨道交通车辆检修基础与设备[M]. 成都：西南交通大学出版社，2016.
[33] 曹双胜. 城市轨道交通车辆检修工艺设备及工程车辆[M]. 重庆：重庆大学出版社，2013.
[34] 刘庆才，陈淑荣. 城市轨道交通车辆检修工艺设备[M]. 成都：西南交通大学出版社，2018.
[35] 顾保南，叶霞飞. 城市轨道交通工程[M]. 武汉：华中科技大学出版社，2014.
[36] 操杰，黄志高. 城市轨道交通概论[M]. 成都：西南交通大学出版社，2018.
[37] 阳建强. 城市规划与设计[M]. 南京：东南大学出版社，2015.
[38] 杜彩霞. 城市轨道交通车辆构造与检修[M]. 重庆：重庆大学出版社，2015.
[39] 刘皆谊. 城市立体化发展与轨道交通[M]. 南京：东南大学出版社，2012.
[40] 肖培龙. 全自动运行线路车辆段/停车场库门联动控制研究[J]. 铁路通信信号工程技术，2020，17(9)：69-72.
[41] 谭大伟. 浅谈地铁车辆段工艺设备配置策略[J]. 运输经理世界，2020(6)：121-123.
[42] 龚辉波，刘增华，刘鹏辉，等. 有轨电车车辆基地用地指标研究[J]. 城市轨道交通研究，2020，23(8)：96-100.
[43] 冯青松，王子玉，刘全民，等. 地铁车辆段不同区域振动特性对比分析[J]. 振动与冲击，2020，39(14)：179-185，200.
[44] 温朋哲，徐道亮，高士杰，等. 城市轨道交通全自动运营场景及功能需求分析[J]. 机车电传动，2020(3)：132-136.
[45] 张栩冉. TOD模式下城市综合体与轨道交通站点间中介空间设计研究[D]. 杭州：浙江大学，2020.
[46] 董洪卫. 全自动车辆段停车列检库线信号设备布置方案分析[J]. 铁路通信信号工程技术，2019，16(10)：13-16.